中央民族大学青年文库

民族高校毕业生充分就业与高质量发展研究

Minzu Gaoxiao Biyesheng Chongfen Jiuye Yu Gaozhiliang Fazhan Yanjiu

徐姗姗◎著

中央民族大学出版社
China Minzu University Press

图书在版编目（CIP）数据

民族高校毕业生充分就业与高质量发展研究 / 徐姗姗著. --北京：中央民族大学出版社，2025. 6. --ISBN 978-7-5660-2504-3

Ⅰ. G758.4

中国国家版本馆 CIP 数据核字第 20253GD559 号

民族高校毕业生充分就业与高质量发展研究

著　　者　徐姗姗
责任编辑　买买提江·艾山
责任校对　陈小红
封面设计　舒刚卫
出版发行　中央民族大学出版社
　　　　　北京市海淀区中关村南大街 27 号　　邮编：100081
　　　　　电话：（010）68472815（发行部）　传真：（010）68933757（发行部）
　　　　　　　（010）68932218（总编室）　　　（010）68932447（办公室）
经 销 者　全国各地新华书店
印 刷 厂　北京鑫宇图源印刷科技有限公司
开　　本　787×1092　1/16　　印张：13.75
字　　数　220 千字
版　　次　2025 年 6 月第 1 版　2025 年 6 月第 1 次印刷
书　　号　ISBN 978-7-5660-2504-3
定　　价　68.00 元

目　录

绪 论

就业是最大的民生，“六稳”“六保”[①]工作都要靠就业带动。我国14亿多人口中有约9亿劳动力，党中央将促进就业融入稳增长、促改革、调结构、惠民生、防风险、保稳定等各领域。《教育强国建设规划纲要（2024—2035年）》布局了到2027年“教育布局结构与经济社会和人口高质量发展需求更加契合”的近期目标和到2035年建成教育强国并且“人民群众教育满意度显著跃升，教育服务国家战略能力显著跃升”的中长期目标。在就业领域特别要求：“开展就业状况跟踪调查，强化就业状况与招生计划、人才培养联动，加强就业质量监测和评价反馈。超前布局、动态调整学科专业，优化办学资源配置，完善学生实习实践制度。加快构建高校毕业生高质量就业服务体系，促进高校毕业生高质量充分就业。[②]”本书正是依据国家总体要求，在进行就业研究的同时兼顾对学科专业布局以及毕业生就业质量的分析，结合民族高校生源结构与就业流动的特点，探讨如何构建毕业生高质量就业服务体系以保障各民族学子充分就业，进而实现“把高质量充分就业作为经济社会发展的优先目标”[③]，在为民族高校毕业生开辟就业新空间的同时塑造民族地区发展新动能。

① “六稳”即稳就业、稳金融、稳外贸、稳外资、稳投资、稳预期，于2018年7月中共中央政治局会议首次提出。“六保”则是党中央2020年提出的新任务，即保居民就业、保基本民生、保市场主体、保粮食能源安全、保产业链供应链稳定、保基层运转。“六保”“六稳”均为旨在守底线、稳增长、提信心的整体性概念。“六稳”“六保”皆以就业开头，可见其重要性。

② 教育部.中共中央 国务院印发《教育强国建设规划纲要（2024—2035年）》[EB/OL].（2025-01-19）[2025-02-15].http：//www.moe.gov.cn/jyb_xxgk/moe_1777/moe_1778/202501/t20250119_1176193.html.

③ 习近平.促进高质量充分就业[J].求是，2024（21）：4-8.

第一节 研究背景

0.1.1 我国大学生就业的新形势、新特点

高校毕业生是全社会劳动人口中最富活力和创造性的群体，最适合支撑区域经济文化创新并匹配新质生产力的发展要求，是中国式现代化建设的生力军。我国现有各类高校3117所——包括普通高等学校2868所，含本科学校1308所和高职（专科）学校1560所；成人高等学校249所[①]。近年高校毕业生规模连创新高（如图0–1–1所示），自2022届以近二成的同比增幅突破千万大关以来，始终保持在年均新增1000万以上毕业生的规模。尽管近三年增速已趋缓，但前期累积的未就业、缓就业大学生群体仍然对人才市场构成不小的负担，因而纾解全局性就业压力刻不容缓。

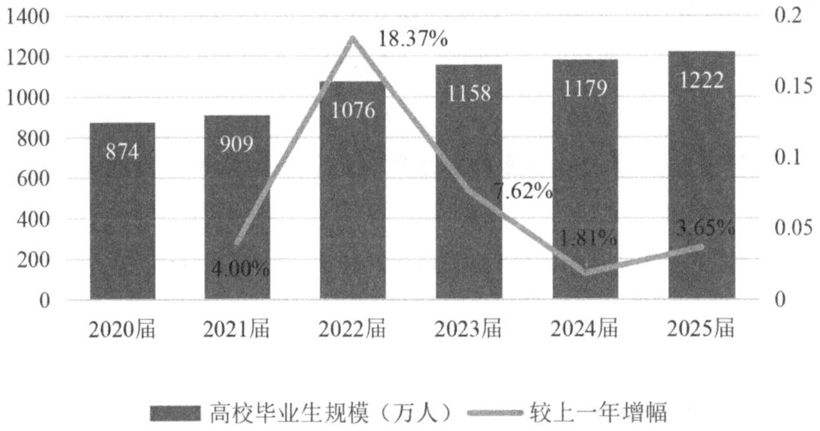

图0–1–1 2020—2025届全国普通高校毕业生规模

① 统计数据截至2024年6月，未包含港澳台地区。

2025年，全国高校毕业生规模预计达到1222万人，同比增加43万人，①人数规模如此之大的高校毕业生涌入就业市场，面临的激烈竞争压力可想而知。与此同时，第四次工业革命浪潮携人工智能、“机器换人”、传统行业洗牌、制造业和服务业用工量减少等一系列新形势新变化而来，高校毕业生必须及时适应人力资源市场动态，积极优化自身知识技能并及时调整求职预期，方有望实现充分就业。

那么，竞争日益激烈的就业市场是否已完全饱和、难以容纳新增高校毕业生的就业需求了呢？答案是否定的。

事实上，进入21世纪以来，大学生“就业难”现象的瓶颈主要体现在专业技能与市场需求脱节、学生对就业的地域及行业期待与职业岗位分布现实不符等方面。东中部大城市的体制内或大型企业高薪职位供不应求，而同时西部地区、边疆地区以及基层就业的吸引力始终有限，难以足量招收到支撑地方经济发展、产业转型、文化繁荣的优秀人才。自1999年教育部出台《面向21世纪教育振兴行动计划》以来，我国高校启动大幅扩招。这一举措在提高高等教育可获得性、促进国民素质提高的同时，也客观上对就业市场构成了压力。21世纪初高校毕业生就业难的问题已开始凸显。2002年至2005年期间，我国高等教育毕业生年均增长率为36.23%，②而与此同时，大学生群体的初次就业率却普遍波动下降，仅1996年至2010年期间，高校毕业生初次就业率就降低了21.5%。③从毕业生的主观就业偏好角度分析这一现象，国民经济体系中的制造业、建筑业等劳动密集型行业，在吸纳高校毕业生就业方面始终缺乏吸引力，并且越是中西部欠发达地区的生源，越是期待通过“教育改变命运”的传统路径实现阶层跃迁，进入大城市、体制内，为此甚至不惜“二战考研”“三战考编”。

久而久之，我国就业市场出现了二元结构——一方以政府机构、事业单位

① 中华人民共和国人力资源和社会保障部.做好2025届高校毕业生就业创业工作[EB/OL].（2024-11-18）[2025-01-15].https：//www.mohrss.gov.cn/SYrlzyhshbzb/dongtaixinwen/buneiyaowen/rsxw/202411/t20241118_530102.html.

② 何亦名，张炳申.高等教育大众化之后毕业生就业问题分析[J].高教探索，2006（01）：86-89.

③ 苏丽锋，孟大虎.扩招以来我国大学毕业生的供给与配置状况报告——基于统计年鉴数据的分析[J].中国高教研究，2011（09）：69-74.

以及大型国有企业为代表，就业岗位待遇高、福利好、符合大学生及其家庭对“稳定工作”的定义，然而相应地就业门槛高且吸纳就业能力都有限；另一方以民营中小企业、灵活就业为代表，就业岗位的待遇、福利、稳定性等较之前者均有差距，但现阶段提供了80%以上的城镇就业岗位，职业发展空间也同样广阔。然而在高校毕业生及其家长的普遍认知中，若读大学后不能进入政府机构、事业单位以及大型国有企业等“体制内”岗位，则在一定程度上意味着教育投资的回报未达预期。

2010年至2020年的十年间，我国新增9400万名高校毕业生，但据有关部门估算，就业市场同期提供的新增白领岗位只有约4600万个。上述二元结构中，较之前者所具有的更高稳定性、薪酬溢价和发展空间，民营中小企业岗位以及灵活就业常常被社会大众视为“不稳定”乃至非正式就业。大学毕业后进入劳动密集型产业、传统服务业等行业，对于多数高校毕业生及其家庭来说，仍然并非就业首选。在普遍存在的传统保守就业观的影响下，“就业难”与“招工难”并存的结构性就业矛盾日益突出。为此，党的十九大报告指出：“促进高校毕业生等青年群体、农民工多渠道就业创业……要实现更高质量和更充分就业的新目标”；党的二十大报告要求：“完善重点群体就业支持体系……破除妨碍劳动力、人才流动的体制和政策弊端，消除影响平等就业的不合理限制和就业歧视，使人人都有通过勤奋劳动实现自身发展的机会。”

近5年来，随着我国高校毕业生人数持续递增，学历文凭兑换理想职位的相对价值也有所下降，叠加传统产业转型、中美贸易摩擦等影响因素对国民经济以及就业市场的冲击，高校毕业生所面临的“就业难”开始出现新动向。首先，传统上热门的计算机、金融、营销、管理等专业毕业生的市场需求下降，随着国家经济发展新常态和供给侧结构性改革，高就业率的专业向着能源与工程、微电子、自动化技术等转移，这对高校的学科设置与培养方式都提出了迭代要求；其次，越来越多应届毕业生以灵活就业的形式进入快递物流、外卖配送、网约车等方兴未艾的新兴业态，[①]这在一定程度和周期内缓解了待业青年群体的压力，但社保配套和远期职业规划有待跟进完善；再者，最受高校毕业生青睐的机关事业单位普遍提高了招工要求，例如辅警岗位的最低学历要求大专、社工岗位的最低学历要求211本科，甚至博士和“海归”毕业生参与县乡公考职位角逐的新闻也屡现报端；最后，近几年全国高校普遍提前开展就业指导工作并帮助毕业生拓宽择业视野，私企和小微企业已成为学历层次与专业技能水平一般的高校毕业生就业求职中相对实际的选择，然而仍有相当比例的大学生及其家庭对于就业市场供需形势的适应表现出滞后性，多地存在因“期望错配”而延误就业的问题，就业压力持续累积，青年失业率仍然处于历史较高水平，就业总量压力和结构压力依然存在。

0.1.2 新时代民族高校就业工作的特殊性

我国的民族高校广泛分布在南北各省，在高等教育系统中发挥着重要作用。相较于普通高校，其特殊性主要体现在办学定位、生源构成、就业服务和政策支持四个方面。

首先，在办学定位方面，每一所民族院校都兼具教育工作与民族工作的双重使命，因此必须以铸牢中华民族共同体意识为核心主线开展各项工作。2024年12月，习近平总书记在中共中央政治局第十八次集体学习中明确指出“要坚持把推进中华民族共同体建设作为边疆民族地区工作的主线”，[②]这是继2021年提出“必须以铸牢中华民族共同体意识为新时代党的民族工作的主线”[③]和2023年提出“铸牢中华民族共同体意识是新时代党的民族工作的主线，也是民族地区各项工

① 据2025年1月的统计数据，我国已有交通运输部核发相关驾驶员从业资格证的网约车司机700余万人，在平台注册的网约配送员约1200万人，快递员约320万人，另有在网络直播、网约家政、社交电商等众多行业就业的新就业群体，合计总量达8400万人。参见：吴储岐.积极回应新就业群体期盼[N].人民日报，2025-01-20（014）.

② 习近平在中共中央政治局第十八次集体学习时强调 深入做好边疆治理各项工作推动边疆地区高质量发展[N].人民日报，2024-12-11（001）.

③ 习近平在中央民族工作会议上强调 以铸牢中华民族共同体意识为主线 推动新时代党的民族工作高质量发展[N].人民日报，2021-08-29（001）.

作的主线”①之后，再次框定“铸牢”主线的应用范围。民族院校遍及边疆省区和民族自治地方，其向社会输送人才的就业工作较之普通高校还多了包含一层以稳就业、促发展来维护安定团结的责任。因此，必须始终坚持紧密围绕铸牢中华民族共同体意识为主线，方能有效发挥服务边疆民族地区各项工作的作用。民族高校毕业生的充分就业与铸牢中华民族共同体意识之间，是相辅相成的关系。一方面，在高校内接受了中华民族共同体教育的少数民族大学生，毕业时将呈现“意识指导实践”的过程：对于充分嵌入全国一体化劳动力市场和更大更多元的共同体表现出行动积极性；另一方面，以就业这一“最基本的民生”环节为契机，增加社会中各民族的交往交流交融，又将获得“实践内化意识”的效果，各民族毕业生在与其他民族共同团结奋斗、共同繁荣发展的过程中，必将进一步铸牢中华民族共同体意识。

其次，在生源构成方面，民族院校面向全国招生，同时对区域范围内的各城乡少数民族群体有一定优惠倾斜，因而生源结构中普遍有相当比例来自西部、边远地区。这些学生中的少数民族毕业生在择业过程中，出于语言、文化等方面的考虑，尤其倾向于返回家乡或在相关民族地区就业，因而民族高校的就业工作普遍受区域经济和政策的影响较明显。同时就生源质量而言，民族高校的招生分数线门槛相对较低，各校均有相当比例的学生在入学时的外语水平、理科成绩乃至国家通用语言文字掌握程度上参差不齐，这为后期的人才培养以及就业服务提出了较高要求。要实现更充分更高质量的就业，必须帮助民族高校毕业生突破语言障碍，增强跨文化沟通力和“五个认同”，进而树立正确的择业观，在进行合理的职业规划的前提下顺利就业。

再者，在就业服务方面，自21世纪我国高校全面扩招以来，社科经管类专业学生人数增长迅速，而理工农医师范类等民族地区发展所需的专业，在民族高校培养规模及质量均一直未能充分满足市场需求。近年来，在经济整体下行的压力与技术迭代对劳动力市场的冲击之下，全国整体的就业形势均呈复杂严峻趋

① 习近平在内蒙古考察时强调 把握战略定位坚持绿色发展奋力书写中国式现代化内蒙古新篇章[N].人民日报，2023-06-09（001）.

势。其中，民族高校毕业生在择业观方面更显保守，对于通过考编进入体制内工作的执着更甚，对于向外流动、签约小微企业以及灵活就业等表现出畏难情绪较多，从学生到其家长均在一定程度上仍有对民族优惠政策的路径依赖思维。面对这些内外部因素，民族高校需要因势利导地为毕业生提供就业创业的指导服务，例如，一来可提前基于生源就业偏好优化课程设置，在专业人才培养过程中增加职业导向内容；二来可加强校企合作，建立实习基地，从大二和大三起即帮学生安排实习实践机会，增强其对全国一体化劳动力市场的认识；三来可在尊重学生个体就业意愿的前提下，加强个性化的职业指导服务，提前帮助学生了解就业形势和市场需求，尽早合理规划个人职业发展路径。

最后，在政策支持方面，民族高校承接国家就业优先政策支持体系，同时以独特的办学定位、服务面向、专业设置以及人才培养输送模式等，助力毕业生实现充分就业和高质量发展。民族高校毕业生能否顺利就业以及职后是否获得个人的全面发展，事关广大边疆民族地区群众的获得感、幸福感、安全感，因为民族高校的人才培养及输送也必须与国家的治理发展格局及其在民族地区的战略布局同频共振。例如，在我国当前从“制造大国”向“制造强国”“智造大国”的转型升级中，孕育着民族地区转型升级的丰富机遇和各民族大学生有机嵌入劳动力市场的广阔空间；又如，在兴边富民、稳边固边实践以及“一带一路”高质量发展进程中，许多地区已从现代化建设中生产力落后的发展“末梢”，一跃为经济文化枢纽的“前哨”，跨越式的发展需要高质量的人才，民族高校应及时跟进形势政策并为毕业生提供就业服务信息，利用在线招聘和远程实习等方式突破地域限制，在创造更多就业机会的同时切实服务区域经济发展。

0.1.3 各民族大学生高质量就业的战略意义

稳就业，就是稳住了民生之本、发展之基。党和国家高度重视就业的“压舱石”作用，于经济工作领域要求达成“促进居民收入增长和经济增长同步”①之

① 邹伟，韩洁．“确保我国经济航船乘风破浪、行稳致远”——二〇二四年中央经济工作会议侧记[N].人民日报，2024-12-15（001）.

目标，于民族工作领域要求做到“支持各民族发展经济、改善民生，实现共同发展、共同富裕”“逐步实现各民族在空间、文化、经济、社会、心理等方面的全方位嵌入”①。概括而言，推动各民族大学毕业生高质量充分就业的战略性意义，主要体现在以下四个方面。

一是体现在民族地区民生改善、民心凝聚等方面。就业作为最基本的民生，不仅是高校毕业生安身立命成为社会人的“成人礼”，也是其融入社会生产、共享改革发展成果的关键阶段。民族高校通过精准、顺利、充分地输送毕业生到适当的工作岗位，助力区域经济实现民生所需与产业振兴的“双向奔赴”。然而近年来，青年群体从考公考编到考研升学领域的意愿普遍上升，均反映出就业市场整体压力传导至个体后教育竞争的进一步“内卷化”。应清醒地认识到，这种人力资源配置上的浪费现象将导致毕业生的心理压力、其家庭的经济负担以及区域人才市场和发展动能的活力丧失。因此笔者认为，尽管对于个体择业意愿不宜随意臧否，“求稳”也的确是行动者当下追求自身教育收益最大化的一种理性选择，但高校毕业生“唯考公”的择业观以及拉长待业周期、“躺平”“蹲啃”等现象，显然是与高质量充分就业目标相悖的。本书对“高质量就业”的界定，不拘泥于所谓体制内外的二元结构判别，高校毕业生入职民营中小企业乃至灵活就业、自主创业等，同样能获得个人价值充分实现与职后高质量发展。笔者结合民族学、社会学理论分析高校毕业生的高质量充分就业，认为其不能仅满足于兜牢民生底线，也应在助力各民族大学生实现个人充分就业、全面发展的过程中，增强其家庭的获得感、幸福感、安全感，在一个个社会“细胞”充分嵌入中国式现代化建设进程的基础上，“稳就业”为民族地区产业升级与发展模式转型保驾护航的意义也将凸显出来。

二是体现在保障全社会团结稳定方面。民族高校毕业生多来自边疆民族地区，其就业质量、就业满意度事关多个省区的社会稳定与长治久安，牵动着各族群众对国家政策乃至中华民族共同体的认同感。“历史充分证明，各地区各民族

① 习近平在中央民族工作会议上强调 以铸牢中华民族共同体意识为主线 推动新时代党的民族工作高质量发展[N].人民日报，2021-08-29（001）.

只有不断融入国家发展大局、加强经济交流合作，才能更好推动国家经济繁荣、更好实现自身经济发展。[①]”近年来，边疆省区通过“西部计划”“三支一扶”“乡村振兴专干”等项目引导高校毕业生服务基层，其中既有返乡大学生建设家乡，也有内地汉族大学生或其他省区的其他民族毕业生共同参与，共事共居的民族互嵌式社会结构不仅缓解了民族地区的人才短缺问题，更通过就业纽带和“同心共筑中国梦”的族际交往协作等方式强化了边疆地区的治理效能与社会凝聚力。当各民族越来越多的大学生通过亲身实践改变民族地区发展不平衡不充分的面貌、体验到南北协作并且共同繁荣发展的“山海情”，将会认识到实现自我价值与推动强国建设的同频共振意义，进而发挥出榜样作用，带动其亲友朋辈对中华民族共同体意识的共同铸牢。

三是体现在助力国家区域重大战略实施方面。民族高校毕业生的高质量充分就业，是全体人民共同富裕的题中之义，也是“决不让一个兄弟民族掉队，决不让一个民族地区落伍”的必然要求。如前文所述，高校毕业生就业难，近年来集中反映在“高不成，低不就”的择业心态与慢就业、缓就业的不充分状态中，而在边疆民族地区，民营、小微企业以及乡镇基层的“引才难”现象更为凸显。因而可以说，能否破解就业不均衡不充分问题，能否扩大人才选择面，更好实现人适其岗、人尽其才、少年有志、青年有为，对民族地区意味着一系列重大战略和区域目标能否顺利推进。近年来，党和政府把支持灵活就业作为稳就业以及实现市场引领和政府引导并重的重要方案，“激发劳动者创业活力和创新潜能，鼓励自谋职业、自主创业，全力以赴稳定就业大局”[②]，是繁荣市场经济和激活内生发展动力的人力资源引擎。引导各民族大学生投身乡村振兴、基层治理、生态保护、非遗传承、数字中国、文化强国等建设工作中，已成为将国家有关西部大开发、东西部协作、新发展格局等顶层设计落地为地方实践的有力支点。

四是体现在促进教育公平与人才强国方面。民族高校所肩负的缩小区域间、民族间教育差距的使命，牵动着教育强国、人才强国等目标的实现，因而毕业生

① 习近平.在全国民族团结进步表彰大会上的讲话[N].人民日报，2024-09-28（002）.

② 国务院办公厅关于支持多渠道灵活就业的意见[J].中国人力资源和社会保障，2020（09）：4-5.

高质量就业既是人才培养质量的体现，也是优化民族地区人力资源结构的支点。事实上，党和国家多年来始终将稳定和扩大就业作为民族地区经济社会发展的重要目标，大力支持各族劳动者跨地区双向流动就业创业，推进各民族人口尤其是青年群体流动融居，千方百计让现代化建设成果更多更公平地惠及各族群众，近几年开展的“红石榴就业行动”“民营企业进边疆”等旨在拓岗促就业的活动已取得阶段性成效。

综上可见，新时代的大学生就业市场中，存在结构性矛盾也存在新业态机遇，民族地区亟待破解人力资源的供需匹配问题，民族高校亟待保障毕业生高质量充分就业。稳就业是一项系统性工程，既需要国家从产业到财政、货币等各方面用好用足存量政策，也需要全社会在挖掘就业增长潜能方面协同发力，更需要高校毕业生自身树立正确的择业观，拓宽视野，大胆尝试各种就业路径。在全社会形成“就业机会充分、就业环境公平、就业结构优化、人岗匹配高效、劳动关系和谐的局面”[①]基础之上，民族高校可通过进一步优化专业设置和人才培养模式，更好地引导毕业生适应市场需求，在实现充分就业的同时追求其个人的全面、高质量发展。

① 中共中央 国务院关于实施就业优先战略促进高质量充分就业的意见（国务院公报2024年第29号）[EB/OL].（2024-09-15）[2024-12-19].https：//www.gov.cn/gongbao/2024/issue_11646/202410/content_6980867.html.

第二节　概念界定

0.2.1 充分就业

充分就业，不仅指就业规模的稳定增长，更强调就业质量与结构的优化。评价就业是否充分的指标，涉及城镇新增就业人口数、登记/调查失业率、供需平衡和人岗匹配度等多方面，但其核心目标在于实现就业机会公平、权益保障完善的均衡状态。

充分就业是民生的基本盘，是中国式现代化进程顺利推进的“压舱石”，其实现路径既依托经济增长的带动，更需制度创新与精准施策的双重支撑，最终服务于人的全面发展和共同富裕大局。例如高校毕业生与退役军人、农民工等同等被列入当前我国就业支持体系的重点群体，2024年就业总量达1179万人，且据预测未来10年还将维持在年均1000万人以上的规模。高校毕业生群体的就业难，不是像农民工群体的收入偏低、稳定性差等问题，也不是像退役军人群体的知识体系与市场就业环境存在脱节等，而是突出表现在供需结构性错位——毕业生走出高校、踏入社会的一步承载着其个人理想与家庭期望，因而在难以找到满足对优质岗位期待的工作时，广泛出现了“慢就业”“缓就业”现象，而这一群体的就业不充分又继而密切关联到社会的稳定、经济生产和科技创新的可持续性等。

0.2.2 高质量就业

“高质量就业”较之“充分就业”，更加凸显通过教育赋能、制度创新、产业升级及劳动力市场供需匹配等方面实现民生福祉的目标。高质量就业的内涵在党的二十大报告及《中共中央 国务院关于实施就业优先战略促进高质量充分就业的意见》（国务院公报2024年第29号）等文件中均有界定，旨在推动实现劳动者工作稳定、收入合理、保障可靠、职业安全等社会个体微观目标，并推动形成就业机会充分、就业环境公平、就业结构优化、人岗匹配高效、劳动关系和谐等社会格局宏观目标。

以当前高校毕业生的普遍视角来看，高质量的就业一般体现在如下三方面。一是薪酬与生活保障：首次就业的薪酬及绩效激励标准不低于当地平均水平，并且可预期随工作年限增长和技能提升会稳步增长，以满足安家、婚育等的基本生活需求；二是专业对口与进阶空间：入职岗位与所学专业匹配度高，能够学以致用，并具备展示才华、施展技能以及磨炼提高的实践空间；三是行业口碑：高校毕业生普遍青睐待遇优厚、工作环境好、个人发展空间大的企事业单位，同时也会综合考虑应聘岗位的行业前景、社会信誉及内部人际关系等。值得注意的是，在经济新常态下，灵活就业、[①]“非正规就业”等同样不失为高质量就业的选择。

0.2.3 民族高校

民族高校是我国高等教育的重要组成部分，办学以服务党和国家战略、服务民族团结进步事业为目标。我国最早的民族高校可追溯到中央民族大学的前身——抗战时期的延安民族学院（1941年9月成立）。毛泽东同志为其题词的“团结”二字，不仅贯彻在中央民族大学80余年的办学中，也成为全国陆续成立的十余所民族院校的建设主旨。20世纪90年代起，各省区部分民族学院更名为

① “灵活就业”的概念首次出现于2002年国家劳动和社会保障部劳动科学研究所发布的《灵活多样就业形式问题研究报告》，将其界定为“劳动者的工作在劳动时间、收入报酬、工作场地、保险福利和劳动关系等方面，不同于建立在工业化和现代工厂制度基础上的、传统的主流就业形式的各种就业形式总称”，简言之，可概括为除单位长期雇员以外的其他就业形式。2012年《中华人民共和国社会保险法释义》中，将“灵活就业”界定为“与正规就业相对而言的就业状态，主要包括非正规部门就业、自雇型就业、自主就业和临时就业”。近年来随着数字经济和新业态层出不穷，2020年国务院办公厅发布《关于支持多渠道灵活就业的意见》，其中明确规定了三种灵活就业方式：1）个体经营，2）非全日制，3）新就业形态（包括网络零售、移动出行、线上教育培训、互联网医疗、在线娱乐等行业）。

民族大学，同时有的民族地方院校先后更名为民族学院或民族大学。目前，除了中央民族大学、西南民族大学、西北民族大学、中南民族大学、北方民族大学、大连民族大学等6所国家民委直属高校外，各地还有省属的民族高校、学院①，全国有数十所。这些高校每年为民族地区及各领域输送大批建设人才，“为民族地区的民主改革、经济建设、改革开放、社会稳定，为维护我国的民族团结和国家统一做出了重要贡献”②。

民族高校作为缩小区域教育差距、促进民族交往交流交融的重要平台，在生源构成上，招生不限民族，一般以少数民族为主体（自21世纪初要求的65% ~ 70%③逐步放宽），各民族共居共学的校园环境有利于铸牢中华民族共同体意识；在招生政策上，民族高校通过降分录取、定向培养等优惠政策，面向民族地区和少数民族提升高等教育可及性；在学科建设上，民族高校既有以民族学、民族语言文化等为代表的特色学科，也有服务民族地区产业发展需求的应用型理工学科；在就业指导上，民族高校秉持“为党育人、为国育才”使命，贯彻“三交”视野和“互嵌”思维④，通过人才培养与输送工作推动民族地区融入国家现代化进程。

① 例如贵州民族大学、云南民族大学、广西民族大学、西藏民族大学、青海民族大学、湖北民族大学、内蒙古民族大学、青海民族大学以及四川民族学院、呼和浩特民族学院、河北民族师范学院等；另有一些位于民族地区的高校，如宁夏大学、延边大学等，因为以民族历史语言文化等学科见长且少数民族生源占比高，也被视为广义上的民族类高校。

② 国家民委教育科技司，教育部民族教育司.蓬勃发展中的中国民族院校[M].北京：中央民族大学出版社，2006：5.

③ 国家民委 教育部关于进一步办好民族院校的意见（民委发〔2005〕240号）[EB/OL].（2005-12-15）[2024-12-24].https：//www.neac.gov.cn/seac/zcfg/201207/1074266.shtml.

④ 即“各民族交往交流交融”和“构建各民族相互嵌入式社会结构和社区环境”。

第三节　研究设计

0.3.1 田野调查

本研究采取了定量研究与定性研究相结合的方法，经过对多所民族高校的田野调研、数据统计和深度访谈完成。

为了全面展示、深入分析新时代我国民族高校毕业生的就业情况，笔者在样本选取方面综合考虑了办学层次、地域分布、主管单位以及学科结构和就业服务方面的特色，决定采用10所民族高校以及2所位于民族地区的高校的数据进行横向对比分析。它们是：位于首都北京的中央民族大学、位于甘肃兰州的西北民族大学、位于四川成都的西南民族大学、位于贵州贵阳的贵州民族大学、位于广西南宁的广西民族大学、位于湖北武汉的中南民族大学、位于湖北恩施的湖北民族大学、位于青海西宁的青海民族大学、位于辽宁大连的大连民族大学、位于四川甘孜的四川民族学院；位于内蒙古呼和浩特的内蒙古大学、位于吉林延边的延边大学。上述样本高校的办学层次、学校特色、院系设置、师生规模等简况见本书附录1。上述民族高校中，在办学层次上有如中央民族大学这样的公办综合性大学，系“211”“985”“双一流”工程建设高校，本科、硕士、博士毕业俱全，生源来自全国各地；也有如四川民族学院这样的公办普通本科高校，生源95%以上来自省内并且85%以上留在省内工作。这些高校大多具有培养民族干部和高级专门人才的悠久历史，都是党扎根中国大地创办民族高等教育的阵地，在各省区发挥着促进区域经济社会发展和民族团结进步事业的作用。

为保障横向比较的科学性，本书统一选取了上述样本高校2023届毕业生的就业数据进行分析。一方面是因为本书主要是在2024年写作，2023届就业数据各校所是在2023年底至2024年上半年陆续发布的（而2024届的毕业生就业质量报告多数高校尚未发布），这样基本保障了本书的数据与分析能代表当前民族高校毕业生最新情况；另一方面，2023届毕业生也是求职应聘方面受新冠疫情影响相对较小的一届，有利于在统计分析中排除波动性的干扰因素影响，呈现真实就业情况。12所样本高校中，毕业生规模大多在5000人至6000人区间，多至7069人（广西民族大学），少至2512人（四川民族学院）；毕业去向落实率高至95.30%（贵州民族大学），低至75.61%（西北民族大学）。

除定量分析民族高校毕业生的就业地区流向、行业分布以及择业意愿和就业渠道方面的趋势之外，本书还通过微观层面的典型就业个案，反映当代民族高校毕业生的就业特点与规律。结合笔者所在的中央民族大学招生就业处以及相关院系推荐情况，选取10位毕业生的就业经历进行描述，并在此基础上探讨他们或留京工作或奔赴边疆或自主创业或志愿入伍的故事所折射出的择业思路偏好和职业发展规划，进而对照民族高校人才培养宗旨、当前人力资源市场供需结构以及高质量充分就业的重点难点，提出新时代民族高校就业指导服务优化对策。

需要说明的是，对于就业个案的选取，并非以其毕业后所取得事业成就的大小、收入的多少等为标准，而是基于其经历适合纳入本书对服务基层、干事创业、自我实现这三类代表新时代高质量充分就业的方向进行诠释。写作过程中为保护其个人隐私，采取了代号化名的方式进行表述，个案编号、简况、就业类型及主要经历如表0–3–1所示。

表0–3–1 民族高校毕业生就业个案简况

代号	性别	民族	出生年	学历	毕业院系/专业	毕业年	生源地	就业地	工作单位	岗位	就业经历
个案A	男	朝鲜	1995	本科	理学院信息与计算科学专业	2017	吉林	吉林延吉	市委组织部	党建干事	先后在市民族宗教局和市委组织部工作，其间到下辖某镇挂职负责扶贫工作
个案B	女	汉	1995	本科	民族学与社会学学院社会学专业	2016	辽宁	新疆阿克苏	某县团委	副书记	招录至南疆基层，先后在驻村工作队、精神文明办、组织部调研室等部门工作

续表

代号	性别	民族	出生年	学历	毕业院系/专业	毕业年	生源地	就业地	工作单位	岗位	就业经历
个案C	女	苗	1995	硕士	民族学与社会学学院民俗学专业	2021	湖北	广西南宁	某县政府	四级主任科员	曾在西藏支教，通过选调生考试到广西基层参加驻村工作
个案D	女	汉	1996	本科	信息工程学院软件工程专业	2018	海南	北京	某创业团队	项目创始人	在校期间办起网红美食店，在十几所高校经营线上线下业务
个案E	男	藏	1990	硕士	藏学研究院藏学专业	2016	甘肃	青海黄南	某县扶贫开发局	县乡村振兴局副局长	带领搬迁安置贫困户创业增收，获国家发展改革委“十三五”易地搬迁奋进干部等荣誉
个案F	男	汉	1972	博士	法学院法学专业	2014	山东	上海	某律师事务所	首席合伙人	资深公司股权律师，多次获市法治先进个人称号，创建的律所被评为省公共法律服务先进单位
个案G	女	赫哲	1990	本科	美术学院美术教育专业	2014	黑龙江	北京	某区小学	艺术教研组组长	区美术骨干教师、特色课程负责人，推动所在小学获评全国中小学中华优秀传统文化传承学校
个案H	女	回	1993	本科	理学院统计学专业	2015	宁夏	宁夏银川	某县级市统计局	副局长	选调生，先后任驻村扶贫干事、工青妇干事、党建专干等，带领工业和信息化局获评全区工业稳增长突出贡献单位
个案I	男	汉	1991	本科	历史文化学院历史学专业	2016	四川	西藏拉萨	某乡政府	平安建设办副主任	北京市优秀毕业生，志愿入藏工作后获“市优秀专招生”“县优秀公务员”等荣誉称号
个案J	男	汉	1991	硕士	管理学院工商管理专业	2016	河南	北京	某区税务局	法制科副科长	放弃保研选择“大学生士兵计划”，退伍后通过公考进入税务系统工作，获北京市优秀退役大学生士兵表彰

0.3.2 选题框架

本书的结构是绪论、结语和四章主体内容，研究思路框架如图0-3-1所示。

绪论部分介绍了研究背景，从我国高校当前普遍面临的就业压力，到民族高校毕业生的特点及其高质量就业的战略意义，界定了充分就业、高质量就业以及民族高校3个关键词在本书中的意涵，并概括了田野调查的对象以及思路框架。

第一章主要是理论综述。分为4节层层递进地介绍了学界对从大学生就业到新时代民族高校毕业生择业就业创业情况的主要研究观点。首先是21世纪以来就业市场总量压力和结构性供需矛盾中高校为何应积极响应就业优先战略，其次是各地各民族大学生在新时代表现出的择业特点与社会心态，再者是聚焦到民族高校毕业生应如何实现充分就业和高质量发展，最后引申到民族高校与铸牢中华民族共同体意识教育之关系的相关讨论。

第二章主要是数据分析。通过对12所样本高校2023届毕业生就业情况的横向比较，在毕业去向落实率、就业满意度以及工作岗位地域流向分布、行业流向分布等数据方面展开分析，同时兼顾考虑分生源地、分民族、分学历、分专业等因素影响，夹叙夹议地分析民族高校毕业生的就业现状与特点。在定量分析的过程中立足民族高校办学特色与育人宗旨，阐述民族地区经济基础与就业吸纳能力的辩证关系，从日趋多元的毕业去向和落实方式中寻找实现充分就业的更多可能性，基于民族高校毕业生服务基层和市场化就业的引导方向探讨就业指导部门应如何拓口径、补短板、提效率以破解“慢就业”“缓就业”困境。

第三章主要是个案研究。为清晰生动地呈现民族高校毕业生就业过程中的客观环境与主观对策，选取10名不同性别、年龄、籍贯、学历层次及就业类型的毕业生进行个案分析。其中，有践行“智志双扶”改变家乡面貌的吉林小伙，有扎根新疆立业成家的东北姑娘，有西藏支教后又考入广西定向选调的女研究生，有在校期间创立特色美食品牌的大学生“创客”，有被国家发展改革委授予易地搬迁先进干部称号的基层公务员，有返回校园攻读硕士博士学位的律所合伙人，有在乡小开发非遗工艺美术校本课程的美育带头人，有凭借在工业和信息化岗位上的出色表现30岁即升任副局长的选调生，有放弃四川闲适生活奔赴西藏参加脱贫攻坚的西部志愿者，有放弃保研而参加大学生士兵计划并锤炼出过硬作风的税务干部。结合这些毕业生在一定周期内的就业和发展情况进行论述。

第四章主要是对策建议。结合定量与质性材料分析新形势下民族高校的就业服务应从哪些角度提质升级，如加大市场化就业渠道拓展力度，完善人才与学科需求动态预警，支持保障灵活就业和创新创业，以就业育人精准帮扶困难群体等。

结语对定量、定性研究的主要发现进行了回顾，对研究观点以及未尽之处做简要总结。

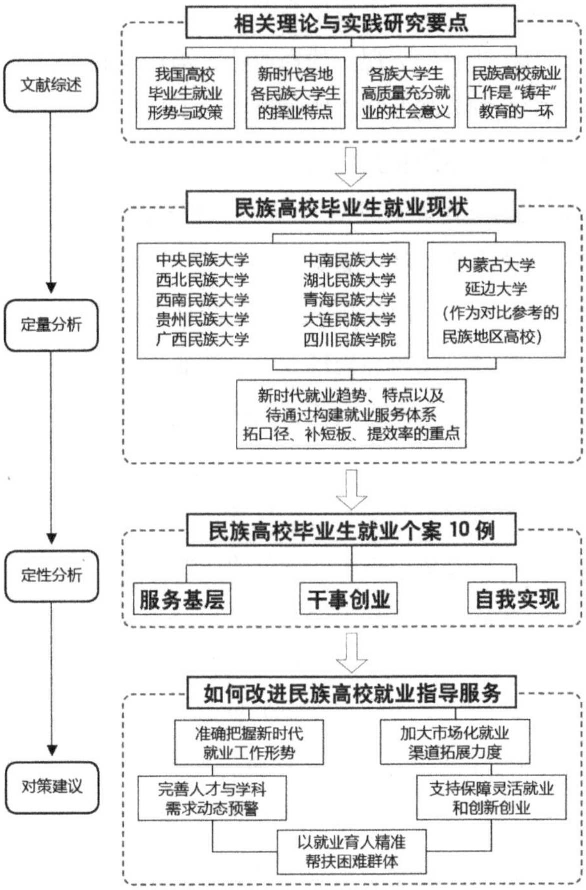

图0-3-1　研究思路框架图

第一章　民族高校毕业生就业研究综述

第一节　我国高校毕业生就业形势与政策

1.1.1 21世纪以来就业市场供需匹配

自1999年起，我国实施高等教育扩招政策，使得改革开放以来恢复高考制度和确立劳动力市场制度对国民经济的推动力进一步释放，高等教育迅速大众化，国民素质的提升为中国式现代化的建设奠定了基础。历经1999至2005年的政策启动阶段、2006至2009年的降速发展同时调整政策以改善质量体系阶段、2010年至今的进一步修正政策并加快调整结构和提升质量阶段①，高校扩招的教育大众化进程，始终与就业市场供大于求的激烈竞争相伴。2022年、2023年、2024年的全国普通高校毕业生数量分别为1076万人、1158万人、1179万人，年均上千万名大学生不断汇入人才市场，其中未就业、缓就业者的存量持续累积并产生压力传导。学历贬值、教育效用下降等现象在全国蔓延为一种新常态，“新

① 张应强.高等教育[M].北京：科学出版社，2018：61.

读书无用论”[①]“逃离北上广深”[②]“脱不下长衫”[③]等择业思潮也相继出现。

在学术界，市场化就业转型中大学生群体的就业动态引起了广泛关注，如赖德胜（2001）认为大学毕业生的就业难现象有其转型性和结构性，是一个相对概念，即大学生只是在高校集中的大中城市相对过剩，而在我国广大的农村尤其是西部地区仍是绝对不足的[④]。丁元竹（2003）列举了越南、印度、韩国、菲律宾、新加坡等地同样存在大学生“毕业即失业”现象，同时指出我国初次就业率之所以逐年降低，与大学生存在对于发达地区、高薪岗位就业以及国家“包分配”的执念有关[⑤]。曾湘泉（2004）提出适应市场化就业环境变革的要点，在于消除就业的制度性障碍以及促进大学毕业生就业意识转变。[⑥]谢作诗等（2007）提示要看到大学生就业难现象背后经济体制改革与教育体制改革之间的内在矛盾，现实的人力资本需求结构中，既具备理论知识又熟悉操作技能的实务型人才仍供不应求[⑦]。王霆等（2009）指出看待高校毕业生的就业难现象要分清总量失业、摩擦性失业、结构性失业等不同类型，并以提升大学生就业能力为导向来重点解决结构性失业问题[⑧]。

21世纪的前十年中，学界对我国高校毕业生就业难现象背后的劳动力市场供求匹配研究，多基于西方理论范式的功能主义视角，因而对破解就业难的路径分析也多是从社会结构功能论出发。例如，美国社会学家塔尔科特·帕森斯（Talcott Parsons）认为高校应将成人社会中胜任工作的能力内化于学生，从而有

① 邱文琪，岳昌君．“读书无用”还是“越努力越幸运”——能力增值对本科毕业生劳动力市场表现的影响[J].高等教育研究，2022，43（10）：56-69.

② 李春玲．大学生就业选择的趋同与分化——理性选择与社会分化[J].北京大学教育评论，2023，21（03）：51-68+188-189.

③ 管雨婷，蔡瑀澜，郑伊欣，等．学校“层次”对高校毕业生就业质量的影响研究——基于2019年全国高校毕业生就业状况调查的实证分析[J].教育经济评论，2024，9（02）：39-61.

④ 赖德胜．劳动力市场分割与大学毕业生失业[J].北京师范大学学报，2001（04）：69-76.

⑤ 丁元竹．正确认识当前“大学生就业难”问题[J].宏观经济研究，2003（03）：3-6+28.

⑥ 曾湘泉．变革中的就业环境与中国大学生就业[J].经济研究，2004（06）：87-95.

⑦ 谢作诗，杨克瑞．大学生就业难问题探析[J].教育研究，2007（04）：45-48.

⑧ 王霆，曾湘泉．高校毕业生结构性失业原因及对策研究[J].教育与经济，2009（01）：1-4.

利于其依据社会角色框架顺利得到人力资源分配①。在有关教育与社会资本的领域，美国社会学家兰德尔·柯林斯（Randall Collins）的"教育的技术—功能"理论与法国社会学家皮埃尔·布尔迪厄（Pierre Bourdieu）的"文化资本"理论为学界普遍接受——前者认为现代工业化社会中因科技进步，工作的技术要求在不断提高并变革，而就业所需的教育条件也在相应地水涨船高，从而越来越多的人在学校中接受年限越来越长的教育②；后者指出经济条件一般的家庭将教育开支视作一种整体的"社会回报率"③。上述理论观点作为一种认识高等教育与就业市场的整体性框架，有其合理性。然而，结合近十几年中国社会的具体实践，越来越多学者发现，在高等教育学历与社会地位收入之间有一条并非完全等价的"再生产"链条。

近十余年中，教育学、社会学、管理学等领域的学者对我国就业市场中突出的"大学生就业难"与"民工荒"并存现象，给出了基于多种学科视角的更深入、更细化的分析。如闵维方等（2012）以经济史的研究方法构造"人力资源积累—产业结构调整—经济发展"框架，结合我国产业结构和人力资源结构双调整的大背景指出，高校应着重培养大学生的终身学习能力和工作转换能力。④姚先国等（2013）基于1998至2009年中国城镇住户调查指出，高校扩招带来的大学生供给冲击的确减缓了教育回报率的涨幅，但并未彻底扭转其上升态势，简言之，读书上大学仍是"划算"的⑤。戚务念（2014）基于"国家回归"的视角，建议在中国大学生就业市场的变革与国家角色转换关系中考察制度转型的逻辑⑥。郑

① Parsons，T.The School Class as a Social System：Some of Its Functions in American Society[J]. Harvard Educational Review，1959，29（4）：297–318.

② 兰德尔·柯林斯.教育成层的功能理论和冲突理论[M]//张人杰.国外教育社会学基本文选.上海：华东师范大学出版社，2009：38.

③ 皮埃尔·布迪厄.文化资本与社会炼金术：布尔迪厄访谈录[M].包亚明，译.上海：上海人民出版社，1997：194.

④ 闵维方，蒋承.产业与人力资源结构双调整背景下的大学生就业——一个历史和比较的视角[J].北京大学教育评论，2012，10（01）：2–12+187.

⑤ 姚先国，方昕，张海峰.高校扩招后教育回报率和就业率的变动研究[J].中国经济问题，2013（02）：3–11.

⑥ 戚务念.把国家带回分析的中心：当前大学生就业研究的新视角[J].现代大学教育，2014（03）：63–69+76.

东等（2019）从职业规划到自我效能、朋辈影响、网络媒介、家庭支持等综合因素，分析了个体通过求学深造等方式延缓就业的影响因素①。史淑桃等（2021）结合《国务院关于印发“十三五”促进就业规划的通知》，指出大学生就业岗位的供需匹配由微观职业匹配（专业、兴趣与能力等）和宏观职业匹配（政府宏观调控下的总量与结构平衡、市场的主体活力与自我约束力等）两个维度构成。②

从上可见，解决大学生就业难题若仅从教育回报率等表层维度来思考，不仅会窄化问题视野也难以取得成效。要实现高校毕业生更充分就业，依靠持续追加教育投入只能带来“文凭内卷”。事实上自20世纪90年代以来，我国教育的个人收益率由不足5%一度上升至近10%，这种学历越高则教育收益越大的社会观念深入人心，以至于形成了看重工作性质、单位性质甚或超过个人价值实现的普遍意识，而这种将大学学历与稳定工作之间画等号的观念，正是至今仍普遍存在的桎梏高校毕业生充分参与就业市场竞争的主观因素。一项2021年有关毕业生求职期望的调查数据显示，首选单位类型分别是党政机关（24.2%）、国有企业（22.0%）、学校和科研单位（21.4%）③。看重体制内就业稳定性及其配套的终身福利保障的社会观念由来已久，从城镇到乡村，培养大学生的家庭几乎无不将体制内单位正式员工视为就业首选。这种择业观在社会中普遍存在，源于我国劳动力市场所具有的公有部门（体制内）与非公有部门（体制外）之间二元分割的突出特点④。21世纪以来影响我国就业市场供需匹配的因素此起彼伏、错综复杂，但其中高校毕业生及其家庭在择业观上的“求稳”倾向却是普遍存在、影响深远的。从某种程度上可以说，大众的择业观相较于取消大学生“包分配”的就业市场改革是普遍滞后十几年的。就业期待与市场现实的错配，直接造成了近十几年中“就业难”与“招工难”的两难困局，间接导致了近几年高校毕业生初次就业率波动下降，越来越多大学生进入反复考研、考编、考证的慢就业状态，甚至出

① 郑东，潘聪聪.大学生提速“慢就业”的服务策略[J].江苏高教，2019（2）：81-84.

② 史淑桃，李宁.大学生高质量充分就业政策体系研究[J].河南社会科学，2021，29（06）：119-124.

③ 岳昌君.高质量充分就业的内涵与实现路径[J].人民论坛，2023（14）：63-66.

④ 李路路，朱斌，王煜.市场转型、劳动力市场分割与工作组织流动[J].中国社会科学，2016（9）：126-145.

现了与社会脱节的“尼特族”[①]“躺平族”等，此类现象值得警惕。

1.1.2 就业优先战略的提出与实施

就业优先战略是党中央以人民为中心的发展思想的体现，是实现国民经济合理增长和国家中长期发展战略的必然选择。2018年中央经济工作会议首次提出就业优先；2019年的政府工作报告中，将就业优先提至三大宏观政策之一，要求更积极地应对社会经济运行中的周期性失业、结构性失业和摩擦性失业等难题；2020年，中央把保就业置于“六保”之首。国家高度重视以高校毕业生为代表的青年就业工作，要求稳定和扩大就业，尤其鼓励多渠道创造就业岗位。党的二十大报告在“九、增进民生福祉，提高人民生活品质”一节中对就业优先战略做出了具体部署——

> （二）实施就业优先战略。就业是最基本的民生。强化就业优先政策，健全就业促进机制，促进高质量充分就业。健全就业公共服务体系，完善重点群体就业支持体系，加强困难群体就业兜底帮扶。统筹城乡就业政策体系，破除妨碍劳动力、人才流动的体制和政策弊端，消除影响平等就业的不合理限制和就业歧视，使人人都有通过勤奋劳动实现自身发展的机会。健全终身职业技能培训制度，推动解决结构性就业矛盾。完善促进创业带动就业的保障制度，支持和规范发展新就业形态。健全劳动法律法规，完善劳动关系协商协调机制，完善劳动者权益保障制度，加强灵活就业和新就业形态劳动者权益保障。[②]

早在“就业优先”成为国家政策战略之前，学术界自21世纪初就开始对其

① 即not in employment，education or training，简称NEET，国际上多用来指代青年中既不就业也不上学或参加培训的状态。

② 习近平.高举中国特色社会主义伟大旗帜　为全面建设社会主义现代化国家而团结奋斗：在中国共产党第二十次全国代表大会上的报告（2022年10月16日）[N].人民日报，2022-10-26（001）.

进行阐释与提倡[①②③④]。党的十八大以来，学者们关注到就业焦点已从下岗失业人员转向以高校毕业生为重点的青年群体，进而结合就业优先战略提出了路径规划建议。如信长星（2014）提出高校应完善就业与招生计划、人才培养、专业设置的联动机制，社会就业工作也应从过去的大市场、援助式向小型化、专业化、网络化转型，方能适应大学生的求职需求特点[⑤]。赖德胜（2017）认为大学毕业生和农民工两个群体分别是就业工作的经线和纬线，大学生就业难现象的实质不是毕业生多了，而是与其预期相比，高质量的就业岗位不够，因而应结合供给侧结构性改革的需求，完善政府、工会、企业共同参与的就业促进机制[⑥]。涂永前（2019）提示在我国农村劳动力大规模向城镇转移的背景下，应以转变劳动者观念为抓手促进就业，在其有关农村大学生回乡参与创业/就业意愿的调研中发现，78%的农村大学生认为最佳就业地域是在所在地市及省城就业，只有小部分人选择跨区域就业[⑦]。杨伟国（2023）指出若完全依靠市场机制，很难让高校毕业生流动到艰苦地区、行业和工作岗位上去，这一普遍现象背后是个人就业选择伴生的市场信号扭曲所导致的劳动力供求失配问题，亟待通过实施就业优先战略破解[⑧]。

1.1.3 “十四五”期间的就业促进机制

在《促进就业规划（2011—2015年）》《“十三五”促进就业规划》等国家就业政策的贯彻落实下，“十三五”时期我国城镇新增就业超过6000万人，近3000万贫困劳动力通过多渠道开发就业岗位、大规模开展职业技能培训实现就

① 杨宜勇.把促进就业作为经济社会发展的优先目标[J].宏观经济管理，2002（11）：17–19.
② 景天魁.中国社会保障的理念基础[J].吉林大学社会科学学报，2003（03）：60–64.
③ 蔡昉.论就业在社会经济发展政策中的优先地位[J].中国人口科学，2003（03）：5–10.
④ 丁建军.就业优先与和谐社会构建新思路[J].当代财经，2007（06）：14–18.
⑤ 信长星.实施就业优先战略和更加积极的就业政策[J].行政管理改革，2014（11）：31–36.
⑥ 赖德胜.高质量就业的逻辑[J].劳动经济研究，2017，5（06）：6–9.
⑦ 涂永前.传统劳动就业观念及相关制度对我国稳促就业的影响——兼议“国发〔2018〕39号”文[J].社会科学家，2019（02）：18–25.
⑧ 杨伟国.实施就业优先战略促进高质量充分就业[J].教学与研究，2023（02）：28–36.

业[①]，为全面建成小康社会奠定了坚实基础。“十四五”时期，就业优先战略继续深入实施，从中央、省区市到各区县乃至街道社区，针对各类就业问题纾解“堵点”，出台了涵盖财政、税收、社保、技能培训、创业场地等就业扶持举措。

质言之，就业促进政策的贯彻、就业优先战略的落实、就业对实现“两个一百年”奋斗目标的现实支撑，均可分为扩大就业与减少失业两大维度推进，学术界对此进行了从理论意义解析到现实路径规划的多维研究。

从扩大就业的角度而言，孟泉等（2020）建议将新就业形态以及灵活用工的治理作为“十四五”期间劳动关系治理工作的突破点，在传统制造业日渐式微等背景下支持以“网约工”为主力军的就业增量[②]。罗小芳等（2022）建议抓住数字经济与传统经济加速融合的机遇实现总就业率下降形势下的逆向增长，重点关注大数据、云计算、人工智能、物联网等技术催生的数字金融、远程教育、在线医疗、平台经济等新业态新模式[③]。李春玲（2023）从理性经济人假设出发，指出国家的宏观经济发展状况决定着大学生就业状况，择业应是突破优绩主义和劳动力市场分割的理性选择[④]。王阳（2024）指出国家出台的引导东部高新产业向中西部地区转移的政策，是高校毕业生流动并实现充分就业的重要机遇，鼓励大学生赴基层和中西部扎根立足，对于缓和我国人力资源供给与需求不平衡的矛盾具有破局意义[⑤]。朱晶等（2025）发现“十四五”以来我国农村就业数量与质量显著提高，工资性、经营性收入稳步增长，在全面推进乡村振兴、加快农业农村现代化的新阶段，新型农业经营主体为返乡入乡创业人员提供了广阔空间[⑥]。

---

① 国务院.2020年政府工作报告[EB/OL].（2021-01-21）[2025-01-20].http：//www.gov.cn/zhuanti/2021lhzfgzbg/index.htm.

② 孟泉，雷晓天.“十四五”时期我国劳动关系治理的发展方向与策略选择[J].中国人力资源开发，2020，37（12）：34-44.

③ 罗小芳，王素素.数字经济、就业与劳动收入增长——基于中国家庭追踪调查（CFPS）数据的实证分析[J].江汉论坛，2021（11）：5-14.

④ 李春玲.大学生就业选择的趋同与分化——理性选择与社会分化[J].北京大学教育评论，2023，21（03）：51-68+188-189.

⑤ 王阳.高校毕业生对人力资本配置的影响及建议[J].中国劳动关系学院学报，2024，38（02）：60-76.

⑥ 朱晶，李天祥.我国农民工作“十四五”重要进展与“十五五”前景展望[J].社会科学辑刊，2025（01）：116-127+241.

从减少失业的角度而言，莫荣等（2021）针对高校毕业生近几年就业面临的需求下滑、招聘延后以及求职受限引发的焦虑情绪等困局，建议鼓励各类市场主体扩大毕业生招聘规模，重点加强对城镇失业人员、就业困难人员、零就业家庭等的市场扩容①。李云（2023）认为相较于20世纪末到21世纪初解决农村人口转移和国企职工下岗问题的就业政策1.0阶段、解决2008年金融危机带来失业问题的就业政策2.0阶段，党的十八大以来实施就业优先战略，就业政策进入以高校毕业生为代表性对象的3.0阶段，重点转向解决经济转型中的结构性失业②。王轶等（2023）提议建立“政府+高校+企业”的就业联合实验室，在提高大学生就业能力的前提下，有序引导其前往中西部、东北、艰苦边远地区和城乡基层就业，以达到拓岗释放“缓就业”存量的实效③。徐明等（2024）建议一手抓控制失业率一手抓解决结构性矛盾，同时注重规避风险社会中“黑天鹅”“灰犀牛”事件对青年就业带来的冲击④。

综上可见，要实现党的二十大报告所要求的“健全就业促进机制，促进高质量充分就业”和《“十四五”就业促进规划》强调的“形成经济高质量发展和就业扩容增质的良性循环”，就必须突破高校毕业生就业指导传统模式，密切结合数字经济、新质生产力、乡村振兴、西部大开发、兴边固边富民等国家战略规划，在提升就业能力、就业机会和就业帮扶等方面全面加大对高校毕业生的支持力度。

---

① 莫荣，陈云.当前就业形势与未来展望[J].中国劳动，2021（01）：5–15.

② 李云.我国实施就业优先战略的实践考量及其内在逻辑[J].公共治理研究，2023，35（02）：86–96.

③ 王轶，刘蕾，魏巍.数字经济时代我国面临的就业风险及治理机制研究[J].济南大学学报（社会科学版），2023，33（04）：98–107.

④ 徐明，陈斯洁，聂云蕊.我国青年就业研究的核心议题、演变与展望[J].人口与经济，2024（05）：92–107.

第二节 新时代各地各民族大学生的择业特点

1.2.1 大学生就业的经济、社会与制度环境

高校毕业生作为我国劳动力市场的最大增量，是推动经济社会持续平稳运行、建设中国式现代化的“源头活水”。从国民经济维度看，青年就业、消费和经济增长存在良性互动关系，大学生就业难问题若持续存在，将制约社会消费和经济增长，加重社会福利和政府补贴支出的负担①。从民族高校毕业的各民族大学生，牵动着民族地区万千家庭的希望，一旦走入“慢就业”“缓就业”甚至“有业不就”等困境②中，则可能带来更多社会治理难题。党的十八大以来，国家实施的青年就业服务攻坚行动、百万见习岗位募集计划以及民族高校开展的校企合作、一对一个性化帮扶等，已在促进各地各民族大学生充分就业方面取得显著成效，然而，经济发展滞后、产业结构矛盾、社会文化差异以及传统择业观与经济新常态的矛盾，仍在诸多方面桎梏着民族高校毕业生的高质量就业。

从经济环境角度看，民族高校多位于交通区位和产业结构均不占优的地区，本地就业机会有限，并且传统上受毕业生欢迎的机关事业单位、各级学校的岗位趋于饱和，因而大学生面临要么积极向外流动要么向新兴产业寻求机会的择业环境。如赖德胜等（2013）分析全国14个省份就业质量数据发现，转变经济发展方式、深化市场化改革并建立高效一体的劳动力市场，有助于以较低成本和较快速度实现高质量就业③。马骍（2015）从2011年西部民族地区经济社会状况家庭

① 劳动经济学会就业促进专业委员会课题组，欧阳俊，秦芳.青年就业难的影响、成因及应对[J].中国经济报告，2024（01）：95-106.

② 岳昌君，冯沁雪，邱文琪.“待就业”毕业生如何走出“等待区”[J].中国大学生就业，2022（1）：3-8.

③ 赖德胜，石丹淅.我国就业质量状况研究：基于问卷数据的分析[J].中国经济问题，2013（05）：39-48.

调查数据发现，民族地区城镇少数民族与汉族人口的就业差异在逐渐缩小，甚至在国有部门、体制内单位就业方面少数民族还具有一定优势，但同时也指出职业流动上路径依赖过强会影响其通过流动实现增收等目标，因而建议提高劳动力市场化程度①。邓峰等（2021）等发现2010年之后，民营企业、服务业以及中小微企业在创造就业岗位和吸纳就业主体方面发挥出越来越大的作用②。黄浩（2021）关注到人工智能冲击造成的短期技术型失业，并建议高校通过培养适应市场现实需求的人才规避结构性和摩擦性失业风险③。总之，民族地区的新兴产业和技术岗位需求增长缓慢，民族高校的技能型、市场型人才培养相对滞后，结合近年全国经济增速回落和内外部市场不稳定因素增多的大环境，毕业生必须在增强职业技能的同时拓宽择业视野，才能更充分更高质量地就业。

从社会环境角度看，民族互嵌式社会的构建需要以各民族大学生充分流动就业并结成职业共同体为基础，而民族高校毕业生在就业过程中不同程度地受到社会观念、文化氛围、大众认知等内外部多重因素影响。如马戎（2010）指出少数民族年青一代在现代产业中就业和发展，才能充分享受现代文明成果并随社会进步得到同步的发展，因而建议根据就业市场对劳动者的语言要求来决定学校设置和招生规模④。刘爱玉等（2020）从结社力量及其交互作用着眼，提示警惕以任职短期化、工作非连续性、劳动关系非契约化等为表现的就业脆弱性，指出要从国家重建社会保护机制与劳动者加大教育技能投入双方面来破局⑤。聚焦民族高校毕业生群体，崔万安等（2024）指出营造积极的社会氛围，减少“服务业低人一等”“建筑业工地搬砖”等消极观念传播，对当前大学生转变就业观念并勇于

① 马骍.民族地区城镇少数民族人口的就业分布与特征——基于CHES2011数据的分析[J].民族研究，2015（06）：26-36+123.

② 邓峰，岳昌君.大学生就业市场景气指数的建构与分析[J].教育研究，2021，42（02）：112-122.

③ 黄浩.数字经济带来的就业挑战与应对措施[J].人民论坛，2021（01）：16-18.

④ 马戎.关于中国少数民族教育的几点思考[J].新疆师范大学学报（哲学社会科学版），2010，31（01）：6-18.

⑤ 刘爱玉，刘继伟.市场化过程中就业脆弱性之演变（2000—2010）[J].河北学刊，2020，40（01）：190-202.

在社会实践中积累工作经验具有重要意义①。可见，无论是鼓励各民族大学生通过尝试跨地区、跨行业实现充分就业，还是引导其接受乡村振兴等基层岗位同样能够实现个人职业生涯的高质量发展，都需要全社会通力合作。

从制度环境角度看，近年来党中央将稳就业提高到战略高度，强化就业优先导向，各地区、各部门形成合力协同推动，民族高校毕业生面临的外部瓶颈与内部桎梏都有所突破。就外部瓶颈而言，王隆文（2011）建议在国家公务员考录、事业单位招考、国企招聘中采取配额录取等措施，确保少数民族群体获得必要的公平就业岗位②。这些方案已在现实中落地，并在新发展格局中沿着民族因素和区域因素有机结合的方向逐步完善。如赵锋等（2018）分析2016年全国流动人口动态监测数据发现，更符合社会需求的户籍制度、社会保障制度等，破解了传统制度壁垒产生的阻滞效应，增强了少数民族的流动居留意愿③。就内部制约因素而言，随着少数民族大学生就业过程中一度存在的宏观政策缺位、市场化转轨快、区域经济发展不平衡等社会排斥（social exclusion）结构性因素显著降低，民族高校内部也通过优化人才培养属性及建立就业促进配套制度予以响应。如张鹏等（2011）列举了高校健全就业指导机构、配齐专职指导人员并强化服务职能，尤其是紧密结合社会需求配置学科专业等举措，对提高各民族大学生的综合竞争力以及就业率的积极作用④。高阔（2023）通过对京、晋、辽、浙、藏、陕、青、宁等地包括全国脱贫攻坚先进个人、全国民族团结进步模范在内的企业主的访谈调研，发现在教育优惠、产业扶持、东西部协作等政策支持下，他们已成长为解决大批群众就业问题并带领其走向共同富裕的中坚力量⑤。

---

① 崔万安，卢欣欣.民族地区高校毕业生“慢就业”现象成因与对策——以广西壮族自治区为例[J].科技和产业，2024，24（14）：160–166.

② 王隆文.社会排斥视角下少数民族大学毕业生公平就业的调查研究[J].湖北民族学院学报（哲学社会科学版），2011，29（03）：70–74.

③ 赵锋，樊正德.就业促进、制度保障与少数民族流动人口居留意愿——基于西北5省区的实证分析[J].兰州财经大学学报，2018，34（06）：65–74+98.

④ 张鹏，侯岱伶，周慧梅，等.少数民族大学生就业观的影响因素分析——基于高校少数民族学生就业观调查研究[J].出国与就业（就业版），2011（23）：26–27.

⑤ 高阔.充分激发各民族企业家铸牢中华民族共同体意识的作用[J].中南民族大学学报（人文社会科学版），2023，43（05）：47–52+182–183.

在经济新常态和新发展格局中，民族地区的减负、稳岗、扩就业任务很重，民族高校毕业生面前的挑战与机遇并存，应积极适应环境、提升自身，如响应国家出台的基层就业激励政策、参与全国一体化劳动力市场竞争、结合民族地区的产业转型升级和跨越式发展尝试灵活就业与创新创业等。

1.2.2 民族高校毕业生的就业能力与前景

2015年《国务院关于加快发展民族教育的决定》提出："优化教育结构，科学配置资源，提高教育质量，提升少数民族和民族地区学生就业创业能力和创造幸福生活能力，促进民族教育与经济社会协调发展。[①]"民族地区大学生的就业创业能力与经济社会能否协调发展息息相关，学术界对此已达成共识，并多方建言献策予以推进。如王鉴（2009）认为新形势下民族教育须经历一个由重视优惠政策向特殊政策的重心转移过程[②]。陈达云（2009）指出凭借优惠政策进入大学但学习基础薄弱的少数民族学生，在进入劳动力市场时仍面临因人力资本积累不足而导致的就业困境，即使被招收也有在业绩评估竞争中被淘汰的风险[③]。廖娟（2013）建议西部少数民族尤其是贫困大学生应致力于提高自身综合素质，面向由统一分配向自主择业、双向选择储备知识和经验[④]。王延中（2015）认为在民族地区就业吸纳能力弱的现实背景下，大学生群体国家通用语言文字能力弱、乡土观念浓厚、基础教育落后等因素也必须予以正视和积极改善[⑤]。张宝贵（2017）分析我国高校毕业生当前就业难的一个关键内在原因是人才培养过程中重模仿性知识的传授而轻创新型知识生产能力的培养[⑥]。此类不足在民族高校中非常普遍，

① 国务院.国务院关于加快发展民族教育的决定[EB/OL].（2015-08-17）[2024-11-16].http：//www.gov.cn/zhengce/content/2015-08/17/content_10097.htm.

② 王鉴.试论我国少数民族教育政策重心的转移问题[J].民族教育研究，2009（03）：18-25.

③ 陈达云.大力发展民族高等教育提高少数民族就业能力[J].西南民族大学学报（人文社科版），2009，30（12）：61-64.

④ 廖娟.西部少数民族地区贫困大学生就业状况研究[J].贵州民族研究，2013，34（01）：185-188.

⑤ 王延中，元林君.民族地区大学生就业难问题及对策[J].劳动经济研究，2015，3（01）：36-66.

⑥ 张宝贵.大学生就业问题形成的根本原因探讨——人力资本与技术进步匹配的计量经济学模型解析[J].复旦教育论坛，2017，15（05）：64-70.

如成媛等（2019）在对经济欠发达的西北地区少数民族青年的调查中发现，就业压力与其在学习适应、环境适应、心理适应、人际适应等方面的能力呈显著负相关[①]。

“十三五”以来，我国经济增速逐渐转入中低速走势，传统上大规模吸纳就业主体的诸多行业逐步转入新常态运转模式，以自动化、数字化和智能化为特色的“第二次机器革命”带来了减少劳动报酬在收入中所占比重的“机器换人”效应，[②]“用工单位+平台+个人”的新型用工模式逐渐普及，相应地劳动者在社会中原子化特征日益凸显[③]。高校毕业生在岗位总量减少、雇佣形式灵活、首选的“稳定”/“体面”工作可得性日趋下降的大环境下，亟待树立正确的择业观，调整积极的求职心态，并储备好适应市场需求的知识技能，才有可能实现充分就业和高质量发展。

在诸多方面亟待提高的就业能力中，有一项明显短板是普遍存在并且尤其值得民族高校毕业生重视改进的——结合自身条件适应劳动力市场竞争的应变能力。社会学研究者常采用詹姆斯·科尔曼（James S. Coleman）的社会资本（个体拥有的社会资源）理论[④]分析如何对高校毕业生求职起到正向促进作用。例如高校毕业生面对就业竞争加剧和文凭贬值的大环境，采取推迟就业、加大和延长教育投资、增加个人的人力资本等对策，已成为一种普遍趋势[⑤]。然而，民族高校毕业生以及民族地区生源的现实是，许多家庭经济资本和文化资本有限，追加教育投资能力不足，尽早就业、充分就业的要求相应更加紧迫。郝时远（2009）立足各民族共同团结奋斗、共同繁荣发展的历史指出，而只有认识到民族团结不仅仅是民族地区各族人民的团结，更是全国各族人民的大团结，才能在各民族和

① 成媛，赵静.西北少数民族青年就业压力与社会适应能力相关性研究[J].北方民族大学学报（哲学社会科学版），2019（03）：139-143.

② 陈永伟，曾昭睿.“第二次机器革命”的经济后果：增长、就业和分配[J].学习与探索，2019（02）：101-113.

③ 王兆萍.数智时代我国面临的主要就业风险及治理路径[J].北京社会科学，2023（03）：88-98.

④ COLEMAN J S.Social capital in the creation of human capital[J].American journal of sociology，1988，94：S95-S120.

⑤ 李春玲.大学生就业选择的趋同与分化——理性选择与社会分化[J].北京大学教育评论，2023，21（03）：51-68+188-189.

地区之间实现全面互助[①]。可见，民族高校毕业生只有跳出地域、民族之见，以自身在全国一体化劳动力市场中所能匹配到的最适当岗位作为求职就业目标，才能及早进行相应的知识储备和能力锤炼。民族高校在引导学生树立正确择业观的同时，也应加强对就业市场需求的分析研判，紧跟形势优化学科专业，遵循教育部有关各地各高校要将高校毕业生就业状况作为高校办学资源配置、教学质量评估、招生计划安排的重要依据，优化招生计划分配方式，有针对性优化人才培养方案[②]等部署，加强就业与招生、培养的联动，提高学科专业设置对劳动力市场竞争的响应度和适配度，从而帮助毕业生储备足以参与市场竞争的就业能力。

1.2.3 与青年就业创业境遇相伴的社会心态

从内在原因角度分析当前我国高校毕业生就业难现象，就业错配是一种普遍存在且影响深远的因素。据智联招聘调查统计，2023年我国高校毕业生中暂无任何打算的占18.9%，较2022年上升了3个百分点，过去三年上升幅度高达200%[③]。在“00后”年轻一辈中，因工资待遇、就业地区、单位性质、职业路径等偏好无法满足而自愿选择“缓就业”的人数规模正在显著增多，各地层出不穷的考编考证“内卷”或“躺平”“蹲啃”现象引起社会热议。如李长安（2016）所指出的，就业矛盾的本质是就业质量不高引发的各种摩擦和冲突，而对于我国劳动者而言，在许多情况下就业质量不高并不意味着找不到工作，而是找不到“好”的、“体面”的工作[④]。在20世纪末，国际劳工组织首次提出“体面劳动”

① 郝时远.中华民族伟大复兴的必由之路——各民族共同团结奋斗、共同繁荣发展[J].民族研究，2009（06）：1-3.

② 教育部关于做好2025届全国普通高校毕业生就业创业工作的通知（教就业〔2024〕5号）[EB/OL].（2024-11-12）[2024-12-15]. http：//www.moe.gov.cn/srcsite/A15/s3265/202411/t20241112_1162526.html.

③ 数据来源：智联招聘《2020年大学生就业力调研报告》《2023年大学生就业力调研报告》。

④ 李长安.经济新常态下我国的就业形势与政策选择[J].北京工商大学学报（社会科学版），2016，31（06）：1-9.

（decent work）[①]概念时，涵盖劳动者的就业机会、报酬以及社会地位有保障之意。而在当代中国的现实生活中，一份“体面”的工作包含了来自高校毕业生的家长乃至家族亲友的诸多社会期许，对白领职位的执着导致许多本来能够充分就业的高校毕业生待业日久，形成了与社会脱节的状态。“啃老族”与日俱增，已经从一种家庭现象演变成了社会问题[②]。

放眼全球范围内，随着“体面”就业机会供不应求而出现的社会内卷化现象屡见不鲜——人们面对学历贬值以及高等教育规模相应的进一步扩张，只能选择重新投入教育市场以获得更高学历，[③]以期适应更为激烈的人力资本竞争，至此，形成了“教育规模扩张—学历文凭贬值—就业市场竞争—增加教育投入”的恶性循环。[④]当前中国社会中“考研”“考编”持续内卷的现象，其内核是对现代社会中教育及就业竞争的通行规则——优绩主义（meritocracy）[⑤]的进一步强化。黎娟娟等（2022）指出，社会转型加速对于Z世代大学生最直接的影响就是就业市场环境的变化，“学历贬值”和就业压力增大造成社会中佛系、躺平、内卷并存的矛盾心态[⑥]。投射到民族工作领域，高岳涵等（2024）指出，部分高校毕业生“毕业即待业”的现象及其关联环境、市场、地域、岗位等多重矛盾表现，不利于铸牢中华民族共同体意识教育在高校就业发展实践中的有效推动[⑦]。

近年来媒体报道了一个又一个“最难就业年”，不仅意味着岗位变少，在深层次上还反映出“学历贬值”——相应的学历专业已无法兑换到几年前可得的岗位职业——这种社会流动机会的下滑现象触发了学子及其家长关于“阶层跃

① 此概念系1999年6月由国际劳工局局长胡安·索马维亚在第87届国际劳工大会上提出，原指“促进男女在自由、公正、安全和具备人格尊严的条件下，获得体面的、生产性的工作机会”。

② 景天魁.创新福利模式优化社会管理[J].社会学研究，2012（4）：1-9.

③ 兰德尔·柯林斯.文凭社会：教育与分层的历史社会学[M].刘冉，译.北京：北京大学出版社，2018：84-90.

④ 兰德尔·柯林斯.文凭社会：教育与分层的历史社会学[M].刘冉，译.北京：北京大学出版社，2018：152-222.

⑤ Michael Young.The Rise of the Meritocracy[M].New Jersey：Transaction Publishers，1994.

⑥ 黎娟娟，黎文华.Z世代大学生多重矛盾性社会心态解析[J].中国青年研究，2022（07）：104-110+30.

⑦ 高岳涵，苍星辰.铸牢中华民族共同体意识教育背景下高校大学生灵活就业对策[J].中南民族大学学报（人文社会科学版），2024，44（11）：178-186+204.

迁越来越难”“寒门越来越难出贵子”的情绪性观点。如魏鑫旻（2020）以四川民族地区为例，指出国家精准扶贫重点工作地区的少数民族大学生在就业求职时，常表现出消极悲观、就业认知偏差、依赖心理、害怕担忧、趋利心理等特点①。民族地区切换至市场化就业轨道②的进程普遍较晚，对降分录取与分配就业等优惠政策的惯性依赖较强，已成为阻碍民族高校毕业生充分就业的内在因素。一些学生及其家长的头脑中仍有根深蒂固的单位就业才是更为“体面”工作的观念，认为去企业上班只是“打工”，而创业更是不稳定的下策、备选方案。要贯彻就业优先战略，破解大学生“慢就业”“有业不就与无业可就并存”现象，除了大力拓岗、扶持灵活就业和新就业形态外，也应当对与当代青年就业创业境遇相伴的社会心态予以充分重视，在全社会营造宽松而积极的就业氛围。

第三节　各民族大学生高质量充分就业的社会意义

1.3.1 高校毕业生的流动嵌入与社会整合

“知识改变命运”是社会普遍共识。早在二十世纪六七十年代，美国社会学家布劳（P. M. Blau）和邓肯（O. D. Duncan）关于“儿子的社会地位能否高于父亲，取决于其受教育的程度”③的探讨，就被教育社会学研究者广泛接受并用于分析高等教育对个体阶层跃迁与社会流动的支撑作用。在我国，改革开放后至高考扩招前（1978—1999年）是高等教育促进个体上升性社会流动最显著的阶段④。然而20余年来，大学文凭与社会入场券的绑定逐渐松散，大众认知中“鲤鱼跃龙

① 魏鑫旻.四川民族地区少数民族大学生就业心理特征分析[J].四川民族学院学报，2020，29（02）：60-63.

② 武毅英.转型期的大学生就业问题与对策[M].广州：广东高等教育出版社，2009：32.

③ 伊恩·罗伯逊.社会学[M].黄育馥，译.北京：商务印书馆，1994：505.

④ 向冠春，刘娜.我国高等教育与社会流动关系嬗变[J].现代教育管理，2011（01）：4-7.

门”会提前发生在高考放榜日的观念也冷静下来，意识到就业才是决定个体嵌入社会位置的关键，而高等教育只是人才选拔机制中一段增加获取好职位和高收入可能性的人生积累。

“嵌（embeddedness）”的概念在学界常被用于分析社会关系整合。市场不能“脱嵌”于社会，人亦是“镶嵌”于劳动力市场中人际关系网络①②。现代化进程中，个体普遍面临从“脱域（Disembedding）”到在更广泛时空中“再联结”③④。这种流动给社会结构带来张力的同时，也孕育着新生机。例如，在“乡土中国”的现代化转型中，原居于凝聚力主导地位的家族、乡土，逐渐让渡于“单位”“公司”，这一转型带来人口流动及其社会阶层跃迁模式的切换，其间文凭的工具性功能凸显，引发学界对社会整合的关注。如李强（2005）提到中间层过小的“结构紧张”（structural strain）⑤，李春玲（2010）关注劳动力市场中白领工作岗位增速缓慢与“民工荒”现象并存的就业结构问题⑥，余秀兰（2014）指出保证社会底层能够通过教育获得升迁性社会流动，对减轻阶层固化、促进社会公平至关重要⑦。

在民族研究领域，马戎（2010）、汤夺先（2009）、郝亚明（2015）等也从社会流动与整合的角度，对于少数民族群体升学、就业不充分可能引发的“二元

① Karl Polanyi. The Great Transformation：The Political and Economic Origins of Our Time[M]. Boston：Beacon Press，2001（1944）.

② Mark Granovetter. Getting a Job：A Study of Contacts and Career，Cambridge[M]. MA：Harvard University，1974.

③ Anthony Giddens. Modernity and Self-Identity：Self and Society in the Late Modern Age[M]. New York：Stanford University Press，1991.

④ Zygmunt Bauman. The Making and Unmaking of Strangers'，Debating Cultura l Hybridity[M]. London：ZedBooks，1997.

⑤ 李强．“丁字型”社会结构与“结构紧张”[J].社会学研究，2005（02）：55-73+243-244.

⑥ 李春玲.高等教育扩张与教育机会不平等——高校扩招的平等化效应考查[J].社会学研究，2010，25（03）：82-113+244.

⑦ 余秀兰.教育还能促进底层的升迁性社会流动吗[J].高等教育研究，2014，35（07）：9-15.

结构”“族际区隔”“平行社会”等问题提出了担忧①②③。相应地，李强（2006）、张继焦（2006）、杨菊华（2009）等从就业分工（social division of labor）理论视角提出“职业共同体”在日常交往中作为社会团结纽带的弥合作用④⑤⑥。这些思路，对于贯彻党中央有关“推进中国式现代化、实现共同富裕，一个民族都不能少”的要求和“支持民族地区加快融入国家发展大局”的部署具有重要参考价值。进入新时代以来，尤其随着党中央于2014年提出对构建民族互嵌式社区以及“六个相互”的倡导，民族就业研究者越来越关注“共居、共学、共事、共乐”的社会条件如何创造——由于进城务工是民族互嵌式社会的主要成因，故学者们多以城市为平台、职场为场域，观察各民族“三交”进而“互嵌”的案例。然而，此类研究多着眼于微观“社区环境”，仍然缺少从宏观视角聚焦于“民族互嵌式社会结构”的分析。尽管已有王希恩（2016）、郝时远（2017）、麻国庆（2017）、王延中（2018）、严庆（2018）等多位权威专家建议以职业结构互嵌推进社会结构互嵌⑦⑧⑨⑩⑪，但对于就业纽带尤其是接受过高等教育、掌握跨文化交际能力、对市场化流动和融入持开放态度的当代少数民族大学毕业生群体所能连接起的持续性更显著、周期更久、韧性更强的就业纽带，实证研究尚不

① 马戎.中国社会的另一类“二元结构”[J].北京大学学报（哲学社会科学版），2010，47（03）：93–103.

② 汤夺先.城市少数民族流动人口问题论析[J].中南民族大学学报（人文社会科学版），2009，29（02）：31–36.

③ 郝亚明.民族互嵌式社会结构：现实背景、理论内涵及实践路径分析[J].西南民族大学学报（人文社会科学版），2015，36（03）：22–28.

④ 李强.职业共同体：今日中国社会整合之基础——论“杜尔克姆主义”的相关理论[J].学术界，2006（03）：36–53.

⑤ 张继焦.关系网络：少数民族迁移者城市就职中的社会资本[J].云南社会科学，2006（01）：74–80.

⑥ 杨菊华.从隔离、选择融入到融合：流动人口社会融入问题的理论思考[J].人口研究，2009，33（01）：17–29.

⑦ 王希恩.民族的融合、交融及互嵌[J].学术界，2016（04）：33–44+324.

⑧ 郝时远.新时代中国民族工作的创新推进[J].中国民族，2017（Z1）：60–61.

⑨ 麻国庆.民族研究的新时代与铸牢中华民族共同体意识[J].中央民族大学学报（哲学社会科学版），2017，44（06）：21–27.

⑩ 王延中.铸牢中华民族共同体意识建设中华民族共同体[J].民族研究，2018（01）：1–8+123.

⑪ 严庆.嵌合型：广义民族工作视域下的民族工作模式思考[J].西北民族研究，2018（03）：26–32.

丰富。

1.3.2 全国一体化市场中的民族高校毕业生

马克思主义认为，工业化、市场化进程意味着藩篱的打破，“过去那种地方的和民族的自给自足和闭关自守状态，被各民族的各方面的互相往来和各方面的互相依赖所代替了…… 民族的片面性和局限性日益成为不可能”①。中华各民族自古的生计互补与商品交换，从泛中原农耕经济体到“逐水草而居”的游牧经济体，在漫长历史进程中承担着以劳动分工紧密经济联系的社会功能，茶马互市、盐米交易，日积月累地促进着各民族的产业优化、经济增长和共同居住。概言之，全国统一大市场的建设可以缩短不同民族之间交往的地理空间距离和交流的心理空间距离，进而促成多元交融为一体。

从中华人民共和国成立到改革开放实施，全国统一大市场逐步建立并且联系越来越紧密，1984年《中共中央关于经济体制改革的决定》提出“沿海、内地和边疆，城市和农村，以及各行业各企业之间，都要打破封锁，打开门户，按照扬长避短、形式多样、互利互惠、共同发展的原则，大力促进横向经济联系”②。全国统一大市场形成的历程，也是各地区、各民族、各阶层、各行业人员流动并蓄积释放生产活力的过程。学界对其间的社会流动研究包含纵横面向 —— 如王春光（2009）、李培林（2012）、周大鸣（2014）等主要聚焦农民工“市民化”的城镇融入，③④⑤赵延东（2012）、王嘉毅（2016）、余秀兰（2018）等则关注

① 马克思，恩格斯.共产党宣言[M].北京：人民出版社，2014：31.

② 改革开放以来历届三中全会文件汇编[G].北京：人民出版社，2013：43-44.

③ 王春光.对中国农村流动人口“半城市化”的实证分析[J].学习与探索，2009（05）：94-103.

④ 李培林，田丰.中国农民工社会融入的代际比较[J].社会，2012，32（05）：1-24.

⑤ 周大鸣，杨小柳.从农民工到城市新移民：一个概念、一种思路[J].中山大学学报（社会科学版），2014，54（05）：144-154.

高校毕业生“寒门出贵子”的阶层跃迁，[①②③]这些研究中富含突破圈层固化和实现群际交融的案例，而各民族大学生正日渐成为上述社会整合通途中的流动跃迁者的重要主体。

民族地区的劳动分工专业化水平，决定着产业结构乃至区域发展的层次，也决定着民族团结进步创建的深度与广度。分工受市场范围的制约[④]，而我国民族地区大多因地处边远的区位限制和发展水平等历史原因，分工丰富度有限、市场化经济繁荣度不足，局部地区甚至还表现出一定封闭性，停留在市场范围狭小、分工水平不高且难以组织专业化规模化生产的状态[⑤]。因而逐步完善差别化区域支持政策，推进各族群众互嵌式发展计划，推动各民族融入国家统一大市场，是协同推进中国式现代化与中华民族共同体建设的当务之急[⑥]。

高校毕业生是重点支持的就业群体，而少数民族大学生又是其中一类特殊的群体，是需要社会支持的重中之重。因为边疆民族地区曾在相当长的时期内实施少数民族享有高考加分乃至包分配就业等政策，客观上造就了70后、80后的高校毕业生群体普遍享受了轻松入学和就业的优惠之余，在当地社会中形成了与市场接轨相对滞后的择业观，反映在民族高校毕业生的就业环节，出现了“缓就业”、择业面窄、对流动求职有畏难情绪、难以适应市场化就业等一系列

① 赵延东，洪岩璧.社会资本与教育获得 —— 网络资源与社会闭合的视角[J].社会学研究，2012，27（05）：47–69+243–244.

② 王嘉毅，封清云，张金.教育与精准扶贫精准脱贫[J].教育研究，2016，37（07）：12–21.

③ 余秀兰，韩燕.寒门如何出“贵子”—— 基于文化资本视角的阶层突破[J].高等教育研究，2018，39（02）：8–16.

④ 亚当·斯密.国民财富的性质和原因的研究[M].郭大力，王业南，译.北京：商务印书馆，1979.

⑤ 郑长德.新经济地理学与中国少数民族地区的经济发展[J].黑龙江民族丛刊，2009（03）：57–65.

⑥ 郝亚明，秦玉莹.中国式现代化与中华民族共同体建设的协同推进逻辑[J].中南民族大学学报（人文社会科学版），2023，43（02）：37–44+182–183.

难题。①②③④⑤近年来国民经济增速下行，城镇失业率攀升，加之传统产业转型、中美贸易摩擦等综合因素影响下，我国局部地区出现了高校毕业生待业在家反复“考公”“考编”也不愿去企业打工的现象。而当这种现象发生在边疆民族地区时，就会一方面制约经济基础薄弱的区域经济高质量发展，另一方面构成对社会稳定、人心安定、民族团结的潜在不利因素，值得引起重视。

发展是解决民族地区各类问题的总钥匙，解决就业难问题，从根本上说还是要靠发展。民族高校的毕业生有其特殊性，因而对于如何引导他们充分就业并顺利嵌入社会，也应首先从与全国一体化劳动力市场接轨的角度考虑。2022年4月，中共中央 国务院正式发布《关于加快建设全国统一大市场的意见》，提倡“健全城乡统一的土地和劳动力市场”“促进劳动力、人才跨地区顺畅流动”⑥。随后，宁夏回族自治区、新疆维吾尔自治区等地区也纷纷出台相应实施意见，边疆民族地区持续深化融入全国统一大市场，不仅支持区域经济发展，也是对促进各民族交往交流交融的强力驱动。2024年12月，国家发展改革委关于印发《全国统一大市场建设指引（试行）》⑦，明确提出全面取消在就业地参保户籍限制，并要求各地区不得在户籍、地域、身份等方面设置影响人才流动的政策性障碍。这意味着各民族大学生可以更好地享受就业地公共服务，市场化就业的积极性有望得到进一步调动。

需要说明的是，择业观本身并无优劣之分，本书旨在探讨如何促进民族高校毕业生以及其他院校中的少数民族生源更充分更高质量就业，因而涉及对市场化

① 谢定国.少数民族大学生如何适应“双向选择”的就业制度[J].贵州民族学院学报（哲学社会科学版），2001（02）：114–117.

② 王英姿.新疆少数民族大学生就业问题调查与分析[J].中国大学生就业，2006（16）：35–38.

③ 吴春燕.蒙古族大学生择业观及教育研究[D].内蒙古师范大学，2007.

④ 罗颖.“少数民族高层次骨干人才计划”研究生择业观研究[D].华中师范大学，2014.

⑤ 刘雪梅.少数民族与汉族大学生就业价值取向比较研究[J].贵州民族研究，2014，35（07）：213–216.

⑥ 中共中央 国务院关于加快建设全国统一大市场的意见[N].人民日报，2022–04–11（001）.

⑦ 国家发展改革委关于印发《全国统一大市场建设指引（试行）》的通知（发改体改〔2024〕1742号）[EB/OL].（2024–12–04）[2025–02–03]. https：//www.gov.cn/zhengce/zhengceku/202501/content_6996676.htm.

就业观念的鼓励。就现实情况而言，大学生的择业意向既有普遍趋势也有个体、群体差异。如李曦辉等（2022）在对西藏、新疆内高班、预科班等的问卷调查中发现，新疆维吾尔族学生表现出愿意留在内地工作和生活的意愿，而西藏藏族学生则较少有此意愿，指出这与两地少数民族学生在学习工作、人际交往中方面的差异有关①。而从宏观层面分析，这显然还与西藏自治区的城镇单位职工收入高并且高学历高素质人才需求高等因素有关②。又如，赵磊等（2021）通过对西部5所高校2020届离校未就业的少数民族毕业生进行统计分析发现，东部和中部地区生源中意向升学深造者占比高，其次是拟求职和考公者；而西部地区的少数民族毕业生中，拟求职就业的意愿更加迫切，同时受传统观念影响，“铁饭碗”偏好意识较强③。可见，鼓励各民族大学生充分嵌入全国一体化劳动力市场并寻求高质量就业机会，需要推力、拉力、吸引力相结合，而不能停留在口号上的号召层面。当前新发展格局中，西部大开发、东北全面振兴、粤港澳大湾区建设、长三角一体化发展等国家重大战略的布局实施，发展不平衡不充分的矛盾在持续得到缓解，科技进步和第三产业的精细化发展，也在不断为各民族大学生释放出“海阔凭鱼跃，天高任鸟飞”的就业创业空间。

在2024年9月召开的全国民族团结进步表彰大会上，习近平总书记强调“要支持民族地区加快融入国家发展大局，促进各地区在经济上更加紧密地连在一起、融为一体”④，为从推进各民族共同富裕的角度推进民族团结进步创建指明了方向。经济上更加紧密地相连相融，是驱动民族地区更好融入全国统一大市场，进而在畅通市场循环中实现各民族交往交流交融的有效抓手。在新时代的民族“三交”中，劳动人口中的新生代首当其冲，接受过高等教育、知识丰富、视野

① 李曦辉，黄基鑫.教育援藏援疆与铸牢中华民族共同体意识[J].民族教育研究，2022，33（01）：45-53.

② 截至2020年，我国的民族八省区中，只有西藏的城镇单位就业人员平均工资是高于全国平均水平的，加上高原补贴和相对较多的节假日，对藏族学子的吸引力强；同时，民族地区的每十万人口高等教育机构本专科在校生人数普遍低于全国平均水平（2326人），尤其西藏仅为1055人，这意味着自治区内的高校毕业生属于稀有的高层次人才，相应地自然缺乏流向中东部经济发达地区寻求就业岗位的动力。

③ 赵磊，赵裕民，张一迪.离校未就业少数民族毕业生就业促进策略研究——以西部5所非民族高校为例[J].中国大学生就业，2021（06）：59-64.

④ 习近平.在全国民族团结进步表彰大会上的讲话[N].人民日报，2024-09-28（002）.

广博的大学毕业生群体能够在各行业、新产业、多媒体等方面发挥穿针引线的先锋作用。

第四节 民族高校就业工作是“铸牢”教育的一环

我国十余所民族高校组成的民族教育事业，在教育事业本质之外兼具民族团结进步事业的属性，其人才培养输送工作是联通构建互嵌式社会结构和社区环境的一环，因而也必然以铸牢中华民族共同体意识为主线，尤其边疆民族地区院校更应“坚持把推进中华民族共同体建设作为边疆民族地区工作的主线”，[①]鼓励引导毕业生心怀服务强国建设、民族复兴而做出职业选择。

1.4.1 就业是构建民族互嵌式社会的纽带

古今社会中，互补的生计与互助的职业共同体都是促进各民族交往交流交融的关键因素。中外学者都关注到劳动分工对社会团结方式的能动作用，如埃米尔·涂尔干（Émile Durkheim）指出，劳动分工“使社会成为可能”，促成人与人之间基于彼此需要的“有机团结”；[②]费孝通则以茶马/马绢互市等中国历史上的货物交易流通推及族际“业缘”交往，说明正因汉族商业据点遍布少数民族聚居区，巨大的流通网络把各族“捆成一个高层次的共同体”。[③]可见，职业共同体是中华民族共同体建设中一个极具凝聚力和辐射力的现实维度，从就业乃是教育将人“社会化”的一个出口端的角度理解，也可将各民族大学生在进入社会过

① 李强.职业共同体：今日中国社会整合之基础——论“杜尔克姆主义”的相关理论[J].学术界，2006（03）：36–53.

② Émile Durkheim. The Division of Labor in Society[M]. trans. by G. Simpson. New York：Free Press of Glencoe，1964.

③ 费孝通.民族研究——简述我的民族研究经历与思考[M]//费孝通.中华民族的多元一体格局.北京：中央民族大学出版社，2018：7.

程中跨地区、跨行业的流动互嵌，视为铸牢中华民族共同体意识教育体系中值得重点关注与引导的“见实效”一环。

在中国的民族学、人类学界，社会嵌入研究多着眼于现代化进程，其中相当一部分与就业息息相关。如费孝通（1938）讲述缫丝产销村从家户手工迈向工厂模式[①]；项飙（2000）深描改革开放中的北京“浙江村”和全球化时代印度跨国IT劳工[②]；谭同学观察新化数码快印“同乡同业”现象（2012）等[③]。在全国一体化市场经济体系从无到有再到日益壮大并持续向纵深推进的过程中，异地就业已成为各民族人口大流动大融居趋势下的一种常态。

随着城镇化进程的加速推进，从西部到东部、从边疆到内地、双向乃至多向的劳动人口流动，为各民族相互嵌入式的社区环境和社会结构打下了广泛而又坚实的基础。周竞红（2001）、陈云（2008）、李伟梁（2010）、郑信哲（2014）、苏丽锋（2015）、沈桂萍（2015）、青觉（2017）等诸多学者先后关注到了社会结构中的“业缘互嵌”现象[④⑤⑥⑦⑧⑨⑩]。21世纪起步以来，此类研究切入的理论视角大多是基于社会融入（Social Integration）与社会排斥（Social Exclusion）。诚然，生计方式转变与文化环境转变引发的消极社会心态不可小觑，但也应看到就业主体的主观能动性。随着市场经济的发展，原本处于不同层次的各民族社会都被纳入现代生产方式的整体结构之中。这一转变对学术界研究

① 费孝通.江村经济（Peasant Life in China）[M].戴可景，译.北京：北京大学出版社，2012.

② 项飚.跨越边界的社区：北京“浙江村”的生活史[M].北京：生活·读书·新知三联书店，2000.

③ 谭同学.亲缘、地缘与市场的互嵌——社会经济视角下的新化数码快印业研究[J].开放时代，2012（06）：69–81.

④ 周竞红.少数民族流动人口与城市民族工作[J].民族研究，2001（04）：8–14+106.

⑤ 陈云.少数民族流动人口城市融入中的排斥与内卷[J].中南民族大学学报（人文社会科学版），2008（04）：42–45.

⑥ 李伟梁.论少数民族流动人口的城市融入[J].黑龙江民族丛刊，2010（02）：35–40.

⑦ 郑信哲.论少数民族流动人口的城市适应与融入[J].中南民族大学学报（人文社会科学版），2014，34（01）：20–25.

⑧ 苏丽锋.少数民族人口流动特征与就业质量研究[J].民族研究，2015（05）：16–29+123–124.

⑨ 沈桂萍.构建城市民族工作的“嵌入式治理”模式[J].湖南省社会主义学院学报，2015，16（01）：58–60.

⑩ 青觉.城市少数民族流动人口市民化研究[J].中南民族大学学报（人文社会科学版），2017，37（01）：25–30.

就业、教育等问题提出了新要求。通过推进教育公平和基本公共服务均等化来实现社会公平与进步，既是真诚回应各族人民对共同富裕期盼的必然要求，也是铸牢中华民族共同体意识的关键路径。

2014年，党中央提出“推动建立各民族相互嵌入的社会结构和社区环境”要求，自此，学界相继发表了一大批关注民族人口大流动大融居趋势、分析各民族进城务工者及其互嵌式社区的研究，理论切入点较前期依托西方理论框架已有所拓展和丰富。田野点中，既覆盖多民族混居、农牧工商业互补且在城镇化进程中有大批富余劳动力外流就业的西北诸省区；①②更包括少数民族人口向聚居地之外嵌入的广阔空间，如服务业、制造业和物流发达的“长三角”，③④市场经济先行一步且流动打工者最早聚集的粤港澳大湾区，⑤⑥多举措整合就业资源并推动人口合理流动的京津冀，⑦⑧单是以“民族用品数条街”而闻名的西部商业重镇成都，就有多篇聚焦其互嵌创业社区的专题研究。⑨⑩这些田野调查既展现了“互嵌中国”的蓬勃活力逐步形成的进程，也分别从第一、第二、第三产业的各行各业案例中展现了就业纽带的社会整合作用，但尚缺乏聚焦大学生群体新生力量的

---

① 汤夺先. 西北大城市少数民族流动人口若干特点论析 —— 以甘肃省兰州市为例 [J]. 民族研究，2006（01）：31-40+107.

② 王平，严学勤. 论民族互嵌与和谐民族关系的构建 —— 以新疆塔城市的实证研究为例 [J]. 新疆师范大学学报（哲学社会科学版），2015，36（05）：57-63.

③ 高向东，朱蓓倩. 城市清真拉面馆从业少数民族流动人口分析 —— 以上海市为例 [J]. 中南民族大学学报（人文社会科学版），2014，34（01）：26-32.

④ 袁年兴，许宪隆. 长三角地区穆斯林流动人口社会融入研究 —— 基于结构方程模型的分析 [J]. 中国人口科学，2016（02）：72-83+127.

⑤ 吴泽荣. 新时代背景下城市少数民族流动人口的社会融入与共建共享 —— 以广州回族为例 [J]. 黑龙江民族丛刊，2019（06）：32-36.

⑥ 杨小柳. 在穗经营型少数民族移民聚集区的形成及其社会融入 [J]. 湖北民族大学学报（哲学社会科学版），2020，38（06）：61-67.

⑦ 马伟华. 就业与融入：少数民族流动人口就业资源整合与城市融入问题探析 —— 基于京津冀协同发展的视角 [J]. 中南民族大学学报（人文社会科学版），2017，37（03）：33-38.

⑧ 陈纪，朱珊. 互动、支持、认同：城市各民族交往交流交融的实践路径构建 [J]. 统一战线学研究，2018，2（05）：72-77.

⑨ 来仪，马晓玲. 我国城市民族互嵌式社区建设研究 —— 以成都市为例 [J]. 西南民族大学学报（人文社科版），2016，37（11）：63-68.

⑩ 石琳. 新时代内地城市民族互嵌式社区的语言公共服务应用研究 —— 以成都市浆洗街洗面桥社区为例 [J]. 民族学刊，2020，11（01）：112-118+146-148.

研究。

从上述研究可见，以就业为纽带的互嵌，是“四共”的典型凝结机制，对促进“六个相互”意义重大，是新时代“推动建立各民族相互嵌入的社会结构和社区环境”和“逐步实现各民族在空间、文化、经济、社会、心理等方面的全方位嵌入”所必须重视的领域。在笔者看来，高校毕业生的就业互嵌，不仅包括西部边疆少数民族大学生向东中部城市嵌入，也包括内地毕业生到民族地区就业安家；不仅包括随改革开放而首批开始外出务工的农牧民，也包括传统上外流比例偏低但近年来受就业市场饱和压力驱动而增加向省区外、体制外流动就业乃至自主创业的大学生群体，本书将重点对这些新群体新动态展开分析。

1.4.2 各民族大学生的市场化就业及其意义

对于少数民族大学生的就业，前期研究大多是围绕如何破解“就业难”而展开实践研究，其中有分析外因的——如西部、边疆、民族地区受限于交通区位和产业规模劣势，吸纳就业能力弱，农牧业转型升级后富余劳动力、高考扩招后待就业大学生都大量增加[①][②]；也有探讨内因的——如国家通用语掌握不好、理工农医科少、职业技能单一、风俗习惯适应难及因之而生的对于出省就业、企业打工的畏难情绪。[③][④][⑤]

党的十八大以来，随着西部大开发、对口支援、东西部协作、兴边富民、“一带一路”、精准脱贫、乡村振兴的开展，民族地区就业市场得以开放激活，进一步与全国统一大市场联通，边疆民族地区大学生向疆外寻找就业岗位以及市

① 李光明.少数民族大学生就业难的成因及对策[J].云南民族大学学报（哲学社会科学版），2005（06）：118-120.

② 赵晓芳.少数民族大学生就业问题的特殊性及对策建议[J].西北民族研究，2009（03）：216-219.

③ 马戎.中国人口跨地域流动及其对族际交往的影响[J].中国人口科学，2009（06）：2-13+111.

④ 孙嫱，王向然，朱娜，等.新疆少数民族大学生就业问题的调查与分析[J].西北民族研究，2012（04）：5-18.

⑤ 郭卫平，贾仲益.西藏自治区少数民族高校毕业生就业现状探析[J].民族教育研究，2013，24（04）：22-29.

场化就业的积极性也出现普遍提升。根据“六普”与“七普”统计数据，民族八省区的就业情况总体与全国持平，局部地区因经济对口支援和就业优惠政策的扶持，表现甚至优于全国平均水平。许多从乡镇走向省会城市、从边疆走向内地乃至首都接受高等教育的少数民族大学生，具有全面的知识储备和灵活的谋生思路，他们参与创新创业、接受经济发达省市对口就业支援、返乡实现“家门口”脱贫就业等多渠道灵活就业的新形态引人瞩目。[①②③④⑤⑥⑦]这些体现民族高校毕业生“融入市场”“嵌入社会”的主体能动性的案例，值得深入剖析并总结经验。

欲从根本上突破少数民族大学生“流动就业少 — 竞争力弱 — 市场竞争意愿低 — 就业范围窄 —‘三交’不广泛 — 民族互嵌不充分”的不良循环，增进互嵌的深度和广度，不仅要为就业互嵌畅通流动渠道、健全政策环境，从新时代少数民族大学生主体特点出发而言，更是亟待从素养赋能和意愿激发两个方面同时发力、破解就业难题。

一手抓素养赋能。诸多研究都提到了少数民族大学生进入全国一体化劳动力市场的“入场券”问题。如常安（2021）系统论述了“推普”对于少数民族个人劳动与就业权利的保障意义，并指出“语言扶贫”对各民族提升其经济社会权利享有程度的深远意义[⑧]。万明钢等（2016）聚焦我国少数民族文科学生比例远远大于全国在校大学生文科学生比例的现象，指出文理科专业分布不合理的问题导

---

① 白亮，万明钢. 西部地区少数民族大学生就业问题研究 —— 基于教育供给侧的分析[J]. 高等教育研究，2016，37（07）：21–26.

② 何海燕. 西部少数民族大学生创业行为影响因素及对策分析[J]. 贵州民族研究，2017，38（01）：73–77.

③ 杨鹍飞. 边疆民族互嵌型社区建设的困境及对策研究 —— 基于新疆乌鲁木齐、和田和喀什等地的调查分析[J]. 中南民族大学学报（人文社会科学版），2017，37（02）：34–39.

④ 朱蓓，盛知恒. “一带一路”倡议下上海高校少数民族大学生生涯教育路径研究[J]. 思想教育研究，2018（12）：129–133.

⑤ 苏荟，孙毅，张继伟. 市场与政府：大学生就业地区选择机制的实证研究 —— 以新疆南疆少数民族地区为例[J]. 黑龙江高教研究，2018，36（12）：71–76.

⑥ 张金刚. 新疆、西藏籍少数民族大学生内地就业创业问题研究 —— 以天津市高校新疆、西藏籍少数民族大学生为例[J]. 天津市社会主义学院学报，2021（02）：56–61.

⑦ 祖丽胡玛·艾孜江. 新时代少数民族大学生就业发展研究[D]. 北方民族大学，2023.

⑧ 常安. 论国家通用语言文字在民族地区的推广和普及 —— 从权利保障到国家建设[J]. 西南民族大学学报（人文社会科学版），2021，42（01）：1–10.

致少数民族大学毕业生就业困难[①]；朱杰（2019）通过考察内地高校新疆少数民族学生使用“两微一端”等新媒体的行为特点，发现主动占领网络思政新阵地，有助于帮助学生解决就业方面的实际问题[②]。上述各方面显性或隐性的“门槛”，客观上导致了少数民族大学生在就业表现上的保守乃至局部“脱嵌”，亟待结合新政策和新技术手段予以纾解。

一手抓就业意愿激发。改革开放以来，我国大学生就业政策的变迁历程整体可分为1980年至1999年的国家调配阶段和2000年至今的市场导向阶段[③]，然而，少数民族和民族地区普遍进入第二个阶段时间较晚、效率偏低，甚至至今仍有局部地区对优惠扶持政策存有依赖。可以说，当前对适龄劳动人口流动互嵌构成主要制约的，已不再是语言沟通障碍、就业技能较弱等客观因素，而是深层的文化心理原因——如郝彧剖析了从传统“等、靠、要”思想到当前的缺乏成就动机与学习动力，商品意识淡薄，经营观念缺乏，主观上不愿意从事普通岗位的工作，认为工作辛苦、收入偏低还得受约束等落后就业观念[④]；邓志光等（2022）对四川省阿坝藏族羌族自治州A大学的1738名大学生开展调查，发现其中90.62%期望到国有性质单位就业，68.47%所期望的就业区域在中小城市而对于前往北上广深等一线城市打拼信心不足[⑤]。融入全国一体化劳动力市场参与竞争上岗和并肩劳动，大学生群体较之受教育程度有限的农民工群体更具优势潜力，相应地，作为就业保障重点群体，对大学生的引导要着重从观念意识引导入手，对少数民族和民族地区大学生，要紧密围绕铸牢中华民族共同体意识的主线开展就业服务工作。

---

① 万明钢，蒋玲.论我国少数民族教育中的“理工科问题”[J].教育研究，2016，37（02）：96-101.

② 朱杰.新媒体环境下铸牢内地高校新疆少数民族学生中华民族共同体意识研究[J].文化创新比较研究，2019，3（18）：37-39+41.

③ 韦颖.改革开放以来我国大学生就业政策的变迁——基于支持联盟框架的分析[J].高等教育研究，2015，36（05）：48-54.

④ 郝彧.民族地区共同富裕与铸牢中华民族共同体意识的实践逻辑——基于渝东南X县的实证分析[J].西南民族大学学报（人文社会科学版），2022，43（07）：35-43.

⑤ 邓志光，王亚.后疫情时代少数民族地区高校青年学生就业期望及其影响因素实证分析[J].中国大学生就业，2022（01）：41-52.

同时还要看到，汉族大学生到边疆民族地区工作乃至成家定居的“另一重嵌入”的社会意义。如郑长德（2021）所说，法定劳动年龄内、有劳动能力的劳动者，想就业，有业可就，就好业，是铸牢中华民族共同体意识的基石①。从素养赋能和意愿激发双管齐下，为边疆少数民族大学生适应从“统包统分”到“双向选择”再到“自主择业”的就业政策变迁保驾护航，这也是为建设民族互嵌社会结构和中华民族共同体打牢基础的题中之义。

① 郑长德.西部大开发以来民族地区的经济发展：基于“铸牢中华民族共同体意识”的分析[J].民族学刊，2021，12（07）：9-22+103.

第二章　民族高校毕业生的就业现状与特点

促进高质量充分就业，是国家基于新发展格局的迫切需要所提出的要求，也是民族地区在巩固拓展脱贫攻坚成果与实现产业升级振兴中所要长期面对的时代课题。从第一章的文献综述中可知，更充分和更高质量的就业目标，不能仅以就业签约率作为衡量标准。就浅层而言，高校还要关注毕业生实际的就业满意度以及职后发展；就深层而言，民族高校肩负的推动民族地区融入国家现代化进程之使命，要通过培养并输送能够在区域间、产业间自由流动并充分嵌入全国一体化劳动力大市场的人才来体现。

本章采取定量分析方法，通过统计对比中央民族大学、西南民族大学、西北民族大学、中南民族大学、广西民族大学、贵州民族大学、青海民族大学、大连民族大学、湖北民族大学、四川民族学院以及位于民族地区的内蒙古大学、延边大学等十余所高校近年毕业生的就业情况归纳总体趋势、共有问题以及新时代所应重点应对的挑战，探讨如何促进毕业生就业质的有效提升与量的合理增长。

第一节　各民族毕业生从生源地到就业地的流动

从高校毕业、就业，是劳动者由“个体人”转化为“社会人”身份的起点，也是多数人从原生社群“脱域”重新选择栖息地的重要节点。据第七次全国人口普查数据，2020年全国流动人口规模达到3.76亿，与2010年“六普”数据相比增加了1.54亿，增幅为69.73%。传统上被外界视为“闭塞”“静态”的民族地区，也在从“乡土中国”向“流动中国”的整体转型中呈现出大流动、大融居的新趋势。据统计，全国1.3亿少数民族人口中目前有3700多万流动人口。改革开放以来，从大山走向城市、从边疆融入全国各地的各民族劳动者越来越多，他们是带动欠发达的民族地区缩小发展差距的先行者，是促成56个民族作为一个共同体走向中国式现代化新道路的生力军①。此外，传统上民族地区外流劳动力多以初中及以下文化程度为主，受教育水平偏低限制了其就业流动的地域范围。而进入新时代以来，随着国家推动“高质量充分就业”和“积极构建民族互嵌式社会”的政策引导，越来越多的少数民族大学生正融入全国一体化劳动力市场。从首都到各省的民族高校，毕业生就业的分布均呈现日益拓展趋势，这进一步放大了教育对劳动力就业质量的促进效应，民族地区人力资本配置效率得以提升，交叉奔赴全国各地就业的大学生也成为带动其家庭融入各民族交往交流交融的“业缘”纽带。

综合从中央到地方各级民族高校的就业数据对比可见，“北上广”及东部就业集中现象显著、民族省区生源毕业流动相对均衡稳定、区域经济基础与人才需求及毕业生吸纳能力成正比。以下结合具体民族高校近年来毕业生的就业数据、择业以及流动趋势进行量化分析。

2.1.1 “北上广”及东部就业集中现象仍显著

首先以地处首都北京、建校70多年来为国家输送20万余名各民族毕业生的中央民族大学为例。作为一所在科教兴国战略引领下陆续进入了“211工程”“985工程”以及“双一流”建设行列的综合性大学，中央民族大学在区位、师资及硬件设施等方面均堪称民族高校界的第一梯队。从生源结构来看，中央民

① 徐姗姗.中国式现代化新道路上各民族的互嵌式发展[J].中南民族大学学报（人文社会科学版），2023，43（10）：28-35+181-182.

族大学全日制在校生总规模为25245人，其中普通本科生16770人，占66.43%，2024年应届本科毕业生总体就业率较上年呈现明显提升态势，主要毕业去向包括境内外升学、政府机构、企事业单位等[①]。来自全国的各民族大学生在中央民族大学接受高等教育的过程中，也得到了在首都诸多行政机关、事业单位、科研院所以及央企国企中实习的机会，从而形成了在充足知识储备和开放择业思路基础之上的就业竞争力。

以中央民族大学2022届毕业生为例，其生源地与就业地的分布情况如图2-1-1所示，图中最显著的特征是中央民族大学有来自全国各省区市的生源，毕业后相当大比例留在了首都工作（或升学）——2022届毕业生（含本科生和硕、博研究生）中北京生源有201名，毕业后留京的有1037名[②]。这样的跨地区流动规模相当可观，一定程度上反映了毕业生具备在首都就业或深造的竞争力。

① 统计截至2024年9月底，参见：中央民族大学2023—2024学年本科教学质量报告[EB/OL].（2024-12-27）[2025-01-10].https：//xxgk.muc.edu.cn/info/1358/19131.htm.

② 数据统计截至2023年12月，应征入伍和到境外工作的毕业生未计入“落实岗位”的统计，下同。

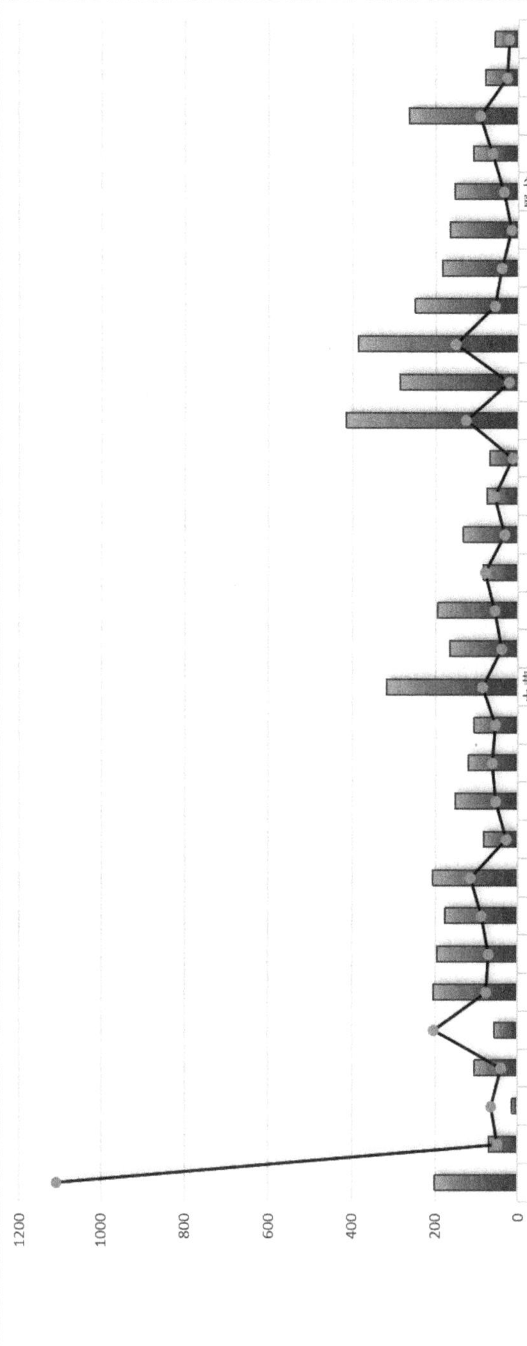

	北京	天津	上海	重庆	广东	广西	云南	贵州	四川	陕西	甘肃	青海	宁夏	内蒙古	湖北	湖南	浙江	安徽	江苏	江西	河北	河南	山东	山西	辽宁	吉林	黑龙江	西藏	新疆	福建	海南
毕业生生源地	201	71	13	105	56	204	195	177	207	83	153	122	107	316	166	196	85	134	77	70	415	285	386	248	185	167	156	110	263	82	58
落实岗位毕业生地域流向	1107	48	64	39	203	76	70	88	115	27	53	62	54	86	39	56	80	32	57	13	127	22	152	57	40	16	35	63	93	27	22

图 2-1-1 中央民族大学2022届毕业生生源地及落实岗位毕业生地域流向分布

当然，此就业数据中也包含一部分因升学深造原因而留在高等学府林立的北京市的毕业生[①]。中央民族大学22个学院中19个有本科毕业生，其中历史文化学院、哲学与宗教学学院、生命与环境科学学院、国际教育学院、民族学与社会学学院等境内升学率较高，并且大多数毕业生都会优先选择京内“985”高校报名考研。早在十余年前，学界就已提出高校毕业生考证考研是为了逃避学历贬值带来的压力[②]、“考研热”属于“毕业即失业”“人才高消费”等社会现象的传导[③]之类的观点。但客观而言，结合“十四五”以来劳动力市场的供需匹配现实情况来看，当前升学深造不失为一种增加自身择业资本以求站上更高求职点的理性策略，尤其是本科生考研，不宜与“缓就业”等现象直接画等号而打上消极标签，这一问题将在本章的第四节重点讨论，此不赘述。

进一步观察中央民族大学2022届的就业流动情况，紧随北京之后，两个落实岗位流动量大幅高于其生源量的地区是经济发达、就业机会丰富的上海和广东——上海市的生源数以及落实岗位人数分别为13名和64名；广东省的生源数以及落实岗位人数分别为56名和203名。由此可见，一线发达城市作为经济中心的人才虹吸效应明显，中央民族大学在上海市和广东省的招生规模均不大，但来自各省区各民族的毕业生前往就业的积极性和行动力都较强。尤其广东省在“七普”数据中流动人口比例高达41.3%，近年来生产性服务业、软件信息、租赁商务和科研技术职能的就业人口比重增加[④]，大湾区优越开放的就业创业环境对高知高技能人才吸引力显著提升。自党的十九大要求坚持就业优先战略和积极就业政策以来，民族高校普遍出现毕业生拓宽就业思路、尝试更多参与到生源地之外大城市求职竞争中的势头。据学者对西北民族大学等10校进行的问卷调查，有约30%大学生有意到北京、上海和广州等经济较为发达的一线城市工作，相

① 按照国家相关文件规定，升学、出境深造与签三方协议、签劳动合同等一样是计入高校毕业生总体签约率的，这一统计方式将在本章第二节详述。

② 董玉梅.转型期大学生的选择性失业与就业分析[J].西安邮电学院学报，2006（04）：112-115.

③ 唐万宏.高等教育适度超前发展的经济价值[J].江苏社会科学，2007（06）：69-72.

④ 方远平，彭婷，陆莲芯，等.粤港澳大湾区城市职能演变特征与影响因素[J].热带地理，2019，39（05）：647-660.

比之下，希望在三线城市或西部城市就业者只占约10%[①]。可见“北上广”，无论对首都一流高校还是西部一般高校的毕业生而言，都是首选的就业目的地。

“北上广”之外，中央民族大学连续两届毕业生中落实岗位流动量都较高、接近其生源量的省区是浙江和江苏。长三角地区不仅经贸活跃、开放度高，云集的大量科创企业更是吸引创业意识较强的高校毕业生。2022届毕业生中，中央民族大学浙江省的生源数以及落实岗位人数分别为85名和80名；江苏省的生源数以及落实岗位人数分别为77名和57名。改革开放40余年来，珠三角、长三角等东部沿海城市持续迎来中西部农村劳动者前来务工就业，是我国跨省异地城镇化的典型代表[②]。而自进入21世纪以来，随着大学扩招后每年进入人才市场的高校毕业生规模持续增长，民族地区原本“拿到大学文凭就端上铁饭碗”的大学生群体也开始逐步外溢，接受“自主择业、双向选择”的新就业模式并渐渐拓宽择业面。所以我们看到边疆民族地区的生源开始扭转留京或进入家乡省会体制内就业才是理想工作的传统观念，遵循市场经济规律前往经济增长活力强、工作岗位可选择性足、公共就业服务体系覆盖全的东部城市寻求就业创业机会。

新时代，就业领域自西向东的就业迁移拉力仍普遍存在，北上广及东部经济发达城市仍受大学生求职者青睐，但随着地区间发展不平衡不充分差距的缩小，珠三角、长三角之外的长江经济带、京津冀一体化、粤港澳大湾区、成渝地区双城经济圈等南北东西的二、三线城市同样吸引着民族高校毕业生。

2.1.2 民族省区生源毕业流动相对均衡稳定

来自祖国四面八方的各民族大学生，从民族高校毕业后奔赴祖国五湖四海的工作岗位，这种流动是就业纽带维系下的各民族交往交流交融，对构建各民族相互嵌入的社会结构和社区环境具有基石作用。在市场发挥主导作用、全国一体化

① 何海燕.西部少数民族大学生创业行为影响因素及对策分析[J].贵州民族研究，2017，38（01）：73–77.

② 黄亚平，陈瞻，谢来荣.新型城镇化背景下异地城镇化的特征及趋势[J].城市发展研究，2011，18（08）：11–16.

劳动力市场逐步建立健全的进程中，原本普遍存在于民族省区的受教育程度低人口外出务工而高学历人口多集中于省内“考公”就业的二元结构不再明显。在中央到地方的各级民族高校中，从生源结构到就业地流向结构的构成均呈现越来越多元的趋势。随着以高校毕业生群体为代表的各民族业缘纽带分布愈广、联系愈密，全国劳动力统一大市场也得以在提高就业匹配效率的过程中持续释放生产活力。

首先仍以中央民族大学为例，除应征入伍者外，2022届、2023届毕业生中分别有1086名和1411名本科毕业生、1970名和2214名研究生走上工作岗位，连续两届毕业生在全国31个省区市均有就业分布。具体到划片区域来看，2022届的本科毕业生中，到西部地区就业的占比为41.8%（其中到民族八省区就业的毕业生占32.23%），到中部地区就业的毕业生占8.1%，到东北地区就业的毕业生占4.33%；2022届的研究生中，到西部地区就业的毕业生占比为18.88%（其中到民族八省区就业的毕业生占12.28%），到中部地区就业的毕业生占8.32%，到东北地区就业的毕业生占2.23%。2023届毕业研究生的就业流向变化不大；而本科毕业生中，到西部地区就业的占比约为三成（其中到民族八省区就业的毕业生约占四分之一），到中部地区就业的毕业生占比略有增加，而到西部地区和东北地区就业的毕业生占比均下降，这再次印证了近年来民族省区内可通过“考公”“考编”获得的工作岗位趋于饱和后，各民族大学生开始拓宽就业创业视野，越来越多毕业生开始向外地寻找适合自身职业发展的工作机会。从图2-1-1中可以看出，除了北上广以及东部城市等热门就业地之外，中央民族大学毕业生到河北、山东、四川等省就业均超过百人，也具有一定集中度。无论是边疆民族地区少数民族生源到外地工作，还是东中部汉族生源前往西部民族地区就业，均具有“三交”桥梁的意义。

由于中央民族大学地处首都且生源中包含各省区各民族的英才学子，其毕业生就业情况显然无法整体代表各地各类的民族高校。以下选取分别位于甘肃省兰州市的西北民族大学和位于四川省成都市的西南民族大学，横向对比两者2023届毕业生就业地区的流向情况（如表2-1-1所示）。

表2-1-1　西北民族大学、西南民族大学2023届毕业生就业地区流向对比[①]

毕业生流向的就业地区		西北民族大学	西南民族大学
		6607人	8187人
西南地区	含重庆市、四川省、贵州省、云南省、西藏自治区	16.60%	51.89%
西北地区	含陕西省、甘肃省、青海省、宁夏回族自治区、新疆维吾尔自治区	38.98%	9.90%
华北地区	含北京市、天津市、河北省、山西省、内蒙古自治区	8.34%	6.17%
东北地区	含辽宁省、吉林省、黑龙江省	2.47%	2.94%
华中地区	含湖南省、湖北省、河南省	7.22%	6.54%
华南地区	含广东省、广西壮族自治区、海南省、香港特别行政区	12.01%	12.63%
华东地区	含上海市、江苏省、浙江省、安徽省、福建省、江西省、山东省	14.38%	9.94%

这两所民族高校均为国家民委与教育部、国家民委与该省人民政府共建院校，均地处省会城市且具有多年办学经验。从两校的2023届毕业生就业质量年度报告来看，其毕业生就业流向的地域均明显呈现以高校所在地为中心、向四周辐射的特点。

西北民族大学2023届毕业生（含本科生、硕/博研究生）的人数为6607名。毕业生就业流向最集中的地区，是包括陕西省、甘肃省、青海省、宁夏回族自治区、新疆维吾尔自治区在内的西北地区（占38.98%），其次则为包括重庆市、四川省、贵州省、云南省、西藏自治区在内的西南地区（占16.60%），两者合计超过了毕业生总人数的一半，可见西部就业倾向明显，这与该校的生源结构及就业竞争力有关。

① 表格系根据西南民族大学、西北民族大学的2023届毕业生就业质量年度报告整理而成，数据来源：西南民族大学2023届毕业生就业质量年度报告[EB/OL].（2024-01-05）[2025-01-15].https：//xbmu.bysjy.com.cn/detail/news?id=1091637&type_id=3188；西北民族大学2023届毕业生就业质量年度报告[EB/OL].（2024-11-07）[2025-01-15].https：//xbmu.bysjy.com.cn/detail/news?id=1091637&type_id=3188.下同。

西南民族大学2023届毕业生（含本科生、硕/博研究生）的人数为8187名。毕业生就业流向高度集中于包括重庆市、四川省、贵州省、云南省、西藏自治区在内的西南地区（占51.89%），毕业生总数多且留在西南地区就业的占比属断层第一。其后是华南地区、西北地区和华东地区的就业流向占比均在10%上下，可见西南民族大学毕业生就业的外溢流动范围不大。

西北民族大学、西南民族大学2023届在华北地区和东北地区就业的毕业生人数规模均不大，分别为8.34%和2.47%、6.17%和2.94%，反映出西部民族高校毕业生就业地区的集中性。学界前期已有诸多研究者指出了民族高校学生对于就业市场的竞争存在畏难情绪、[①]生源综合竞争力相对较弱、[②]择业时对高社会地位与高稳定性有强倾向性[③]等问题，加之民族高校在学科设置、交通区位、办学品牌社会认可度以及毕业生求职竞争力等方面的客观劣势，多种因素综合决定了地方民族高校毕业生就业流动范围不广，如西北民族大学毕业生就业以西北地区为主，西南民族大学毕业生就业以西南地区为主。民族地区新生代倾向于在熟悉的经济文化圈内寻找安居乐业之地是人之常情，但笔者在本次调研中发现，新时代以来随着地区间发展不平衡差距的缩小以及高铁普及串联起城市集群，民族高校毕业生的就业“半径”在普遍拓宽，西北地区如西安、西南地区如成都和重庆等枢纽城市，带动兰州、银川以及昆明、贵阳等一大批宜居宜业城市的就业吸纳力与吸引力与日俱增。从这些就业流动中可观测到各民族交往交流交融的脉络，例如据《西北民族大学2023届毕业生就业质量年度报告》，当年毕业的包括489名贵州省生源，是继该校所在的甘肃省（960人，占14.53%）之后生源最多的省份，而这一届毕业生中以贵州省为就业地者只占3.13%，可见相当一部分西南民族地区的生源经过在西北民族高校的学习后，以跨省择业融居的形式流动到了其他地区。

民族高校毕业生自主择业并参与市场化就业的态度越来越开放和积极，边疆

① 韦焕贤.关于民族高校“弱势群体”的几点思考[J].高教论坛，2002（06）：5-7+11.

② 谢新国.试论民族高校大学生创业意识的培养[J].中国科技信息，2005（16）：199.

③ 黄华，于戎泽.新形势下民族高校大学生择业观教育研究[J].中国大学生就业，2012（24）：61-64.

民族地区的大学生从本省或外省高校毕业后跨省找工作的流动轨迹越来越多、分布越来越广。各民族青年群体的就业流动与融居，对于打破劳动力市场区域分割状态、助力边疆民族地区缩小发展差距、均衡人力资源供需匹配以及构建民族互嵌式社会均具有深远意义。就业纽带年复一年地将一批又一批各民族适龄劳动人口输送至全国各地，成为民族经济互联互通的推动者和践行者、民族文化同频共振的传播者和交流者。这一新时代的就业趋势，对民族高校毕业生而言有益于实现更充分更高质量就业，对民族地区而言有利于在东、中、西高效一体的劳动力市场中激活内生动力并实现高质量发展。

2.1.3 区域经济基础与就业吸纳能力成正比

西北民族大学和西南民族大学2023届毕业生就业流向地中最少的都是东北地区，前者从生源地占比6.10%降低为就业地占比2.47%，后者从生源地占比6.00%降低为就业地占比2.94%。这种现象除了与两校生源结构有关，显然还与东北三省的传统产业转型压力大、薪资竞争力不足尤其是对高校毕业生就业吸引力偏低有关。东北三省就业少的现象，在中央民族大学2022届毕业生的就业流动中也有所体现（如图2–1–1所示）。可见就业地经济基础决定着就业吸纳能力，这是影响各省区高校毕业生区域间流动的重要客观因素。

要更深入地理解民族高校毕业生的就业流动扩散范围以及区域性特点，必须结合其生源结构来进行分析，图2–1–2、图2–1–3分别展示西北民族大学和西南民族大学2023届毕业生的生源地来处与就业地去处的分布占比对比情况。

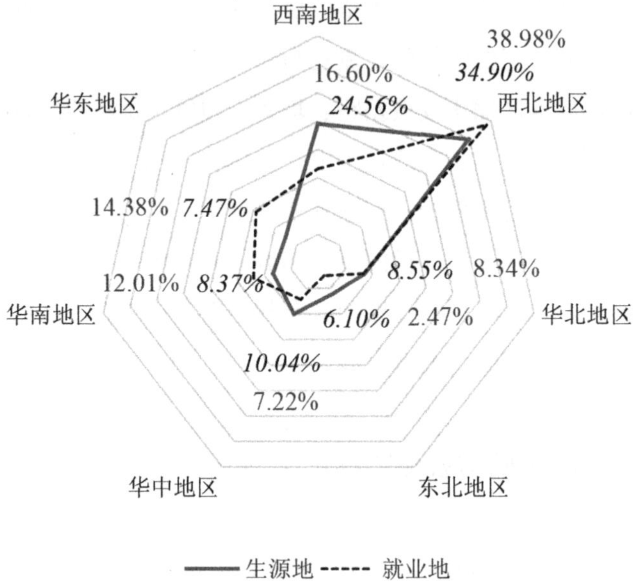

图2-1-2　西北民族大学2023届毕业生的生源地与就业流向地分布对比

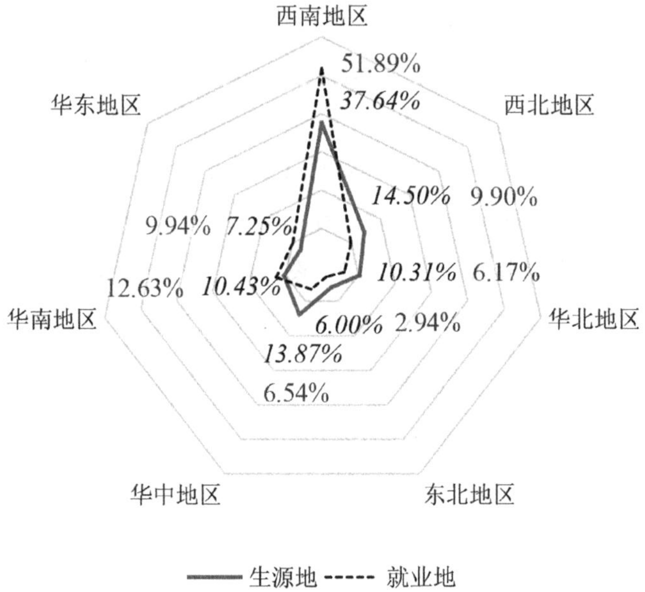

图2-1-3　西南民族大学2023届毕业生的生源地与就业流向地分布对比

以上两幅示意图中，生源地占比数据由灰色实线和黑色斜体字标出，就业地占比数据由黑色虚线和灰色正体字标出。对比图2-1-2与图2-1-3可清晰地看出，西北民族大学和西南民族大学2023届毕业生均呈现生源地与就业地重合度较高的特点，这一点与中央民族大学的生源系来自全国各省而毕业后有较大比例留京就业或升学明显不同，此现象源于省属高校与“双一流”建设高校毕业生在求职竞争力上的差距。

对比图2-1-2与图2-1-3可见，西南民族大学2023届毕业生生源地与就业地高度重合（如西南生源多留在西南就业），而西北民族大学2023届留在西北地区就业的毕业生中包含西南、西北等多地生源。如前所述，西南民族大学2023届8187名毕业生中超过一半留在了西南地区就业，而其2023届毕业的生源中原本只有37.64%来自西南地区；综合对比七大片区，除了经济发达的华南、华东地区也出现就业规模比生源规模略有提升（华南地区从占10.43%的生源增加到占12.63%的就业，华东地区从占7.25%的生源增加到占9.94%的就业）之外，其余四地均呈现不同程度的外溢态势（华中地区从占13.87%的生源降低到占9.9%的就业，西北地区从占14.5%的生源降低到占12.63%的就业，华北地区从占10.31%的生源降低到占6.17%的就业，东北地区从占6%的生源降低到占2.94%的就业）。

对比西北民族大学的情况，该校2023届6607名毕业生中，西北地区就业规模较之生源规模的增幅（占34.9%的生源增加到占38.98%的就业）是小于西南地区就业规模较之生源规模的降幅的（占24.56%的生源降低到占16.6%的就业）。西北民族大学与西南民族大学情况相似的是，都在经济发达且就业机会丰富的华南、华东地区出现就业规模较之生源规模的小幅提升（华南地区从占8.37%的生源增加到占12.01%的就业，华东地区从占7.47%的生源增加到占14.38%的就业）。

为进一步验证区域经济基础对高校毕业生就业吸纳力的决定性影响作用，笔者又选取了2所民族高校以及2所民族地区高校进行分析，4所高校均位于经济欠发达的边疆或次边疆地区：1）贵州民族大学坐落于贵州省贵阳市，由贵州省政府和国家民委共建，是贵州省重点建设高校，也是国家通用语言文字推广基地、全国普通高校中华优秀传统文化传承基地，2023届毕业生总数为3911人；2）广西民族大学坐落于广西南宁市，由广西壮族自治区政府和国家民委共建，是广西一流学科建设高校、首批国家中西部高校基础能力建设工程重点建设高校，2023届毕业生总数为7069人；3）内蒙古大学坐落于内蒙古呼和浩特市，是教育部与内蒙古自治区人民政府“部省合作共建高校”，1997年进入国家“211工程”重点建设院校，2022年入选国家第二轮“双一流”建设高校，2023届毕业生总数为6333人；4）延边大学坐落于延边朝鲜族自治州的延吉市和珲春市，是吉林省人民政府和教育部共同重点支持建设大学、吉林省人民政府和国家民委共同支持建设大学，是“211工程”重点建设大学，外国语言文学学科入选国家“双一流”建设学科，2023届毕业生总数为7582人。这4所高校的2023届毕业生中，省内生源占比均过半，同时均呈现以省内就业为主的低流动态势（如图2-1-4所示）。

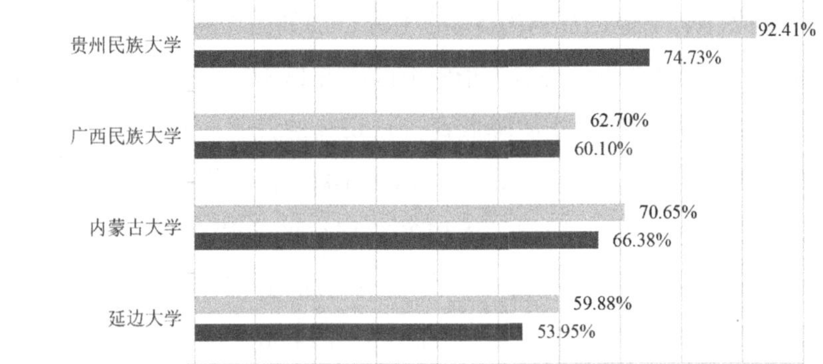

	延边大学	内蒙古大学	广西民族大学	贵州民族大学
本省生源占比	59.88%	70.65%	62.70%	92.41%
省内就业毕业生占比	53.95%	66.38%	60.10%	74.73%

图2-1-4　贵州民族大学、广西民族大学、内蒙古大学、延边大学2023届毕业生的生源地与就业流向地对比①

① 表格系根据贵州民族大学、广西民族大学、内蒙古大学、延边大学的2023届毕业生就业质量年度报告整理而成，数据来源：贵州民族大学-2023届毕业生就业质量年度报告[EB/OL].（2024-01-08）[2025-01-17].https：//zjc.gzmu.edu.cn/info/1048/7731.htm；广西民族大学2023届毕业生就业质量年度报告[EB/OL].（2024-01-16）[2025-01-17].https：//www.gxmzu.edu.cn/info/1381/164252.htm；内蒙古大学2023届毕业生就业质量年度报告[EB/OL].（2024-01-31）[2025-01-17].https：//imu.nmbys.cn/news/view/aid/137968/tag/tzgg；延边大学2023届毕业生就业质量报告[EB/OL].（2024-06-05）[2025-01-17].https：//xxgk.ybu.edu.cn/info/1055/6200.htm.下同。

在贵州民族大学2023届的毕业生中，省内生源3614人，占比92.41%，是绝大多数；其余除了山西省67名、湖南省43名、江西省31名、四川省30名以外，各省生源均在30名以下，河南、河北两大人口大省的生源仅为1名和2名。在就业地的选择上，贵州民族大学毕业生留在省内的占74.73%，且省内就业者65.56%流向了贵阳市；同时，为数不多的省外生源中50.00%留在贵州省就业，27.43%选择回生源地就业。贵州民族大学2023届毕业生的就业情况，反映出生源高度集中的民族省区高校毕业生向外流动的难度和局限性，74.73%的省内就业之外，只有少量毕业生前往广东省（5.52%）、北京市（3.52%）、浙江省（2.92%）等地。同时该校2023届毕业生的升学率仅为7.70%，在全国高校本科生大比例考研的普遍情况下，深造率是相对较低的。

广西民族大学与贵州民族大学同样历史悠久，但办学规模更大，2023届毕业生总数为7069人，比贵州民族大学的3911人多近一倍。相似之处是省内生源占多数，广西民族大学2023届毕业生中有4431名为广西籍（占62.7%），但其他省区生源也有一定规模，如河南省生源301名（占4.3%）、山东省生源216名（占3.1%）、湖南省生源195名（占2.8%）等，毕业生覆盖全国31个省（自治区、直辖市），较之贵州民族大学同届生源只覆盖17个省区丰富了许多。从就业地区流向方面看，广西民族大学2023届毕业生省内就业者有2952人（占比60.1%），广东省就业577人（占比11.7%），也相当可观；其后各省就业人数相对平均和稀少，依次为江苏省117人（占比2.4%）、河南省115人（占比2.3%）、浙江省110人（占比2.2%）等。值得一提的是，广西民族大学近年来高度重视服务“一带一路”倡议和中国－东盟命运共同体建设，从2023届毕业生的情况来看，在“一带一路”地区[①]就业者占80.9%（其中本科毕业生87.4%、专科毕业生96.8%、硕士毕业生59.8%、博士毕业生94.4%）。这样的就业结构体现出地方民族高校服务于民族地区经济发展的区域性办学定位。

---

① 依据该校就业质量报告中的定义，包含省份为新疆、重庆、陕西、甘肃、宁夏、青海、内蒙古、黑龙江、吉林、辽宁、广西、云南、西藏、上海、福建、广东、浙江、海南。参见：广西民族大学2023届毕业生就业质量年度报告[EB/OL].（2024-01-16）[2025-01-17].https：//www.gxmzu.edu.cn/info/1381/164252.htm.

再对比来看两所民族地区高校——内蒙古大学、延边大学均为“211”高校，在祖国北疆和东北地区具有悠久的办学历史和良好的群众口碑。两校2023届毕业生总数分别为6333人、7582人，相似之处是省内生源占比高，内蒙古大学2023届毕业生来自全国30个省（自治区、直辖市），其中内蒙古自治区内生源4474人、占比70.65%，区外生源主要来自山西省（占4.96%）、山东省（占4.48%）、河北省（占3.36%）等；延边大学2023届毕业生来自全国31个省（自治区、直辖市），其中吉林省生源4540人、占比59.88%，省外生源主要来自山东省（占6.17%）、黑龙江省（占5.41%）、辽宁省（占3.32%）等。从就业地区流向方面看，内蒙古大学2023届毕业生有66.38%选择在内蒙古自治区内就业，区外就业毕业生主要流向了北京市、广东省和山东省，占比分别为5.33%、4.02%和3.41%；延边大学2023届的毕业生同样有53.95%留在吉林省就业（若扩展至东北三省，该比例为60.65%），省外就业者主要流向包含广东、江苏、浙江、上海、福建等省（市）的东部地区（占27.33%），前往中部地区（仅占5.28%）和西部地区（仅占6.74%）就业的毕业生较少。内蒙古大学和延边大学的毕业生就业流动范围都反映出服务地方经济发展的属性，这两所高校依托“211工程”建设优势均具备较之前两所民族高校更全的学科设置和更强的师资力量，毕业生的文凭“含金量”亦即劳动力市场竞争力更强，但从就业流动范围上看尽管确实比贵州民族大学和广西民族大学大，却仍呈现明显的区域性特点。

综上可见，经过国家多年来持续加大对民族高等教育的经费投入和支持力度，从中央到地方的民族高校已在师资队伍建设和人才培养质量方面取得长足进步。近年来毕业生融入全国一体化劳动力市场的广度和深度不断提升，这既有利于释放人力资本活力、激发区域生产内生动力，也是符合构建民族互嵌式社会以及党中央有关“坚持在发展中保障和改善民生，鼓励共同奋斗创造美好生活，不断实现人民对美好生活的向往”[①]的要求。高校毕业生的就业紧密关系到民生“三感”、经济平稳运行和国家战略大局，民族高校毕业生广泛地服务于“一带

① 习近平.高举中国特色社会主义伟大旗帜 为全面建设社会主义现代化国家而团结奋斗：在中国共产党第二十次全国代表大会上的报告（2022年10月16日）[N].人民日报，2022-10-26（001）.

一路”、乡村振兴、固边兴边富民以及从西部大开发到东北全面振兴等一系列区域协调发展战略、区域重大战略，有利于在融入全国统一大市场的过程中实现自身高质量发展，也有益于在全社会推进各民族像石榴籽一样紧紧抱在一起的良好局面。

第二节　就业行业趋向多元并呈灵活下沉之势

民族高校促进教育与经济社会协调发展的功能，集中体现在不断提升各民族大学生就业创业以及创造幸福生活的能力，向各行各业持续输送符合新时代区域经济社会发展需求的各级各类人才。

2022年5月，国务院办公厅发出关于进一步做好高校毕业生等青年就业创业工作的通知，围绕“多渠道开发就业岗位”提出“扩大企业就业规模”“拓宽基层就业空间”“支持自主创业和灵活就业”“稳定公共部门岗位规模”四点要求，并强调了“引导高校毕业生树立正确的职业观、就业观和择业观”[①]。笔者通过对十余所民族高校2023届毕业生的就业数据进行统计分析发现，近几年民族高校毕业生职业流动方面的路径依赖以及融入劳动力市场化程度不高等普遍性问题[②]，在政策支持和高校引导下已取得明显改善。一组组就业率数字中，除了签三方劳动协议的毕业生，还包含大量灵活就业、自主创业以及升入更高学府深造的研究生。高等教育结构的优化与区域经济发展的转型同频共振，各民族大学生的择业观与时俱进，在实现充分就业的同时越来越重视对高质量发展的追求。

---

① 国务院办公厅关于进一步做好高校毕业生等青年就业创业工作的通知（国办发〔2022〕13号）[EB/OL].（2022-05-13）[2025-02-15].https：//www.gov.cn/zhengce/zhengceku/2022-05/13/content_5690111.htm.

② 马骍.民族地区城镇少数民族人口的就业分布与特征 —— 基于CHES2011数据的分析[J].民族研究，2015（06）：26-36+123.

2.2.1 毕业去向落实率细化呈现多元就业

就业作为最大的民生，位于“六稳”“六保”之首，就业牵动着千家万户和各行各业，是大至区域经济运行小至高校育人质量的“晴雨表”。曾几何时，“一次性就业率”（初次就业率）成为大众认知中衡量一所高校毕业生就业状况继而是教育办学水平的一项重要指标①。但是近年来随着就业形式日趋多样化，灵活就业、自主创业、自由职业、升学深造等各种新的重要去向在高校毕业生就业流动中的占比均呈现不同程度的逐年上升，若仍以毕业生与用人单位签订三方协议或劳动合同为唯一标准，显然已无法真实全面地反映毕业生实际去向，也不符合关于“促进高质量充分就业”、关注长期就业质量（如专业对口性、岗位稳定性、毕业生满意度等）而非短期签约率的要求。

因而，本节在分析民族高校毕业生就业形式、渠道、行业的新趋势前，先对“就业率”进行更细化的界定——2021年5月，教育部印发《教育部办公厅关于进一步做好普通高校毕业生就业统计与核查工作的通知》(教学厅函〔2021〕19号)，为准确把握就业统计指标并落实就业统计责任制，针对高校毕业生就业出现的新形势、新情况，要求各省级教育部门以及人力资源和社会保障部门将对“就业率”的统计改为新指标——“毕业去向落实率”，其五合一的指标计算体系见表2-2-1。

① 曾湘泉.变革中的就业环境与中国大学生就业[M].北京：中国人民大学出版社，2004：346.

表2-2-1 现行高校毕业生的毕业去向落实率指标计算体系[①]

<table>
<tr><td rowspan="5">毕业去向落实率</td><td>协议和合同就业</td><td>毕业生与用人单位签订正式劳动合同、就业协议，或通过公务员、事业单位招录等形式实现稳定就业，含应征义务兵、医学规培生、科研助理以及国际组织任职等</td><td rowspan="5">统计通常以应届毕业当年的8月31日或12月31日为截止日期进行统计</td></tr>
<tr><td>自主创业</td><td>毕业生注册企业或个体工商户，并开展科技或文化创意领域的各类经营项目，含在孵化机构中创业或电子商务创业（如开网店等）</td></tr>
<tr><td>灵活就业</td><td>毕业生以自由职业（如作家、自由撰稿人、翻译工作者、中介服务工作者、艺术工作者、互联网营销工作者、全媒体运营工作者、电子竞技工作者等）、非全日制工作、临时性岗位等非传统的形式就业</td></tr>
<tr><td>升学深造</td><td>包括国内升学（如考研、专升本、攻读第二学位等）和出国、出境留学深造</td></tr>
<tr><td>政策性就业项目</td><td>毕业生通过考录、选调等形式进入“西部计划”“三支一扶”、特岗教师等国家基层服务项目或农技特岗、乡村教师/医生等地方基层服务项目</td></tr>
</table>

以毕业去向落实率作为反映高校毕业生实际发展路径的综合性指标，相较于只统计签订就业协议的“就业率”，能够更为科学、全面、适合地体现毕业生去向的质量与多样性。在全国高校毕业生规模破千万并逐年递增、就业市场整体压力与结构性矛盾并存的情况下，国家要求高校杜绝虚假就业数据，建立“三级核查”制度（班级、院系、校级），并通过第三方机构抽样复核，下一步还要建立健全动态跟踪机制，将毕业生走出校门后1至3年的职业发展情况纳入就业工作评估体系。

再次以创建于1951年、属于新中国首批民族院校之一的贵州民族大学为例，其2023届毕业生共计3911人，统计毕业去向落实率为95.30%，[②]从数据上看可以

① 根据《教育部办公厅关于进一步做好普通高校毕业生就业统计与核查工作的通知》（教学厅函〔2021〕19号）整理。报送样表中含如下7项指标：1）毕业去向落实率；2）协议和劳动合同就业率；3）创业率；4）灵活就业率；5）升学率（含出国深造）；6）暂不就业率（无就业意愿）；7）待就业率（有就业意愿未就业）。以上计算方式均为（单项就业人数 ÷ 毕业生总人数）× 100.00%。

② 此数据系由该校在贵州省普通高等学校毕业生就业信息管理系统中统计后发布，统计日期截至2023年11月28日。因四舍五入保留两位小数，各分项占比之和可能存在 ± 0.01% 的误差。

说是实现了充分就业，其具体各类毕业去向的分布及人数占比如表2–2–2所示。

表2–2–2　贵州民族大学2023届毕业生总体毕业去向分布①

毕业去向		毕业生数	占比
协议和合同就业	签就业协议形式就业	1218	31.14%
	签劳动合同形式就业	1732	44.29%
	应征义务兵	62	1.59%
	国家基层项目	185	4.73%
	地方基层项目	32	0.82%
	小计	3229	82.56%
自主创业		19	0.49%
灵活就业		178	4.55%
升学深造		301	7.70%
落实就业的毕业生合计		3727	95.30%
待就业		163	4.17%
暂不就业		21	0.54%
未落实就业的毕业生合计		184	4.70%

由表2–2–2可见，毕业生中只有“待就业”与“暂不就业（不就业拟升学或暂不就业者）”两种状态，才是被计入“未就业”计算的。贵州民族大学2023届毕业生的就业去向以签劳动合同和签就业协议两种形式为主，仅这两项之和即达75.43%，再加上升学深造的301名毕业生，该校83.13%的毕业生可以说都收获了符合传统意义上和大众认知中的“高质量就业”。与此同时，有185名毕业生以签约国家基层项目的方式就业，4.73%的占比相当可观。这类特色就业支持项目的主要去向包括国家特岗教师、“三支一扶”、西部计划志愿者等，对民族高校毕业生而言不失为高质量充分就业的选择，值得提倡，将在本章第三节中详述。

① 根据贵州民族大学公布的年度就业质量报告整理而成，参见：贵州民族大学-2023届毕业生就业质量年度报告[EB/OL].（2024–01–08）[2025–01–17].https：//zjc.gzmu.edu.cn/info/1048/7731.htm.

对比同样建校于1951年的中南民族大学，其2023届毕业生共6014人，统计毕业去向落实率为82.99%，[①]比贵州民族大学低10多个百分点，但具体分析其毕业去向结构可发现更为多元丰富，毕业生去向类型按人数由高到低排序依次为：协议和合同就业率为38.81%、升学深造率为30.58%、灵活就业率为12.29%、自主创业率为1.31%，可见中南民族大学毕业生的就业形式更加多样化并且未来发展空间更加可观。尤其细看其中升学率一项，中南民族大学2023届毕业生30.58%的升学深造率远高于贵州民族大学的7.70%，并且中南民族大学毕业生的升学去向主要集中于“双一流”建设高校（占48.50%），其次为本校（占30.93%），另有其他本科院校以及科研院所各占18.50%和2.07%；同时，中南民族大学2023届还有相当比例的毕业生前往英国、澳大利亚、日本等地留学深造，可见该校作为湖北省“国内一流大学建设高校”的实力。

同样在湖北省但地处恩施土家族苗族自治州的湖北民族大学，2023届本科毕业生5126人，毕业去向落实率为83.44%[②]。其中，国内升学和出国出境留学的毕业生仅分别为479人（占9.34%）、18人（占0.35%）。除了马克思主义学院的国内升学率较高（20.78%）之外，其余学院毕业生在深造方面表现均不突出，即使在最重视人才培养周期的医学部，升学率也仅有12.97%。2023届毕业生超半数（52.02%）的用人单位流向是民营企业/个体就业，其中就业于300人以下规模中小型用人单位的比例为58.47%。

从以上数据对比分析可见，高校毕业生是否充分高质量就业，不是简单机械地套用“初次就业率”所能概括的，采用“毕业去向落实率”五合一指标计算体系分析时，也要结合当前经济新常态下大学生“考研”“考公”、Gap Year（间隔年）等现实情况判断就业质量。跟上国家调整这一统计指标所蕴含的从“数量优先”向“质量并重”的升级思路，才能科学、客观、全面地认识新时代高校毕业生的就业质量与长期职业发展。

---

① 参见：中南民族大学2023届本科毕业生就业质量年度报告[EB/OL].（2024-10-30）[2025-01-17]. https：//xxgk.scuec.edu.cn/info/1216/85066.htm. 下同。

② 参见：湖北民族大学2023年毕业生就业质量年度报告（本科生）[EB/OL].（2024-11-18）[2025-01-06].https：//www.hbmzu.edu.cn/xxgkw/info/1155/4715.htm. 下同。

2.2.2 入职民企以及灵活就业者比重增加

自2022年以来，全国高校毕业生总数连续4年达到千万以上，这是就业市场的总量压力；与此同时，大学生“就业难”与民营企业、中小企业“招工难”的现象持续存在，这是就业市场的结构性压力；再者就民族地区而言，大学生是“天之骄子”，“铁饭碗”才是好工作等传统观念仍相当普遍，这是民族高校当前促进高质量充分就业的潜在阻力。近年来，国家一方面通过社保补贴、扩岗补助等政策举措鼓励民企吸纳毕业生，一方面通过加强高校就业指导鼓励大学生尝试在灵活就业中探索多元职业方向。客观而言，不再执着于机关事业单位考录而转向积极入职民企、灵活就业、自主创业，尽管不能符合全部大学生及其家长对就业的期待，但并不是一种退而求其次的“屈就”选项。

改革开放40多年来，民营经济“贡献了50%以上的税收，60%以上的国内生产总值，70%以上的技术创新成果，80%以上的城镇劳动就业，90%以上的企业数量”①。自“十三五”阶段起，我国各行各业的灵活就业新形式伴随经济新常态不断涌现，随着用工方式多元化以及社保缴纳支撑体系的跟进，灵活就业成为新趋势并且是当前面临严峻就业压力的大学生群体的纾解通道之一。例如在贵州民族大学2023届毕业生95.30%的毕业去向落实率中，主要流向单位类型为其他企业（除国有企业和三资企业之外的所有企业），占78.76%，属绝大多数，其后依次为国有企业（占11.51%）、机关（占4.00%）、其他事业单位（占1.78%）。

以下选取本科、硕士、博士以及专科各培养类别齐全的广西民族大学，分析民族高校不同学历毕业生的职业流向。在全校共7069名毕业生中，5333名本科毕业生所从事的职业主要为办事人员和有关人员（占26.2%）、教学人员（占23.0%）；1425名硕士毕业生所从事的职业主要为教学人员（占34.7%）、办事人员和有关人员（占17.0%）、法律专业人员（占10.3%）；293名专科毕业生所从事的职业主要为办事人员和有关人员（占85.0%）；18名博士毕业生所从事的

① 习近平.在民营企业座谈会上的讲话[N].人民日报，2018-11-02（002）.

职业主要为教学人员（占76.5%）。详情如表2–2–3所示。

表2–2–3　广西民族大学2023届毕业生从事主要职业的分学历对比

职业类型	专科	本科	硕士	博士	总体
公务员	0.0%	2.1%	8.9%	0.0%	3.8%
办事人员和有关人员	8.5%	26.2%	17.0%	5.9%	24.0%
商业和服务业人员	0.0%	4.7%	0.4%	0.0%	3.5%
体育工作人员	0.0%	2.3%	0.3%	0.0%	1.8%
金融业务人员	0.0%	4.3%	7.8%	0.0%	5.1%
法律专业人员	0.0%	4.5%	10.3%	0.0%	6.0%
工程技术人员	0.0%	5.7%	6.4%	0.0%	5.9%
其他专业技术人员	0.0%	10.3%	5.6%	0.0%	9.0%
教学人员	10.0%	2.3%	34.7%	76.5%	26.2%
其他人员	5.0%	13.2%	3.5%	0.0%	10.6%

表2–2–4　青海民族大学2023届毕业生从事主要职业的分学历对比①

职业类型	专科	本科	硕士	总体
公务员	0.0%	1.4%	14.5%	4.3%
办事人员和有关人员	14.1%	25.8%	22.6%	24.8%
商业和服务业人员	2.8%	4.7%	1.6%	4.0%
金融业务人员	1.4%	0.9%	21.4%	5.5%
经济业务人员	0.0%	9.1%	1.4%	7.2%
法律专业人员	0.0%	0.0%	20.7%	4.6%
工程技术人员	19.7%	11.0%	0.7%	8.9%
其他专业技术人员	0.0%	5.8%	1.7%	4.8%

① 根据青海民族大学公布的年度就业质量报告整理而成，参见：青海民族大学2023年毕业生就业质量年度报告[EB/OL].（2024–11–13）[2025–01–20].https：//xxgk.qhmu.edu.cn/info/1216/2185.htm.

续表

职业类型	专科	本科	硕士	总体
教学人员	5.6%	11.1%	7.8%	10.3%
其他人员	54.9%	27.3%	4.4%	22.9%

进一步选取地理区位上与广西民族大学南北相对的青海民族大学进行分析——两校同样属于综合性、应用型大学，但青海民族大学办学规模较小，且只有本科、硕士和专科三个培养层次。青海民族大学的2023届毕业生共计3764人，各学历层次毕业生从事的主要职业流向分布情况如表2–2–4所示。其中：2835名本科毕业生所从事的职业主要为其他人员（占27.3%）、办事人员和有关人员（占25.8%）；802名硕士毕业生所从事的职业主要为办事人员和有关人员（占22.6%）、金融业务人员（占21.4%）、法律专业人员（占20.7%）；127名专科毕业生所从事的职业主要为其他人员（占54.9%）、工程技术人员（占19.7%）、办事人员和有关人员（占14.1%）。

再结合毕业生的用人单位流向情况来看，青海民族大学（3764人）与2023届毕业生规模大致相当的贵州民族大学（3911人）呈现相似的签约结构，2023届毕业生92.8%的毕业去向落实率中，主要流向单位类型为其他企业，占67%，属大多数，其后是国有企业占12%、机关和各级教育单位各占8%、其他事业单位占5%。分学历层次来看，只有硕士毕业生能在机关就业方向上达到20%的占比，专科和本科毕业生签约“其他企业”的占比分别为69%和73%，可见民族高校中未经深造的毕业生大多数会从进入民营经济起步展开个人的职业生涯。

这一点在本科、硕士、博士以及专科各培养类别齐全的广西民族大学也有同样呈现：分学历层次来看，该校2023届的7069名毕业生中，除了18名博士毕业生100%签约高等教育单位外，293名专科毕业生的主要就业单位是私营企业，占75%；5333名本科毕业生的主要就业单位也是私营企业，占52%；1425名硕士毕业生的主要就业单位是高等教育领域，占32%，其次则仍是私营企业，也占到20%。

再来对比办学层次更高的“211工程”和“985工程”建设高校。延边大学作为“211”高校，2023届毕业的7582名学生中，除了73名博士毕业生的就业去向以高等教育单位（占47.06%）和医疗卫生单位（占35.29%）为主之外，4733名本科毕业生、2023名硕士毕业生以及753名专科毕业生的就业单位中流向最多的均为“其他企业”，分别占39.75%、21.66%、47.13%。中央民族大学作为“985”高校，2023届毕业的5500余名学生中，除了大批升学深造者和少量应征入伍或自主创业者外，还有1400多名本科毕业生、2200多名研究生走上了工作岗位。这些毕业生落实工作单位在国家机关、部队等的约占30%；落实工作单位在初等、高等教育以及管理、科研等各类事业单位约占30%；其余约40%的毕业生与企业签约，其中国有企业与民营/三资类企业各占一半左右，既有以中农工建交等为代表的国有商业银行、电信移动联通等通信行业以及国家电网等国有企业，也有比亚迪、京东方、快手、美团等制造业及互联网平台企业，本科生和研究生在行业流向选择上大体趋同，进入的民营企业多数处于行业热点地位。可见，“211”“985”“双一流”建设高校的毕业生在签约单位性质以及行业选择等方面，较之民族地区高校有更多的选择性，但并不存在壁垒森严的分化，入职民营企业、融入市场经济，是当前高校毕业生就业总量压力下必然适度下沉的选择，体制内就业与市场化就业的互嵌是时代发展必然趋势。

2.2.3 亟待通过学科专业优化促充分就业

“推动高等教育高质量发展，扩大理工农医类专业招生规模，根据社会需要、产业需求、职业开发等优化调整学科专业设置”①，是当前配合国民经济增长运行新常态以及新一轮科技革命和产业变革的市场需求，也是促进充分就业、拓展高校毕业生等青年就业成才渠道的题中之义。如第一章文献综述部分总结的，国

① 中共中央 国务院关于实施就业优先战略促进高质量充分就业的意见（国务院公报2024年第29号）[EB/OL].（2024-09-15）[2024-12-19].https：//www.gov.cn/gongbao/2024/issue_11646/202410/content_6980867.html.

家通用语言文字掌握能力偏弱[①]、普遍存在回避市场竞争或不自信的文化心理学科[②]、专业技能与社会需求结合不够紧密[③]，是被研究者提及最多的影响民族高校毕业生充分就业的三大因素。进入新时代以来，前两项制约因素均已获得明显改善，而民族高校教学结构与民族地区人才需求适应性不高仍不同程度地存在，并且已成为当前就业市场严峻压力下亟待破解的桎梏。

以2023届毕业去向落实率较高的两所高校——大连民族大学（4291人，91.24%）[④]和贵州民族大学（3911人，95.30%）为例，可分析高校的学科专业结构强调应用性的必要性，以及对毕业生在求职时凭专业对口性和岗位适配度增加成功可能的机会。

大连民族大学2023届4291名的本科毕业生来自14个学院53个专业，毕业去向落实率为91.24%，其中除了21.76%为“升学”之外，52.88%毕业生的就业方式为“协议和合同就业”，占大多数。大连民族大学2023届毕业生就业流向的区域分布与学校所处区位以及民族高校生源特点相契合——到“一带一路”建设区域就业的有2203人[⑤]，到长江经济带发展区域就业的有780人，到京津冀协同发展区域就业的有245人。

大连民族大学2023届毕业生就业流向的行业布局与学校专业设置及培养定位相契合——作为一所以工科为主多学科协调发展的民族高校，14个学院按生源占比排列依次为经济管理学院（占13.10%）、计算机科学与工程学院（占10.37%）、机电工程学院（占10.35%）、信息与通信工程学院（占9.69%）、国

① 马戎.关于中国少数民族教育的几点思考[J].新疆师范大学学报（哲学社会科学版），2010，31（01）：6-18.

② 赵晓芳.少数民族大学生就业问题的特殊性及对策建议[J].西北民族研究，2009（03）：216-219.

③ 宋敏，张焰，京生，等.立足“两个服务”，实施“三维联动”，构建四类少数民族人才培养新模式——中央民族大学多样化人才培养模式的探索与实践[J].民族教育研究，2017，28（06）：59-64.

④ 参见：大连民族大学2023届毕业生就业质量年报[EB/OL].（2024-03-15）[2025-01-20].https：//jy.dlnu.edu.cn/news/view/aid/488459/tag/xngs.下同。

⑤ 据大连民族大学就业信息系统，2023届毕业生中有一半以上在“一带一路”建设区域就业，其中省内就业占近一半，其余就业省区的分布体现民族高校的特点较为明显。就业人数在100名以上的区域依次为：辽宁省1077人、广东省156人、内蒙古自治区143人、浙江省135人、广西壮族自治区119人、云南省114人、吉林省103人。

际商学院（占9.35%）、生命科学学院（占7.60%）、文法学院（占7.20%）、外国语学院（占6.22%）、土木工程学院（占5.85%）、物理与材料工程学院（占4.68%）、设计学院（占4.47%）、建筑学院（3.99%）、环境与资源学院（占3.68%）、理学院（占3.45%），以上各院系毕业生总体就业流向的主要行业分布情况如图2-2-1所示。

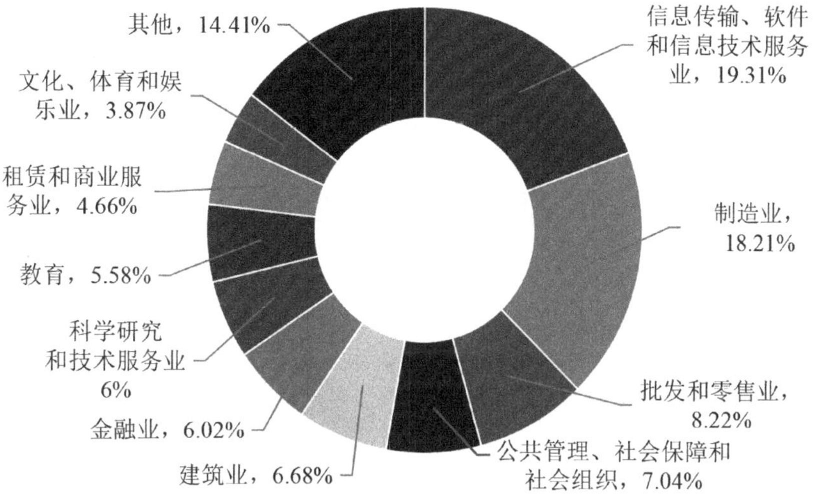

图2-2-1　大连民族大学2023届毕业生就业的主要行业分布

通过对比生源专业结构和就业行业结构可发现二者相关度较高，印证了应用性强的学科专业配置在当前就业市场上更具竞争力。大连民族大学2023届毕业生的毕业去向落实率之所以能达到91.24%，与该校办学偏重工科并且涵盖工、理、经、管、文、法、艺、农八大学科门类密切相关。

21世纪之初，民族高校毕业生曾因学科结构比较单一、人才培养的社会适应性与学科专业建设呈现结构性矛盾等问题[①]在就业市场中普遍处于劣势。事实证明，面对市场机制日趋在教育资源配置和就业双向选择中占据主导地位的大环

① 李鸿.民族高等院校学科专业结构的调整及其社会适应性研究[J].民族教育研究，2004（06）：22-26.

境，民族高校必须紧跟经济社会需求不断优化毕业生的学科技能，用信息化带动工业化、用高新技术改造传统产业，方能以适应市场供需结构的专业配置与育人质量更多更好地向生产建设一线输送人才。在取得较高“协议和合同就业”率的同时，大连民族大学2023届本科毕业生中有806人国内升学、128人出国（境）深造，升学和留学的专业相关度分别为87.61%和72.00%，可见该校的学科专业匹配性和延伸性较高。大连民族大学明确育人重点、凝练学科方向、突出专业特色的内涵式发展经验，值得亟待提升毕业去向落实率的民族高校借鉴。

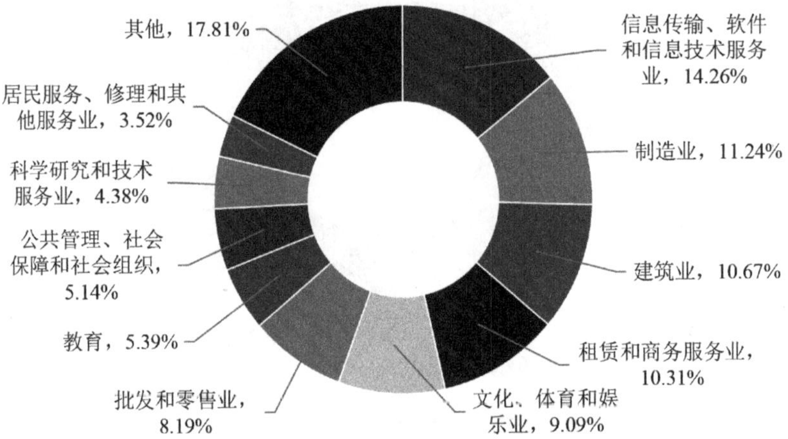

图2-2-2　贵州民族大学2023届毕业生就业的主要行业分布

再结合与大连民族大学在地理区位上呈东北、西南遥遥相对之势的另一所民族高校——贵州民族大学的2023届毕业生就业情况进行分析。贵州民族大学2023届毕业的本科生总数为3911人，与大连民族大学（4291人）规模大致相当。较之前者在学科结构上偏重工科专业，贵州民族大学同样呈现应用性强的学科专业特点，并且涵盖门类更广（如包含文化、艺术、医学等专业），因而全校的毕业去向落实率更高，2023届达到了95.30%。该届毕业生涉及20个学院78个专业，[①]按生源占比排列依次为政治与经济管理学院（占13.88%）、数据科学

① 含5个延期毕业专业，以下统计数据中未呈现。

与信息工程学院（占10.76%）、旅游与航空服务学院（占9.82%）、建筑工程学院（占9.72%）、美术学院（占7.39%）、文学院（占5.88%）、物理与机电工程学院（占4.60%）、传媒学院（占4.47%）、音乐舞蹈学院（占4.22%）、民族医药学院（占3.84%）、化学工程学院（占3.87%）、外国语学院（占3.58%）、法学院（占3.53%）、民族文化与认知科学学院（占2.94%）、民族学与历史学学院（占2.43%）、生态环境工程学院（占2.17%）、材料科学与工程学院（占2.10%）、体育与健康学院（占2.02%）、社会学院（占1.87%）、马克思主义学院（占1.00%），以上各院系毕业生总体就业流向的主要行业分布情况如图2-2-2所示。

对比大连民族大学与贵州民族大学2023届毕业生就业前十位的行业，流向最多的两个行业是相同的，“信息传输、软件和信息技术服务业”分别占19.31%和14.26%；“制造业”分别占18.21%和11.24%；以下除了“金融业”是大连民族大学有而贵州民族大学没有的；“居民服务、修理和其他服务业”是贵州民族大学有而大连民族大学没有的之外，其他基本相同。

结合生源所在院系结构而言，贵州民族大学的专业分散度、行业普及度更高。如前文所述，贵州民族大学2023届毕业生中，省内生源占比92.41%，而就业者中留在省内的占74.73%①。从生源到就业地均高度集中，便于高校精准对位市场需求定制学科专业结构，贵州民族大学2023届毕业生所在的20个学院78个专业中，毕业去向落实率高的前5名依次为：马克思主义学院（39/39，100%）、材料科学与工程学院（81/82，98.78%）、政治与经济管理学院（535/543，98.53%）、旅游与航空服务学院（378/384，98.44%）、社会学院（71/73，97.26%）。毕业去向落实率达到100%的专业有14个，分别是：中国少数民族语言文学、音乐表演（民族特色表演方向）、音乐学、金融学、人力资源管理、广播电视学、图书馆学、学前教育、复合材料与工程、舞蹈学、电子商务、环境生态工程、民族学、思想政治教育。其后，毕业去向落实率在

① 贵州民族大学2023届毕业生中的省内生源有76.52%选择留在本省就业，省外生源有50.00%选择在贵州省就业，27.43%的省外生源选择回生源地就业。

100%以下、95%以上的专业有31个，毕业去向落实率在95%以下、90%以上的专业有15个。贵州民族大学2023届毕业去向落实率在90%以下的专业只有13个，按从高到低依次为：历史学（26/29，89.66%）、文物与博物馆学（33/37，89.19%）、产品设计（29/33，87.88%）、音乐表演（36/41，87.80%）、视觉传达设计（34/39，87.18%）、环境设计（33/38，86.84%）、中药资源与开发（30/35，85.71%）、法学（118/138，85.51%）、动画（17/20，85.00%）、美术学（69/82，84.15%）、产品设计－民族民间美术技能（31/37，83.78%）、药学（65/78，83.33%）、戏剧影视文学（33/40，82.50%）。这些就业率在该校相对偏低的专业中，除法学、美术学和药学外均为毕业生规模仅在50人以下的小班，这些专业中有部分学生未就业的原因大致可分为两类：一类是历史、文博等传统文科“慢专业”的市场需求相对较小，尤其对本科生而言，往往要通过考研提升学历方能顺利就业；另一类是美术设计、动画、音乐表演等专业毕业生中灵活就业或缓就业者占比较高，未必都能及时登记就业状态。

这种学科专业配置丰富度与毕业去向落实率呈正相关的现象，在办学层次更高、生源结构更丰富的民族高校中也得到验证。对比毕业去向落实率相对偏低的西南民族大学、西北民族大学，其2023届的本科毕业生分别为6083名、5933名，毕业去向落实率分别为88.33%、75.61%。

西南民族大学2023届的本科毕业生中，毕业去向落实率达到100%的专业只有5个：动物药学、舞蹈编导、服装与服饰设计、产品设计、公共事业管理；毕业去向落实率在平均水准以下的专业则多达32个，由高到低依次为：金融工程（88.24%）、财务管理（88.24%）、法学（88.03%）、会计学（87.77%）、文物与博物馆学（87.76%）、金融学（87.70%）、保险学（87.18%）、广播电视学（87.64%）、食品质量与安全（87.50%）、社会学（87.50%）、工商管理（87.50%）、通信工程（86.36%）、投资学（86.79%）、英语（86.79%）、食品科学与工程（86.05%）、环境科学（85.37%）、旅游管理（85.16%）、经济学（84.91%）、材料化学（84.62%）、环境设计（84.48%）、社会工作（84.21%）、文化产业管理（84.06%）、汉语言文学（82.76%）、自动化（81.98%）、应用物理学（81.48%）、绘画（81.25%）、应用心理学（81.11%）、人力资源管理（79.80%）、生物技术（78.41%）、新闻学（78.46%）、汉语国际教育（65.14%）、历史学（65.00%）。

西北民族大学2023届的本科毕业生中，毕业去向落实率达到100%的专业只有2个：工商管理（藏汉双语）、物理学（藏汉双语）；毕业去向落实率在平均水准以下的专业则多达35个，由高到低依次为：工商管理（75.58%）、广播电视学（75.00%）、汉语言（74.18%）、旅游管理（校企合作）（72.84%）、环境设计（72.34%）、社会工作（71.93%）、教育技术学（71.88%）、物联网工程（71.84%）、生物工程（71.43%）、绘画（71.15%）、国际经济与贸易（70.59%）、会计学（70.09%）、阿拉伯语（68.97%）、数字媒体技术（68.75%）、中国少数民族语言文学（67.05%）、民族学（66.67%）、食品科学与工程（65.06%）、新闻学（64.71%）、视觉传达设计（64.10%）、动物科学（63.41%）、应用心理学（62.65%）、音乐表演（62.62%）、音乐学（62.50%）、汉语国际教育（62.26%）、社会学（62.16%）、数学与应用数学（61.22%）、计算机科学与技术（59.52%）、软件工程（59.42%）、英语（58.74%）、生物技术（58.21%）、体育教育（57.89%）、法学（57.73%）、动物医学（54.90%）、数学与应用数学（藏汉双语）（54.17%）、医学检验技术（51.47%）。

综合两校情况来看，西南民族大学、西北民族大学的学科专业结构都不可谓不丰富，但毕业去向落实率均不如贵州民族大学和大连民族大学理想的原因，一方面是2023届本科毕业生总体规模更大，四校分别为3911名、4291名、6083名、5933名；另一方面是缺乏紧随经济社会发展新需求的交叉学科和对接市场新业态的紧俏专业，例如同样是管理类系科，西南民族大学只有公共管理学院，2023届毕业的193名本科生只有行政管理和公共事业管理2个专业，而贵州民族大学的经济管理学院2023届毕业的543名本科生有会计学、工商管理、行政管理、经济学、金融学、人力资源管理、劳动与社会保障、公共事业管理、电子商务9个专业，并且在旅游与航空服务学院有航空服务艺术与管理、旅游管理、会展经济与管理专业，在体育与健康学院有社会体育指导与管理专业，在建筑工程学院有工程管理专业。

综上可见，近年来民族高校毕业生已普遍树立起市场化、社会化就业的择业观，求职流向趋向多元并呈灵活下沉之势。在个体层面各民族大学生能否充分融入全国一体化市场并获得高质量发展，在宏观层面决定着民族地区能否顺利同全国一道实现全面小康和现代化。

第三节　新时期民族工作重点省区稳就业的要点

高校毕业生是当前我国就业支持体系的重点群体，民族地区是亟待缩小发展不平衡不充分差距并不断满足各族人民对美好生活的向往的重点区域。改革开放40多年来，边疆民族地区普遍经历了生计文化转型以及农村劳动力的大规模城镇化转移，因而许多城乡当前最突出的就业问题已不在农牧民而是在大学生群体。2024年，习近平总书记在中共中央政治局第十四次集体学习时强调："要坚定不移贯彻新发展理念，更加自觉地把高质量充分就业作为经济社会发展的优先目标，使高质量发展的过程成为就业提质扩容的过程，提高发展的就业带动力[①]。"新时代民族高校促进毕业生实现高质量充分就业的措施，集中表现在鼓励毕业生充分融入全国一体化劳动力市场，如投身城乡基层、各行各业、参与中小微企业创业以及灵活就业等。

在民族工作领域，稳就业同样是边疆治理和民族团结进步事业的重要抓手。习近平总书记在第二次中央新疆工作座谈会上的讲话指出："就业是最大的民生工程、民心工程、根基工程，必须抓紧抓实抓好。"[②]又如西藏自治区，作为我国最后一个结束大学生"包分配"的地区，自2006年启动引导大学生向区外和企业进行市场化流动的就业改革，近20年来民族高校毕业生的择业观越来越开放，

① 习近平.促进高质量充分就业[J].求是，2024（21）：4-8.

② 习近平在第二次中央新疆工作座谈会上强调 坚持依法治疆团结稳疆长期建疆 团结各族人民建设社会主义新疆[N].人民日报，2014-05-30（001）.

就业流动性与市场竞争力持续增强。“十二五”“十三五”“十四五”阶段，从中央到各民族地区都持续不断地推出全面支持各民族大学生充分就业的相关政策举措（详见本书附录1）。高质量的就业与个人发展，满足了民族地区大学生及其家庭对美好生活的期待，提升了民族地区人力资本配置效率，进而扎实推进了各民族共同富裕，所以堪称中国式现代化建设与中华民族共同体建设的重要杠杆。

2.3.1 各民族大学生从共学共乐到共事共居

党和国家始终高度重视就业工作和青年发展，多年来从中央到地方都出台了诸多优惠政策以及针对重点群体的支撑措施，其中就包括提升一般劳动力市场对少数民族流动青年（尤其是非应届大学生）的接纳度。例如,《中华人民共和国劳动法》明确规定了劳动就业的5项基本原则，提出照顾包括少数民族人口在内的特殊人群就业;《中华人民共和国民族区域自治法》强调“民族自治地方的企业、事业单位依照国家规定招收人员时，优先招收少数民族人员，并且可以从农村和牧区少数民族人口中招收”，同时要求“上级国家机关隶属的在民族自治地方的企业、事业单位依照国家规定招收人员时，优先招收当地少数民族人员”；《中华人民共和国就业促进法》也明确了“用人单位招用人员，应当依法对少数民族劳动者给予适当照顾”的要求；2021年中央民族工作会议进一步强调了少数民族人口的基本民生与共同富裕议题。新时代的就业市场环境中,“用人单位出于语言、风俗、能力等方面顾虑在招聘过程中设置民族类别限制”①等情况已得到根本扭转，从国家层面到一些相关省区的地方政府都出台了支持少数民族就业的倾斜性政策，为增加各民族大学生的就业机会并提升其就业水平提供了全方位保障。

民族高校是各民族师生共同构建“共学共乐”的民族互嵌式社区的典型代表，也是培育各民族新生代高知青年“共事”技能以及从校园小社区中“共居”到向

① 张为波.高校少数民族毕业生就业问题及对策研究——以西南民族大学为例[J].民族学刊，2014，5（01）：82-87+124-126.

就业地大社区中流动融居可能的中转站。每一所民族高校的生源结构中都包含一定比例的少数民族毕业生，同时也会有相当比例的汉族毕业生留在民族高校所在地或是前往其他民族地区就业。“业缘”纽带的连接下，各民族大学生奔赴祖国南北，就业流动支撑起民族互嵌式社会结构的构建，其随着一届又一届毕业生跨地区就业后立业成家，又会带动其家庭乃至家族共同促进各民族交往交流交融。

首先仍以中央民族大学为例，在就业表现上就总体而言，该校少数民族毕业生近年来的毕业去向落实率与全校平均水平仅有微小差距；并且在研究生学历层次以及一些学科专业中，少数民族毕业生的毕业去向落实率是高于汉族毕业生的。2022届的5093名毕业生中，就业总人数为4591人，全校就业率为90.14%；其中少数民族学生就业总人数为1655人，少数民族学生就业率87.75%。再结合学历层次因素来看，全体毕业生中本科和研究生的就业人数分别为2497人和2094人，其中少数民族本科和研究生的就业人数分别为1130人和525人。在本科生就业率方面，少数民族本科生就业率85.74%，较之全体本科毕业生就业率87.77%差2.03个百分点；在研究生就业率方面，少数民族研究生就业率92.43%，较之全体研究生就业率93.15%仅差0.72个百分点。

从笔者近年来对中央民族大学各院系毕业生的就业情况的追踪访谈结果来看，民族因素的影响一直以来对就业表现并不明显——结合学历层次而言，中央民族大学的少数民族本科毕业生就业率较之全校平均水平仅略低约2个百分点；而从研究生就业情况来看，少数民族研究生的就业情况有时还会好于全校平均水平。贵州民族大学2023届毕业生中汉族毕业生与少数民族毕业生的总体毕业去向落实率分别为95.47%、95.14%，差距几乎可以忽略不计。其中，在“协议和合同就业”类型中少数民族毕业生（82.79%）高于汉族毕业生（82.31%），在“自主创业”类型中少数民族毕业生（0.68%）高于汉族毕业生（0.27%）。笔者调研其他民族高校发现，部分地区在优惠政策的扶持之下，少数民族研究生的就业率高于全校平均水平的现象并不鲜见。

因为有首都区位和生源质量作为保障，中央民族大学的毕业生在就业方面展现出一定优势似乎是必然的；因为近年来多个学科入选国家级一流本科专业建设点并获得华东师范大学、华南理工大学对口支援建设，贵州民族大学的各民族毕业生就业情况良好也是可以想见的。那么，民族地区非重点高校的就业情况如何？以下以四川省的一所省属普通本科（四川民族学院）和一所国家民委直属综合性民族高校（西南民族大学）为例进行对比分析。

仍统一采用2023届毕业生的样本，四川民族学院有2512名毕业生（其中含本科生2142人、专科生370人）[①]，省内生源占绝大多数——2399名毕业生系从四川省考入，其余生源中来自西藏自治区的有31人、贵州省的有20人、云南省的有19人、海南省的有15人，另还有少量毕业生系来自重庆、甘肃、江西等地，生源的地域性显著。再结合民族构成来看（如图2-3-1所示），四川民族学院2023届毕业生中汉族约占七成；总占比26.15%的少数民族中，占一半以上的是藏族（373名，在总毕业生数中占14.85%），彝族毕业生也有200多名——这与四川生源占95%以上并且来自甘孜藏族自治州和凉山彝族自治州者最多的区位结构特征相呼应，此外还有少量人数的羌族、苗族、土家族、回族等毕业生。

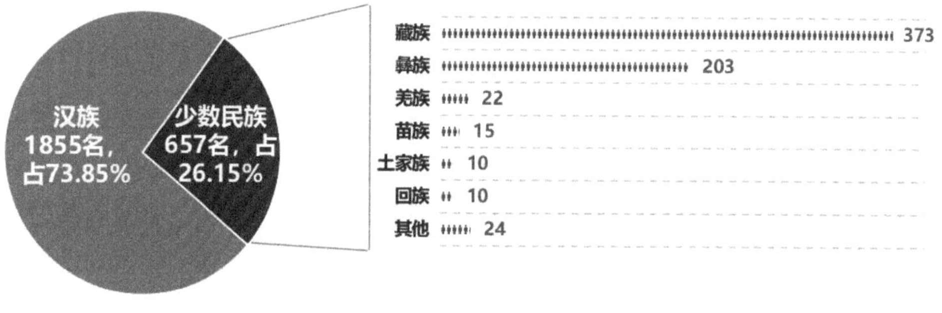

图2-3-1 四川民族学院2023届毕业生的民族分布情况[②]

① 参见：四川民族学院2023届毕业生就业质量年度报告[EB/OL].（2024-05-10）[2025-02-04]. https：//zjc.scun.edu.cn/info/1116/4678.htm.下同。

② 图中“其他”代表毕业生数在10人以下的少数民族，包括蒙古族、布依族、侗族、黎族、门巴族、傈僳族、纳西族、仡佬族、白族等。

四川民族学院作为康巴地区（含西藏昌都、青海玉树、云南迪庆、四川甘孜）唯一的一所公办普通本科高校，40多年的办学历程中以民族性、地方性、应用性为突出特色。2023届毕业生在四川省内就业者占86.51%，向外流动者较少，就业流向省（自治区、直辖市）的第2至第5位分别是重庆市40人、广东省36人、西藏自治区25人、贵州省20人、上海市19人。在2023届毕业生的生源地中，来自成都市和重庆市的分别只有144人（占5.73%）、11人（占0.44%），而毕业流向地中，在成渝地区双城经济圈就业者占比高达59.09%。这种高度的聚集效应显示了民族高校毕业生在大学文凭以及学习所获技能、视野等支撑下，能够向规模更大的城镇以及现代化程度更高的行业流动。在这一点上，从四川各州县来到康定市上大学的四川民族学院毕业生，与从全国各省来到首都北京上大学的中央民族大学毕业生，行动轨迹是一致的。

根据劳动力迁移推拉理论（push-pull-theory）[①②]，高校毕业生的就业流动动力既来自走出贫困家乡或改善家庭生活的推力，也来自迁入地在薪资待遇、社会保障、工作环境乃至文化元素等方面的吸引力。对民族高校毕业生尤其是少数民族同学而言，生计方式相关度以及历史文化亲缘性等，构成吸引其向何处流动就业的主力。例如在四川民族学院，2023届59.09%的毕业生仅在成渝地区双城经济圈内进行了小范围的就业流动，跨省前往其他经济增速更快、就业岗位更丰富的城市群就业者合计仅占5.08%——前往长三角地区就业的毕业生占2.79%，前往珠三角地区就业的毕业生占1.76%，前往京津冀地区就业的毕业生占0.54%。跨地区就业者少，在一定程度上缘于受四川民族学院办学层次以及文凭“含金量”的制约。结合就业行业分析，该校2023届毕业生在就业的两个主要城市——成都市和甘孜藏族自治州中，从事服务业的比例分别高达85.45%和92.09%。在服务业中，成都就业的毕业生从事信息传输、软件和信息技术服务业的比例更高，达到13.62%；在甘孜藏族自治州就业的毕业生则更多从事教育、住宿和餐饮业。在成都和甘孜州的工业领域就业的毕业生分别仅占2.80%、

① BOGUE D J.Streams of Migration Between Subregions：A Pilot Study of Migration Flows between Environments[J].Population，1958，13（2）：328-345.

② LEE E S.A Theory of Migration[J].Demography，1966（1）：10-14.

1.44%，均低于在两地农林牧渔业领域就业毕业生占比（2.99%、2.88%），这与当地以传统产业为主的人才需求结构也是相一致的。由此可见，若高等教育赋能的就业市场竞争力有限，则毕业生融入全国一体化劳动力市场的地域和行业流动范围也有限。对于面临更多文化拉力羁绊的民族地区大学生而言，要贯彻党中央有关“使高质量发展的过程成为就业提质扩容的过程，提高发展的就业带动力”① 的要求，还需高校与地方协同推动。

以下就是对西南民族大学同一届毕业生的分析，相较于四川民族学院位于康定市，地处省会成都市的西南民族大学显然更具交通区位、发展环境、产业结构等方面的就业市场优势，并且该校现有武侯、航空港、太平园3个校区以及建在阿坝藏族羌族自治州红原县的“青藏高原生态保护与畜牧业高科技研究示范基地”，曾于2013年、2017年入选“全国高校创新创业典型经验50强高校”。对比同属一省的四川民族学院，西南民族大学2023届8178名毕业生的就业流动地域范围、行业范畴都要更广。

首先，西南民族大学2023届毕业生的就业地覆盖了全国31个省级行政区。除了37.71%的毕业生留在四川省内就业之外，广东省、贵州省、广西壮族自治区、云南省等也是该校毕业生择业热点地区，总体有51.89%的毕业生在西南地区就业，此外分别有12.63%、9.94%、9.90%、6.54%、6.17%、2.94%的毕业生奔赴华南、华东、西北、华中、华北和东北地区就业。同时，毕业生前往国家战略重要区域的集中度明显，在国内就业的毕业生中，31.41%流向成渝地区双城经济圈，41.25%流向“一带一路”沿线地区，50.08%流向黄河流域生态保护和高质量发展区域，61.93%流向长江经济带，另分别有5.86%流向粤港澳大湾区、3.77%流向京津冀地区。

其次，西南民族大学2023届毕业生的就业行业覆盖第一、二、三产业。其中，6887名本科毕业生就业流向行业的前三位分别是“教育”“公共管理、社会保障和社会组织”“信息传输、软件和信息技术服务业”，三者占比合计达41.74%，接近一半；1291名毕业研究生就业流向行业的前两位与本科毕业生相

① 习近平.促进高质量充分就业[J].求是，2024（21）：4-8.

同，第三位则是“科学研究和技术服务业”，三者占比合计达57.68%，超过一半。结合西南民族大学毕业生就业流向的重点区域，其在各地的主要行业分布情况如图2-3-2所示。

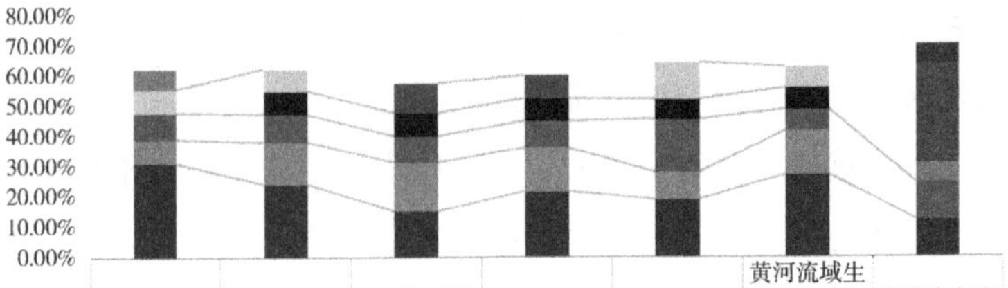

	成渝双城经济圈	长江经济带	“一带一路”沿线地区	西部地区	京津冀地区	黄河流域生态保护和高质量发展区域	粤港澳大湾区
■批发和零售业							6.47%
■制造业			9.78%	7.63%			33.09%
■科学研究和技术服务业	6.67%						6.47%
■文化、体育和娱乐业	7.87%	7.24%			12.22%	6.95%	
■金融业		7.79%	7.74%	7.47%	6.67%	7.11%	
■信息传输、软件和信息技术服务业	8.93%	9.34%	8.86%	8.98%	17.78%	7.11%	12.23%
■公共管理、社会保障和社会组织	7.87%	13.95%	16.09%	14.56%	8.89%	14.73%	
■教育	30.93%	24.04%	15.17%	21.48%	18.89%	27.03%	12.23%

图2-3-2　西南民族大学2023届毕业生重点区域就业行业分布①

再者，西南民族大学作为进入了四川省“双一流”建设计划的高校，不仅毕业去向落实率更高，其毕业生就业较之四川民族学院毕业生的单位流向也更多元。本科毕业生流向前三分别为其他企业（43.20%）、国有企业（17.78%）、党政机关（12.65%）；毕业研究生就业单位流向前三分别为高等教育单位（22.27%）、其他企业（23.24%）、国有企业（16.21%）。在职位类别方面，前文提到四川民族学院的2023届毕业生大比例集中在服务业就业，而同年西南民族大学毕业生就业职业为“商业和服务业人员”的只有5.76%，其余排进职业前十位的分别是：教学人员15.81%、工程技术人员13.39%、办事人员和有关人员11.28%、公务员8.13%、金融业务人员7.4%，其他专业技术人员5.94%、科学研

① 根据西南民族大学就业信息网统计数据绘制，各重点区域仅计入占比前5位的就业行业。参见：西南民族大学2023届毕业生就业质量年度报告[EB/OL].（2024-01-05）[2025-01-15].https：//jy.swun.edu.cn/detail/news?id=1119578&menu_id=42510&type_id=20470.下同。

究人员3.11%、经济业务人员2.83%、法律专业人员2.15%。

对民族地区而言，就业既是民生之本，也是发展之源。少数民族青年以就业为契机在全国各地区、各行业间流动与协作，对强化推进互嵌式社会以及中国式现代化建设均意义重大；与此同时，包括汉族毕业生在内的各民族青年从民族高校毕业后留在民族地区、边疆地区成家立业，这些就业类型都符合党中央关于“努力创造各族群众共居、共学、共事、共乐的社会条件”①的要求。依靠各方力量合力建设边疆和服务民族工作，一向是“集中力量办大事”的中国之治的显著优势所在，新时代民族高校担负着培养并输送各民族新生代充分融入全国一体化市场的任务，这将进一步促进各族劳动者共享改革发展成果，对更好推动“中华民族一家亲、同心共筑中国梦”的局面也具有结构性支撑意义。改革开放40多年来，从“乡土中国”转向“流动中国”的结构已形成，“互嵌中国”的蓬勃活力也正在释放，各民族大学生群体既是当前严峻就业形势下的重点保障群体，也是“共居、共学、共事、共乐”体验最完整、交往交流交融空间最广阔的互嵌生力军，因而民族高校促进高质量充分就业的工作必须紧密围绕铸牢中华民族共同体意识的主线。

2.3.2 鼓励毕业生服务基层和市场化就业

进入21世纪以来，民族地区就业人员受教育程度普遍低于全国平均水平的状况已得到显著改善，在人口学历方面与全国平均水平的差距逐年缩小。例如，至2018年，内蒙古自治区（10.30年）和新疆维吾尔自治区（10.57年）就业人员的平均受教育年限甚至已超过了全国平均水平（10.14年）。制约少数民族大学生就业胜任力的硬件短板持续补齐，同时就业空间也随民族地区行业经济发展而持续扩大。从就业环境的条件来看，西部民族地区的现代化建设和人才流动方面“利好”不断：从1999年“兴边富民行动”和2000年“西部大开发”，到2006年

① 习近平在会见基层民族团结优秀代表时强调 中华民族一家亲、同心共筑中国梦[N].人民日报，2015-10-01（001）.

青藏铁路贯通运行为沿线人口城镇化和就业流动提供基础条件，前有“成渝经济区”“陕甘青藏经济带”，今有“南亚贸易通道”“孟中印缅经济走廊”乃至“一带一路”，区域经济的互嵌互惠程度在持续加深，这是民族地区实现产业转型升级和缩小发展差距的重要契机，也是各民族新生代大学生人才交流的多元平台。随着基础设施和经济条件的持续改善，国家就业扶持政策的目标也出现了由“吸引毕业生到基层就业”到“为基层地区培养有意愿、有能力的优秀人才”的逐步转型①，因此今天我们看待民族工作重点省区的少数民族大学生就业不宜再用老眼光。通过横向对比多所民族高校2023届毕业生的就业情况，笔者发现民族工作重点省区稳就业以及促进各民族大学生充分就业的当务之急，主要在于鼓励基层就业和引导市场化就业两个方向。

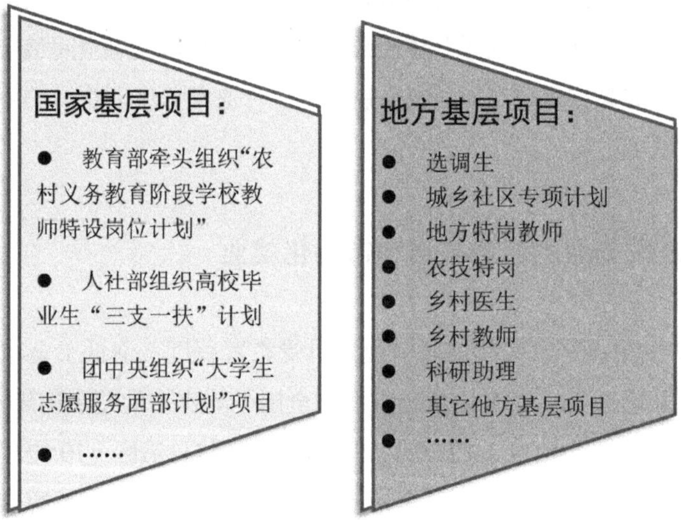

图2-3-3 基层服务项目的主要种类

① 马莉萍，刘彦林.高校毕业生基层就业：从中央政策到地方政策[J].北京大学教育评论，2015，13（02）：31-46+188.

高校毕业生的基层就业，即到中西部地区、民族地区、贫困地区和艰苦边远地区工作，如本章第二节所述，毕业生通过考录、选调等形式进入“西部计划”“三支一扶”（支教、支农、支医和扶贫）、特岗教师等国家基层服务项目或农技特岗、乡村教师/医生等地方基层服务项目，均计入毕业去向统计（见图2-3-3）。2023年，国务院办公厅印发关于优化调整稳就业政策措施的通知，围绕深入实施就业优先战略的目标公布了鼓励引导基层就业的细则。

> 稳定“三支一扶”计划、大学生志愿服务西部计划等基层服务项目2023年招募规模。实施“大学生乡村医生”专项计划，落实医学专业高校毕业生免试申请乡村医生执业注册政策。继续做好2023年高校毕业生到城乡社区就业创业工作。对到中西部地区、艰苦边远地区、老工业基地县以下基层单位就业的高校毕业生，按规定给予学费补偿和国家助学贷款代偿、高定工资等支持，对招聘为事业单位工作人员的，可按规定提前转正定级[①]。

国家通过政策激励（如学费补偿、考研加分、公务员定向招录等）和服务保障（如岗位培训、生活补贴等）鼓励毕业生扎根基层，不仅有利于缓解就业市场供需结构性矛盾，更对推动基层发展、乡村人才振兴、引领新技术新理念等具有积极意义。尤其对于普遍面临高学历人才短缺难题的民族地区、边疆地区而言，民族高校毕业生熟悉当地语言、文化和社会环境，能够更快地融入基层工作，填补教育、医疗、农业等领域的人力资源缺口。然而基于对十几所民族高校2023届毕业生的就业情况统计来看，基层就业仍有很大拓展空间。

① 国务院办公厅关于优化调整稳就业政策措施全力促发展惠民生的通知（国办发〔2023〕11号）[EB/OL].（2023-04-26）[2024-11-25]. https：//www.gov.cn/zhengce/zhengceku/2023-04/26/content_5753299.htm.

表2-3-1　西北民族大学、贵州民族大学、内蒙古大学2023届毕业生的基层就业情况统计①

	西北民族大学（2023届毕业生总数6607人）				贵州民族大学（2023届毕业生总数3911人）		内蒙古大学（2023届毕业生总数6333人）					
	研究生		本科生		本科生		研究生		本科生		专科生	
	人数	占比	人数	占比	人数	占比	人数	占比	人数	占比	人数	占比
选调生	3	0.05%	16	0.24%	7	0.18%	29	0.46%	37	0.58%	—	—
“三支一扶”	2	0.03%	75	1.14%	4	0.10%	6	0.09%	26	0.41%	3	0.05%
西部计划	1	0.02%	64	0.97%	177	4.53%	5	0.08%	23	0.36%	—	—
特岗教师	—	—	12	0.18%	25	0.64%	—	—	1	0.02%	—	—
乡村教师	5	0.08%	4	0.06%	—	—	—	—	—	—	—	—
农技特岗	—	—	—	—	1	0.03%	—	—	—	—	—	—
其他地方基层项目	4	0.06%	28	0.42%	3	0.08%	11	0.17%	16	0.25%	—	—

表2-3-1中展示了西北民族大学、贵州民族大学两所民族高校以及位于民族地区的综合性大学内蒙古大学2023届以签约国家和地方基层项目形式就业的各学历层次毕业生的分布情况。其中除了贵州民族大学本科毕业生在“大学生志愿服务西部计划”一项达到177人、4.53%的规模之外，其他2所高校中以基层项目就业较多的只有西北民族大学参加“三支一扶”计划的本科毕业生（75人、1.14%）和内蒙古大学考选调生的本科毕业生（37人、0.58%）。三校2023届研究生中，选择基层服务项目的毕业生人数较少：除了内蒙古大学选调生（29人、占比0.49%）外，其余两校参与人数均为个位数、占比不足0.1%。这一现象在一定程度上反映了民族高校研究生较少通过基层服务项目就业趋势。例如，西南民

① 综合三校就业统计数据制表，参见：西北民族大学2023届毕业生就业质量年度报告[EB/OL].（2024-11-07）[2025-01-15].https：//xbmu.bysjy.com.cn/detail/news?id=1091637&type_id=3188；贵州民族大学-2023届毕业生就业质量年度报告[EB/OL].（2024-01-08）[2025-01-17].https：//zjc.gzmu.edu.cn/info/1048/7731.htm；内蒙古大学2023届毕业生就业质量年度报告[EB/OL].（2024-01-31）[2025-01-17].https：//imu.nmbys.cn/news/view/aid/137968/tag/tzgg.

族大学的2023届毕业生73.48%选择直接就业，41.66%以签就业协议形式就业，其中含1.52%的毕业生签约服务国家基层项目、1.87%的毕业生签约服务地方基层项目。广西民族大学的2023届本科毕业生中有87人就业于国家基层项目（占比1.6%）；另有本科毕业生76人、硕士毕业生7人就业于地方基层项目（占比分别为1.4%、0.5%）。青海民族大学的2023届专科毕业生有7人服务于国家基层项目（占比5.5%），本科毕业生有45人服务于国家基层项目（占比1.6%）；另有73名本科毕业生服务于地方基层项目（占比2.6%），5名硕士毕业生服务于地方基层项目（占比0.6%）。

在提倡毕业生参与基层项目之外，民族高校另一个拓宽就业渠道、实现充分就业的重要方向是鼓励引导市场化就业。相关统计显示，成长于我国市场经济体制改革的加速阶段“00后”，较“95后”更具市场观念和务实精神，近年来大学毕业生的就业去向日趋呈现多元化特点，其中专科学校的大学生对新兴职业接受度高且具有创业热情，“211”高校的大学生偏好传统的市场化就业，而一般本科的大学生更倾向于体制内就业①。民族高校也普遍属于毕业生对体制内就业具有强倾向的一类，这源于自中华人民共和国成立初期国家就要求对少数民族学生“从宽录取”“特别照顾”②；至改革开放后，民族地区的就业工作从计划调节转向市场调节的节奏也相比全国较晚，因而亟待探索如何在稳就业的前提下更充分地发挥出市场机制作用，如何引导各民族大学生积极有序地融入全国一体化劳动力市场。质言之，民族高校对就业优先战略的贯彻，意味着要在坚持民族因素和区域因素相结合的基础之上，“努力实现经济发展与扩大就业的良性互动”③。前文中提及几所2023届毕业去向落实率较高的民族高校——贵州民族大学（3911人，95.30%）、大连民族大学（4291人，91.24%）、西南民族大学（6083人，

① 据复旦大学社会治理研究中心、上海开放大学信息安全与社会管理创新实验室与上海市青少年研究中心联合开展的大学生社会心态调查，有效样本是4720个。参见：李秀玫，向橄叶子，桂勇.在物质主义和后物质主义之间——后疫情时代大学生就业态度的变化[J].文化纵横，2021（01）：120-129+159.

② 杨定玉.中国民族教育政策法规汇编[M].北京：知识产权出版社，2017：137.

③ “十四五”规划编制和发展改革工作系列丛书编写组.实施就业优先战略[M]北京：中国市场出版社，中国计划出版社，2020：161.

88.33%）—— 均以相当比例的市场化就业为基本盘，充分结合当地产业发展需要向各类企业输送人才。在2023届毕业生主要流向的单位类型统计中，三所高校的就业占比第一位均为“其他企业”，贵州民族大学此类就业占78.76%，大连民族大学此类就业占48.48%，西南民族大学此类就业占38.52%；第二位均为国有企业，贵州民族大学此类就业占11.51%，大连民族大学此类就业占10.85%，西南民族大学此类就业占17.41%。可见，当前经济发展环境下，毕业生市场化就业程度越高，全校总体毕业去向落实率越高，距离实现高质量充分就业的目标也就越近，这是民族高校毕业生就业向新向好拓展的重要方向。

近年来，无论是主动地“逃离北上广深”还是在媒体舆论影响下理性看待“脱下孔乙己长衫”等现象，都反映出当代大学生择业观的新取向 —— 他们愿意接受竞争、拥抱挑战，但仍在多元化的就业选择中谋求稳定性和安全感。因而民族高校无论是鼓励毕业生服务基层，还是引导其市场化就业，都应充分考虑到民族地区人力资源需求的趋势以及各民族大学生在择业观、就业渠道、求职模式等方面的差异，既不宜惯性依赖优惠帮扶政策，更不能“一刀切”、揠苗助长。例如从图2-3-4中可以看出，2023届总体毕业去向落实率不够理想（76.38%）的西北民族大学，各学历层次的毕业生对学校的人才培养都有具体的改进建议，其中本科生最重视“强化实践动手能力培养”，硕士生最重视“强化综合素质培养”，博士生除了这两项外还建议“强化专业基础知识教育”。城镇化、市场化进程中多元化的就业选择，是由经济社会发展到一定阶段所客观决定的，也是当前严峻就业形势下各级各类高校毕业生所共同面对的大环境，民族高校毕业生必须清醒认识、积极面对，在充分考虑好就业目标区域与行业的基础上，及时且全面地对标强化自身市场化就业竞争力。

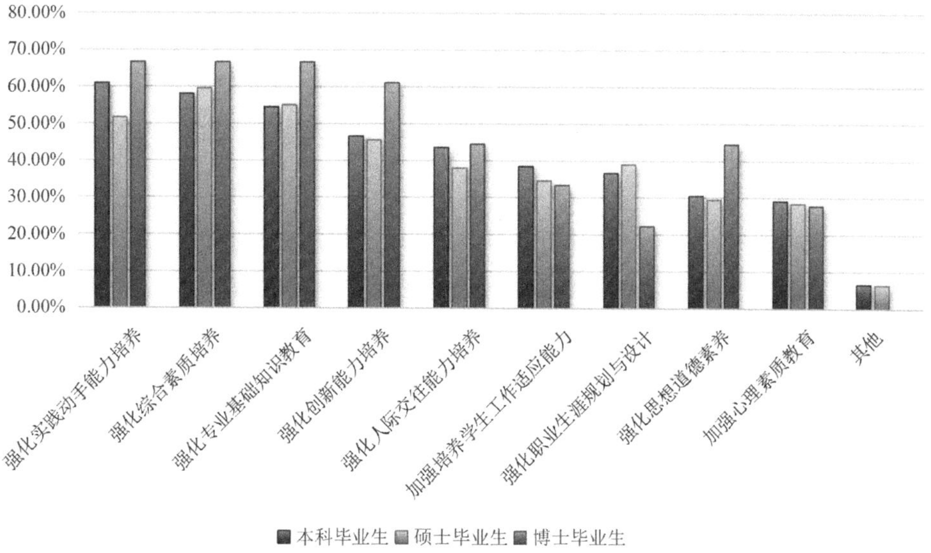

图2-3-4　西北民族大学2023届毕业生各学历毕业生对学校人才培养工作的建议①

第四节　构建就业服务体系拓口径补短板提效率

《教育部关于做好2025届全国普通高校毕业生就业创业工作的通知》在强调"加快构建高校毕业生高质量就业服务体系"的同时，要求"完善高校学科设置调整机制和人才培养模式"②。建立和完善毕业生就业服务体系，是高校完成人才培育和输送任务的关键一环。一套集职业生涯规划、就业创业指导、市场供需咨

① 来自第三方机构新锦成-2023届毕业生就业与培养质量调查，该调研面向西北民族大学2023届全体毕业生，有效问卷回收率为49.8%。参见：西北民族大学2023届毕业生就业质量年度报告[EB/OL].（2024-11-07）[2025-01-15]. https：//xbmu.bysjy.com.cn/detail/news?id=1091637&type_id=3188.

② 教育部关于做好2025届全国普通高校毕业生就业创业工作的通知（教就业〔2024〕5号）[EB/OL].（2024-11-12）[2024-12-15]. http：//www.moe.gov.cn/srcsite/A15/s3265/202411/t20241112_1162526.html.

询、求职技巧辅导、岗位精准推送、毕业生跟踪调查，以及就业困难群体“一对一”帮扶于一体的就业服务体系，所发挥的积极作用不仅惠及本校，还有利于缓解区域内人才市场结构性压力，并通过将动态就业信息反馈至学科专业课程设置、人才培养标准制订等环节，充分发挥高校在“稳就业”“保民生”等领域的社会作用。

对于民族高校而言，在地区产业转型升级、供给侧结构性改革、经济发展新常态等背景之下构建大学生就业服务体系的积极意义尤其明显。“各民族就业人口的产业结构是民族经济议题上的具体投射和现实聚焦”①，因而，专业结构合理、业务能力过硬、择业心态积极的民族高校毕业生充分就业，堪称实现全体人民共同富裕的中国式现代化的重要支点。“十四五”“十五五”乃至未来更长一段时间，高质量充分就业都是宏观经济发展的主要目标，这既是实现各民族人民共同富裕的必然要求，也是缩小各地区之间发展差距、实现社会主义现代化的必要条件。全国统一就业大市场中的产业结构、行业风向、区域热点等变化，决定了职业结构和能力结构的供需匹配，这些风向必然也传导至高等教育领域。高校毕业生高质量就业服务部门配合人力资源社会保障部门做好应届毕业生以及离校未就业毕业生的服务，实现一体化办理、精准化服务、智能化管理，拓宽各学院对接人才市场需求的专业口径，补齐毕业生尚未满足就业地产业结构需求的短板，提升各民族毕业生跨地区跨行业流动的效率并避免陷入“缓就业”状态，都是民族高校加快构建毕业生高质量就业服务体系的题中之义。

2.4.1 从专业对口度到就业胜任力

每一届毕业生的就业率以及相关指标体系，都是高校教育教学和人才培养工作开展效果的重要反映，也是下一阶段编制招生计划、优化专业结构以及教育教学改革的重要参考。

① 段成荣，周思瑶.我国各民族就业人口产业结构共同现代化历程研究[J].云南民族大学学报（哲学社会科学版），2024，41（06）：130–138.

在对毕业生就业质量的统计评估中，专业对口率是继就业率之后另一个重要的指标——既关乎毕业生的主观满意度，也对其择业构成显性影响。教育界普遍认可“专业对口是大学生实现就业高满意度的关键”[①]，大多数高校毕业生择业时除了看重薪资待遇、单位性质、职业发展空间等，也会将专业是否对口的入职匹配度纳入考虑。然而近年来随着待就业的新增毕业生总量不断累积以及技术革命推动就业市场需求结构不断变化升级，接受“先就业后择业”观念的毕业生越来越多，强求专业对口的毕业生越来越少。有学者从评价高校办学的角度指出“学以致用”并非必需或绝对的，“一些高校为了学生就业时专业对口，通常把专业设置得过细过窄，看似专业与岗位契合度高，其实是短见”[②]。可见对于专业对口，高校毕业生应辩证看待，避免因拘泥于能否学以致用而错过就业机会，耽误充分就业；而校方则须审慎对待，既精准对位就业市场需求及时更新校准学科课程，又在专业设置上保留宽口径培养人才的弹性空间。

例如本章第一节中分析过的2023届毕业生共6607名、毕业去向落实率76.38%[③]的西北民族大学，据该校2023届毕业生就业质量年度报告，本科毕业生专业对口度为73.17%、硕士毕业生和博士毕业生的专业对口度更是高达81.14%、88.24%。然而与高专业对口性形成对比的，是西北民族大学偏低的毕业去向落实率。该校2023届毕业去向统计中，在43.94%的协议和合同签约、18.26%的灵活就业、13.76%的升学以及0.42%的自主创业之外，有20.03%的“待就业”和3.59%的“暂不就业”。这组数据与本书提及的其他民族高校2023届毕业生就业情况进行横向比较，显然不甚理想。究其原因，有西北民族地区（甘肃、青海、宁夏、陕西、新疆等省区）的产业经济结构和就业市场承载量有限等客观因素，但也可从毕业生的专业结构及其择业思路上进行反思。

① 涂晓明.大学毕业生就业满意度影响因素的实证研究[J].高教探索，2007（02）：117-119.

② 李玉华.我国高等教育供给侧改革研究[J].教育探索，2016（05）：71-76.

③ 数据统计截止日期为2023年12月18日，参见：西北民族大学2023届毕业生就业质量年度报告[EB/OL].（2024-11-07）[2025-01-15]. https：//xbmu.bysjy.com.cn/detail/news?id=1091637&type_id=3188.

表2-4-1　西北民族大学2023届毕业去向落实率偏低的专业

本科生专业	毕业去向落实率	研究生专业	毕业去向落实率
数学与应用数学	61.22%	美术	67.86%
计算机科学与技术	59.52%	美术学	66.67%
软件工程	59.42%	宪法学与行政法学	66.67%
英语	58.74%	文艺学	66.67%
生物技术	58.21%	计算机技术（电气工程学院）	60.00%
体育教育	57.89%	音乐与舞蹈学（音乐学院）	58.82%
法学	57.73%	体育	53.33%
动物医学	54.90%	化学	50.00%
数学与应用数学（藏汉双语）	54.17%	马克思主义发展史	50.00%
医学检验技术	51.47%	音乐与舞蹈学（舞蹈学院）	42.86%

西北民族大学2023届毕业生中，本科生分布在19个学院71个专业；研究生分布在21个学院61个专业。汇总本科生和研究生的毕业去向落实率，排名后10位的专业（如表2-4-1所示）大多属于专业面较窄的高门槛专业。与之形成对比的是，毕业去向落实率达到100%的专业，本科生只有工商管理（藏汉双语）、物理学（藏汉双语）2个，研究生则有工商管理、材料工程、民族学（铸牢中华民族共同体意识研究院）、民族学（中华民族共同体学院）、电子信息、马克思主义中国化研究、思想政治教育等32个专业之多，其中许多专业是具有广谱适应性、在就业市场中可报名岗位较多的。西北民族大学2023届总体76.38%的毕业去向落实率中，本科毕业生为75.61%，硕士毕业生为83.46%。本科学历在高校毕业生就业市场中不占优势，并且本科毕业生的专业越是聚焦、专精，则可能越是拉低就业签约概率。目前从西北高校就业市场整体来看，除了西安交通大学、西北工业大学、西北农林科技大学等“985”高校的毕业生具有入职龙头企业的择业竞争优势外，多数普通本科的毕业生在竞争公务员、事业单位以及大型

国企的考录中处于被动地位。因而在当前市场环境下，要推动民族高校毕业生充分就业，有必要与时俱进地辩证看待“专业对口度”这一指标，鼓励毕业生拓宽视野、先就业后择业，在条件允许的情况下就读期间尽可能多地通过选修、实习、创业等方式增加自身附加值，从而拓宽毕业竞聘时的可选择面。

经济新常态和就业市场新秩序下，毕业生就业率的提升需要高校的及时引导和社会的共同参与，但最为关键的内在因素，仍然是毕业生自身参与全国一体化劳动力市场竞争的就业胜任力（employment competence）。据中央民族大学招生就业处对2022届毕业生离校前的问卷调查①，在“所学专业的社会需求程度评价”一项中——本科生中仅有58.31%认为“很高”或“高”，8.38%认为“低”或“很低”；研究生中有61.69%认为“很高”或“高”，9.86%认为“低”或“很低”。如中央民族大学这样生源质量与人才培养质量均优于民族高校普遍水平的重点大学，毕业生仍在近年来就业市场的严峻压力下不看好自身专业的竞争力，其他民族高校毕业生的焦虑和畏难情绪可想而知。

中央民族大学与西北民族大学毕业生就业表现整体情况中相似的一点是，研究生的专业对口度越高，对毕业去向落实率越有利，研究生自身对所学专业社会需求程度的评价也高于本科生。面对逐年递增的待就业毕业生规模和短期内难以缓解的市场竞争压力，仅从专业对口角度提升就业胜任力显然是不够的。学界已多有在素质教育框架内提倡高校培养大学生专业课程之外能力的讨论。有学者认为“就业能力本身就是一种胜任力，其不仅包括顺利通过竞聘入职所需的专业知识技能，更意味着一系列围绕工作岗位的个性特征”②，也有学者建议加强对高校毕业生就业能力的开发，使之具有更高的可雇佣性，即更适应工作岗位和社会发展的要求③。总之，要在激烈的市场竞争和岗位竞聘及调整中取胜，尽早补齐自身在就业胜任力上的短板，是求职者的必然选择。20世纪90年代，美国的职场

① 对2022届毕业生的调查时间为2022年4月12日至7月15日，回收有效问卷3726份，占该届毕业生总人数的73.80%。

② Berdrow, Iris. The Bases of Competence. Skills for Lifelong Learning and Employability [J].agricultural education, 1998（27）：320.

③ 黄兆信，张中秋，谈丹.创业教育：大学生岗位胜任力培养的有效路径[J].高等工程教育研究，2016（01）：24–28+50.

基本素养达成秘书委员会（Secretary's Commission on Achieving Necessary Skills，简称SCANS）曾发布一版包括资源、人际、系统、信息和技能5大类21项胜任能力在内的学生职业能力指标体系，被广泛采用①。根据我国就业市场的具体情况，尤其是新时代以来经济发展的新趋势以及市场环境的新要求，国内学者编制了适合促进高质量就业的能力指标体系（如表2-4-2所示）。

表2-4-2 高质量充分就业的胜任能力维度及相应指标②

维度		指标
认知能力	主要反映处理自然世界的能力	批判性思维、创新创造能力、复杂问题解决能力、技术能力、专业知识和专业能力
数字能力	主要反映处理虚拟世界的能力	使用基本硬件的能力、安全使用网络的能力、甄别选择信息的能力、统计和数据处理能力
社会能力	主要反映处理与他人关系的能力	沟通交流能力、团队合作能力、领导力、国际视野、外语能力
自我能力	主要反映处理个人发展的能力	基础素养能力和学习策略、韧性、抗压性和灵活性、好奇心和热情、职业与自我发展

由上可见，当代高校毕业生充分就业所需的技能，不仅仅包括专业必修的课程以及靠读书所能掌握的知识，更重要的是适用于工作场景的一系列"软技能"，诸如工作态度、品行修养、与领导同事用户沟通的技巧等，而这些恰恰是高考扩招与就业压力叠加传导之余，当代埋首投入"考公""考编""考研"的高校毕业生群体所疏于锤炼的微观领域。如安东尼·吉登斯（Anthony Giddens）所说："生活在高度现代性的世界里，便是生活在一种机遇与风险的世界中。③"新生代劳

① O'Neil，H F，Allred，K.，Baker，E. L. Review of Workforce Readiness the Oretical Frameworks [A]. In O'Neil H F，Mahwah，N J，eds. Workforce Readiness：Competenciesand Assessment [C]. Lawrence Erlbaum Associates，1997.

② 根据北京大学教育经济研究所岳昌君教授科研团队2023年构建的4个维度20个指标的就业胜任力体系整理。参见岳昌君.高质量充分就业的内涵与实现路径[J].人民论坛，2023（14）：63-66.

③ 安东尼·吉登斯.现代性与自我认同：现代晚期的自我与社会[M].赵旭东，方文，译.北京：生活·读书·新知三联书店，1998：125.

动者素质的全面提升，不仅意味着是求职环节中可考量的业务技能、知识储备，还应包含在新发展格局中积极向上流动并与现代化经济体系建设形成良性互动的主动性。具体到民族高校，就业服务工作部门的当务之急是协同各培养单位优化毕业生的就业胜任力体系，一方面强化其与全国一体化劳动力市场的需求相适应的职业技能和知识水平，另一方面助其在毕业前做好充分准备，树立合理的择业观念，选取有效的求职策略，综合自身条件匹配到最适合的工作岗位，实现高质量充分就业。

2.4.2 亟待多措并举破解“缓就业”

自21世纪以来高校实施扩招后的大学毕业生，在就业市场中匹配到理想职位的难度逐年递增，而就业难度的客观加大又进一步导致在校生群体遵循求稳的择业心态更多地投入到通过升学、深造、考证等方式强化自身就业竞争力的被动循环中。从考研热、考编热到慢就业、缓就业，近年来全国各高校每一届都有经过多轮考试考录、笔试面试后仍处于待业状态的一定比例毕业生，他们累积至次年新一届毕业生进入就业市场时将面临更加激烈严峻的竞争压力。据智联招聘发布的《2024大学生就业力调研报告》，在2024年我国高校毕业生人数攀升至1179万人的同时，有效问卷反馈中毕业去向为“慢就业（暂无具体打算）”者的占比从2023届的占比18.9%上升至19.1%①。与此同时，2024届大学毕业生中的“单位就业”者从2023届占比57.6%下降至55.5%；“出国继续学习”和“创业”两项的发展基本持平，分别是保持0.7%占比不变、从0.7%小幅上升至0.9%；而与“慢就业（暂无具体打算）”者同样呈占比上升形势的是“自由职业”者从2023届的占比13.2%上升至2024届的13.7%，“国内继续学习”者从2023届的占比4.9%上升至2024届的6.5%。也就是说，当前我国大学生在即将毕业时已有签

① 智联招聘一般在每年的3月下旬至4月中旬期间，面向当年即将毕业的应届生进行问卷调研，并围绕就业去向、择业偏好、求职行动及进展等方面发布研究报告。参见：智联招聘发布2024大学生就业力调研报告[EB/OL].（2024-05-10）[2024-10-11].https：//hb.dzwww.com/p/p0KPWZ3qbGf.html.

约工作单位者在毕业生总数中刚刚过半，而处于或拟处于“慢就业（暂无具体打算）”“自由职业”的毕业生超过了三成。

造成目前这种初次就业率持续下降而“缓就业”者在高校毕业生中占比不断攀升情况的原因，有国民经济增速、产业转型迭代、高校培养模式、青年择业倾向等多方面的综合因素。在积极适应外部市场环境和调整择业观念心态的同时，高校有必要完善毕业生就业指导服务体系，精准对接社会需求，尽早疏通就业堵点，以规避毕业生“二战考研”“三战考编”等慢就业风险。例如从上一节西北民族大学2023届毕业生中部分专业毕业去向落实率偏低的现象可以分析出，本科生的培养较之研究生更应采取宽口径对接就业市场的模式，并应提前对本科生进行“拓宽择业视野、储备多元技能、求职时辩证看待专业对口度”等内容的就业指导。

下面再将聚焦于民族高校一个学院（部）中的多个专业，具体分析为何应辩证地看待就业过程中专业对口性问题，以便疏通“充分就业”的堵点。位于湖北省恩施土家族苗族自治州的湖北民族大学，2023届本科毕业生5126人，毕业去向落实率为83.44%①，整体而言就业率处于中上水平。但具体来看，该校2023届毕业生规模最大的学院反而是毕业去向落实率最堪忧的：截至2023年8月31日的统计，湖北民族大学2023届本科毕业生分布的16个学院中，毕业生规模较大的是——医学部（933人）毕业去向落实率为62.20%，智能科学与工程学院（613人）毕业去向落实率为90.21%，经济与管理学院（566人）毕业去向落实率为87.10%，文学与传媒学院（497人）毕业去向落实率为87.93%，外国语学院（461人）毕业去向落实率为91.97%，林学园艺学院（390人）毕业去向落实率为85.13%，即除医学部之外，其他大培养单位的毕业去向落实率均高于全校平均水平（83.44%）。

医学部的毕业生人数最多，就业率却位居最后一名，这一现象中有临床医学毕业生的就业周期普遍延长、规培结业考核通过率低等客观原因，但还是值得校

① 参见：湖北民族大学2023年毕业生就业质量年度报告（本科生）[EB/OL].（2024-11-18）[2025-01-06].https：//www.hbmzu.edu.cn/xxgkw/info/1155/4715.htm.下同。

方引起重视并研究解决。具体看湖北民族大学医学部2023届毕业生的10个专业：包括护理学–四年制（60人）、中药学–四年制（27人）、康复治疗学–四年制（31人）这三个专业的毕业去向落实率分别为91.67%、85.19%、83.87%，是高于全校平均水平的；余下7个专业均处于全校毕业去向落实率的“垫底”水平，临床医学（307人）为66.12%、护理学–两年制（149人）为65.77%、中医学（107人）为65.42%、医学影像技术–四年制（53人）为64.15%、康复治疗学–两年制（55人）为54.55%、医学影像技术–两年制（102人）为45.10%、中药学–两年制（42人）为33.33%。其中两年制毕业生的就业率普遍较低，再次印证了前文所述的专业越是聚焦越是需要更高学历支撑方具有就业竞争力的发现，例如护理学的四年制毕业生和两年制毕业生毕业去向落实率分别为91.67%和65.77%，康复治疗学的四年制毕业生和两年制毕业生毕业去向落实率分别为83.87%和54.55%，中药学的四年制毕业生和两年制毕业生毕业去向落实率相差最大，分别为85.19%和33.33%。结合湖北民族大学的实际情况分析，其医学院的前身是始建于1958年、在临床医学领域有丰富育人经验的湖北恩施医学高等专科学校，并入后也在20余年中培养并输送了大批医务人才。然而，湖北民族大学毕竟地处鄂西南山区，当地区位交通、人口规模、经济发展以及消费水平等都无法与高校众多的省会城市武汉相比。相应地，医学部2023届待走进就业市场的临床医学专业毕业生达到307名，市场需求相对较小的医学影像技术专业和中医药专业的毕业生分别达到155名、176名……可想而知他们到各级医疗机构进行实习、规培以及上岗时面临的竞争都将是非常激烈的。而医学专业的高校毕业生如果介意专业对口度、就业单位性质等的话，跨专业就业的难度是高于经管、文法、数计、外语等“广谱”专业毕业生数倍的。

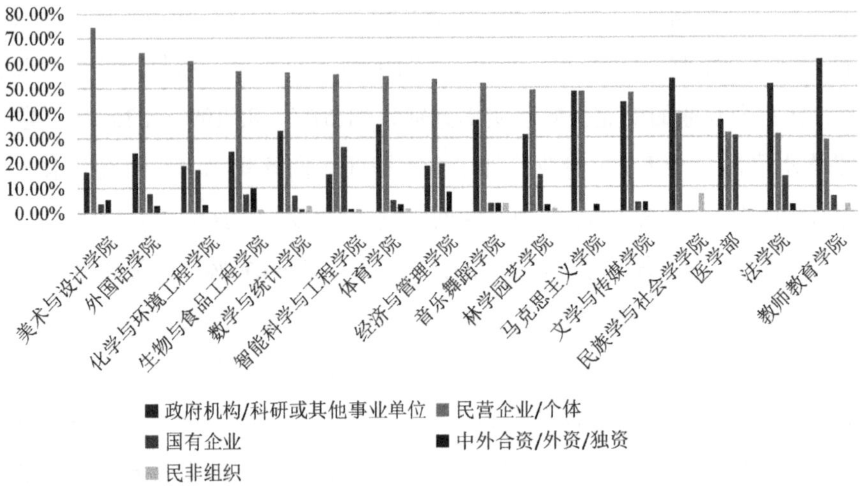

图2-4-1 湖北民族大学2023届各学院本科毕业生的用人单位类型占比分布情况（%）

进一步结合毕业生流向的就业单位类型进行分析，湖北民族大学作为省政府和国家民委共建高校，招生专业涵盖经济学、法学、教育学、文学、理学、工学、农学、医学、管理学、艺术学等十大学科门类，2023届5126名本科毕业生共分布在16个学院（部），各培养单位毕业生的用人单位类型如图2-4-1所示。医学部已签约就业的毕业生，总体相对均匀地分布在政府机构/科研或其他事业单位（36.81%）、国有企业（30.56%）、民营企业/个体（31.94%）中。其中培养规模最大（307人）但毕业去向落实率不理想（66.12%）的临床医学专业，签约者在上述三类用人单位的分布情况是：政府机构/科研或其他事业单位（46.88%）、国有企业（34.38%）、民营企业/个体（18.75%）。医学部毕业去向落实率（91.67%）最高且在全校也属优秀水平的护理学–四年制专业，签约者在这三类用人单位的分布情况是：政府机构/科研或其他事业单位（41.67%）、国有企业（20.83%）、民营企业/个体（37.50%）；与之对比，护理学–两年制专业签约者进入上述三类单位中的占比分别是17.95%、48.72%、30.77%。可见，在当前就业市场饱和、高校学历贬值的大环境下，即使是以护士为业，四年学制也比两年学制更具竞争力（91.67%、65.77%），并且进入薪资待遇和稳定性都更具保障的政府机构/科研或其他事业单位的比例更高（41.67%，17.95%）；以医生为业则需要与更多具有高职业技术水平的毕业生竞争上岗，因而五年制的临床医学本科毕业生在签约率方面与两年制的护理学本科毕业生基本相同（66.12%、65.77%）。此外，临床医学专业和护理学-四年制专业进入“中外合资/外资/独资”或“民非组织”类单位2023届毕业生数均为零。医学部2023届毕业生在自主创业、自由职业、科研助理、出国留学等方面的毕业落实率均为0%，在国家基层项目、地方基层项目以及应征义务兵等方面的毕业落实率均为1%以下。可见，窄口径专业大学生若处于高校办学层次、学科综合实力、区域经济活力等均缺乏明显优势的局面，将面临较高“慢就业”风险，必须提前规划升学或实习以增强自身就业竞争力，或是考虑通过多种灵活形式先就业再择业。

湖北民族大学2023届毕业生所在的各学院中，毕业生进入国有企业占比最高的是：医学部（30.56%）、智能科学与工程学院（26.39%）、经济与管理学院（19.59%）、化学与环境工程学院（17.19%），其余学院占比较少，在15%以下；进入政府机构/科研或其他事业单位占比最高的是：教师教育学院（61.29%）、民族学与社会学学院（53.57%）、法学院（51.43%）、马克思主义学院（48.48%）。这些符合大学生及其家长对稳定好工作期待的岗位中，文科类毕业生通过“考公”进入机关及事业单位者较多；理工类毕业生被招聘进国有企业从事技术工种者较多。在进入民营企业/个体类单位的毕业生中，美术与设计学院和外国语学院位列一二名，其2023届签约毕业生中进入此类单位者分别占74.55%和64.46%。与此同时，这两所学院的“缓就业”现象也较明显，美术学院处于“未就业”状态的毕业生占12.89%；外语学院的“未就业”状态毕业生只占8.03%，另有20.39%毕业生以“自由职业”登记为就业状态。“缓就业”比例逐年升高，与行业就业门槛、学生职业预期以及灵活就业统计口径等多种因素有关。基于各学院毕业生的就业单位流向，民族高校应当为理工科学生多安排实习-就业一体化培养，通过建立健全校企合作机制强化学生的技术岗位适配性；为普遍倾向于通过“考公”路径就业、追求工作稳定性的文科学生增设公考专项辅导，并从低年级起就尽早帮他们普及常识、找到方向；对于市场化就业以及“缓就业”比例最高的文化艺术类专业学生，应以商业应用为导向开设培养复合技能的选修课程，同时在就业统计过程中注意将“隐性就业者”纳入，避免数据失真。

从“慢就业”成为新市场环境下的普遍现实，到“缓就业”的择业观开始在各级各类高校毕业生中传导蔓延，就业优先战略在新时期的关键行动逻辑之一在于增加“就业弹性”。现代社会进步给青年群体的生活学习和就业创业提供无限可能的同时，也对其心理素质、业务水平和忍耐性、抗压性等提出挑战[①]。近十几年中，随着就业竞争加剧出现了部分高校毕业生为满足所谓“应届”身份而不求职或落实工作不缴纳社保的情况，甚至曾有个别学生选择刻意延期毕业，来保持应届生身份以求考公考编。这种现象反映出毕业生面对严峻激烈的就业竞争的无奈，但同时也应清醒看到，高校毕业生主观“求稳”择业偏好持续加重的倾向，客观上增加了其自身求职竞争的难度。因此，本着贯彻党中央关于“着力解决制约提升就业质量、扩大就业容量、优化就业结构的卡点堵点问题”的要求，多地开始实施延长“应届生”年限的政策——为高校毕业生保留3年应届毕业生身份，以便其参加校园招聘、获取岗位推送，有机会匹配更多工作职位。同时，一些地方的求职补贴、住房优惠等人才政策，也不再限制仅对应届毕业生开放；一些省区为选择小微企业就业的18—25岁青年提供社会保障缴费优惠；2025年3月起教育部部署实施高校学生就业能力提升“双千”计划[②]，旨在助力毕业生在离校前补齐知识技能短板，迅速提升就业能力。应届毕业生身份的“保鲜期”延长，有助于他们在缓解身份焦虑的基础上轻装上阵、从容择业；获得更宽松的就业环境和长线、全方位的就业支持服务，有助于避免“尼特族”大面积出现以及“疤痕效应”“蹲啃现象”。

值得注意的是，应将懒就业甚至“躺平”现象，与慢就业、缓就业区分开来。

① 吕培亮，范重庆，张莹.中国青年群体性隐蔽的审视与思考——基于现象学角度分析[J].当代青年研究，2020（05）：107-113.

② 即全国范围内开设1000个“微专业”（或专业课程群）和1000个职业能力培训课程。“微专业”分为急需紧缺型、应用技能型、交叉复合型三类，发挥“小学分、高聚焦、精课程、跨学科、灵活性”等优势，以便高校毕业生更能尽快并紧密地对接当前就业市场的用人需求。

相当一批求职就业周期长、走出校门时工作仍没有着落乃至签约工作后又在1至3年内失业的毕业生，其就业态度未必都是消极的，但受限于所处地区或行业的就业市场供需结构失衡，自身在职业技能储备等方面又缺乏足够的竞争力，因而处在一个蓄力待发状态，具有向升学深造、灵活就业以及自主创业等方向转化的可能性。据“中国大学生追踪调查”显示，2018年至2021年毕业的高校毕业生中，至2021年底有12.5%未就业，此外有47.3%是在毕业的当年完成就业，有7.1%是在毕业一年后就业，另有2.7%于毕业两年后就业、0.7%于毕业三年后就业[①]。这种情况再次提示了在当前就业市场总体压力下，高校以及社会各界为离校未就业毕业生提供“不断线”的就业服务的必要性。民族高校尤其应抓紧就业指导服务工作提质增效，追踪毕业生就业情况建立就业台账并提供“一对一”精准帮扶。

① 李春玲.大学生就业选择的趋同与分化——理性选择与社会分化[J].北京大学教育评论，2023，21（03）：51-68+188-189.

第三章　民族高校就业创业典型个案分析

党的十九届五中全会通过的《中共中央关于制定国民经济和社会发展第十四个五年规划和二〇三五年远景目标的建议》中，对就业优先战略提出具体部署。

> 强化就业优先政策。千方百计稳定和扩大就业，坚持经济发展就业导向，扩大就业容量，提升就业质量，促进充分就业，……更加注重缓解结构性就业矛盾，加快提升劳动者技能素质，完善重点群体就业支持体系，统筹城乡就业政策体系。扩大公益性岗位安置，……完善促进创业带动就业、多渠道灵活就业的保障制度，支持和规范发展新就业形态，健全就业需求调查和失业监测预警机制。①

21世纪以来我国高校毕业生就业市场供需匹配问题依然存在，就业优先战略的提出与实施有效促进了就业形势总体稳定，“十四五”期间的就业促进政策进一步优化了就业环境、拓宽了就业渠道，为高校毕业生提供了更多的就业机会。民族高校的人才培养与输送工作，处在民族团结进步事业与教育事业的结合交汇点上，因而其能否拓岗扩容、提质增效、切实保障毕业生的充分就业与高质量发展，关乎扎根中国大地办民族高等教育的使命能否实现。本章采取质性分析方法，通过讲述10位民族高校毕业生的就业故事，阐述新时代民族高校围绕铸牢中华民族共同体意识开展就业服务工作的方式方法，以及新生代民族高校毕业生通过多渠道就业创业融入全国一体化劳动力市场并实现个人价值的思路和行

① 中共中央关于制定国民经济和社会发展第十四个五年规划和二〇三五年远景目标的建议[N].人民日报，2020-11-04（001）.

动。本章中的就业个案代表来自中央民族大学招生就业处以及相关院系推荐，选取标准并非毕业生取得事业成就的大小、收入的多少，而是基于其经历是否具有代表新时代高质量就业创业的典型性。相关资料参考了部分媒体公开报道，为保护个人隐私而采取代号化名的方式表述。

第一节 服务基层

当前严峻的就业压力下，高校毕业生到基层工作有其必然性，同时也有相当大的发展空间。据研究者10年前对全国8省30所高校的调查数据分析发现：到基层就业的职业地位、学用匹配度、起薪和工作满意度都相对较低，因而一般是学校或家庭背景方面较弱势的学生选择①。而今，在年复一年扩大的毕业生规模和与日俱增的就业竞争形势下，基层就业已成为多数大学生考虑的选择，并且流向局面已从总体向东逐步扭转为东西南北兼顾的渗透式流动。本节选取3位民族高校毕业生的就业经历展现基层就业的机遇与挑战，他们中有返回民族地区建设家乡的少数民族青年，有奔赴边疆参与兴边富民事业的汉族青年，也有在中华民族共同体建设使命召唤下流动至其他民族地区服务基层的少数民族研究生，这些就业故事都给民族高校当前如何为服务民族地区经济社会发展培养应用型人才提供了启示。

3.1.1 个案 A：践行“智志双扶”改变家乡面貌

小A是一位1995年出生于吉林省延吉市的朝鲜族男生，2017年从中央民族大学理学院的信息与计算科学专业毕业后进入延吉市民族宗教局工作。

① 王友航，文东茅.高校毕业生基层就业的特征与影响因素[J].教育发展研究，2012，32（21）：37–44.

作为生长于民族地区、在首都的民族高校接受教育后又回到家乡服务民宗事务工作的少数民族大学生，小A理解党的民族理论和民族政策到位，带头践行铸牢中华民族共同体意识。在市民族宗教局工作期间，适逢延吉市实行国家通用语言教育教学改革，小A深知让更多群众学好掌握好国家通用语言文字，兼具促进各民族交往交流交融和搭建各民族共同走向现代化桥梁的社会意义，因此身先士卒、积极向朝鲜族群众介绍推广普及国家通用语言文字的相关政策。

参加工作的第二年，小A因过硬的综合能力被选派到延吉市下辖某镇挂职，开展脱贫攻坚工作。2018年8月至2019年6月期间，小A协调相关部门，累计为全镇242户404名贫困户申请到扶贫资金300余万元，在村里建起的生猪养殖场项目，每年为村集体增加收入超18万元，贫困户年底拿到分红，不仅兜住了基本生活底线，更激发起了振兴乡村稳增收的内生动力。挂职期间小A创新工作方法，开办扶贫夜校，贯彻“扶贫先扶智”和“扶贫先扶志”的理念；他发挥工科生思维，在脱贫攻坚战中实践挂图作战模式，组织筹备并率先在全市设立了镇、村二级脱贫攻坚作战指挥室7个。这段基层扶贫一线的挂职锻炼经历，使小A对百姓冷暖有了更全面深入的了解和体会，从而进一步坚定了在普通岗位上解决群众急事、难事的工作信念。

2021年对小A来说是意义非凡的一年。一方面，他通过了组织的考验，在庆祝中国共产党成立100周年大会前夕，成为一名光荣的中国共产党党员；另一方面，他被选派到延吉市下辖的红色教育基地——太兴村，参与红色小镇的展陈筹备以及中共东满特委成立会址翻建地的运营工作。太兴村有中共东满特委旧址和记载30余名村民在抗美援朝战争中牺牲的烈士碑。2021年，为庆祝中国共产党成立100周年，包含“东北抗联”“东满特委”“抗日根据地”等主题的珍贵资料、图片和实物展陈在此开放，小A累计接待各地前来参观和学习的团队400余个，服务游客3000余人。这座原本默默无闻的边陲民族村寨，因盘活了红色资源而陆续入选延边州爱国主义教育基地、延边州干部教育培训基地、吉林省青少年爱国主义教育基地以及全国红色美丽村庄建设试点。在中共东满特委红色历史展陈和东北抗联绘画墙前，在对东北抗联红色历史超过300次的反复讲解中，小A自己也不断重温峥嵘岁月、缅怀革命先烈，加深了对各民族共同缔造伟大祖国、共同追求中华民族伟大复兴的认识。

挂职结束后，小A于2022年6月进入市委组织部进行跟班学习，负责日常党建、党员教育管理、发展党员等业务的同时，还发挥自身计算机专业毕业的专长，圆满完成了党内统计和全市数据汇总工作。在抗击新冠疫情的行动中主动请缨下社区，参与上门核酸检测50余次230余人次，在机场和高铁站等地完成人员转运工作40余次，在疫情防控工作中身兼“战斗员”“宣传员”“服务员”多职，表现出了主动担当作为和优良工作作风。在主题教育领导小组办公室综合组工作期间，小A参与起草领导讲话、信息简报、总结汇报等各类文稿材料30余篇，以“基层党支部工作实务”为题进行的授课，累计培训基层党员干部和发展对象等1000余人次。

在不同的工作岗位上，小A始终坚持系统学习业务知识，例如民族宗教知识、党的组织制度建设、党员队伍的教育管理、发展党员程序等。中央民族大学的学习生活经历，成就了小A就业后总能自觉从党和国家工作大局、从中华民族整体利益的高度来看问题、抓工作的特点；在民族村寨和红色基地挂职工作的经历，赋予了小A坚持初心使命、踏实干事创业的品格，逐步成长为一名内外兼修、文理兼通、知行合一的工作者。

在近年来持续的“考公热”中，小A的择业就业过程是万千高校毕业生的缩影，而逐年分析他的工作经历可以发现，基层公务员不仅仅是大众认知中的一份“稳定工作”，要做到称职乃至出色，需要为人民服务的坚定信念和“能文能武”的多方面素质技能。吉林省自“十三五”阶段起就组织开展了“最美基层高校毕业生”学习宣传活动，“十四五”阶段“积极拓展高校毕业生市场化社会化就业渠道，在加快构建吉林特色现代产业体系中开发更多适合高校毕业生的高质量就业岗位。”①小A入职市民族宗教局后，陆续接受了多个挂职和借调工作，从行政机关之内的理论政策研究与公文撰写授课，到一线参与民族村寨的乡村产业振兴

① 吉林省人民政府.吉林省“十四五”就业促进规划[EB/OL].（2021-11-11）[2024-11-18].https：//xxgk.jl.gov.cn/szf/gkml/202111/W020211116349128538633.pdf.

与红色景点开发，除了在市委组织部参与的党员数据统计任务与他本科所学的信息与计算科学专业直接相关之外，绝大多数工作并不是他的所学所长，这就体现出民族高校对毕业生综合能力进行培养的重要性。

作为高校毕业生普遍趋之若鹜的就业选择，公务员岗位显然难以吸纳和承载逐年递增的毕业生规模，同时客观而言，现实中也并不是所有毕业生都适合从事公务员性质的工作。笔者在写作本书过程中访谈了部分民族高校的在校生，当问及理想的工作岗位时，大多数回答是公务员或事业单位，但受访者常常会紧接着表示“那很难”“总要考一下试试”“我多半只是个分母”等。对于公务员“铁饭碗”以及所谓“高福利”甚至隐性福利的盲目向往，往往是来自父母期盼及朋辈榜样的压力。其本意是良好的，但若缺乏纾解引导，这种压力在当前人力资本市场的严峻竞争形势下，会转化为影响当代大学生客观看待择业就业以及人生幸福追求的一种桎梏。

民族高校在育人环节进行就业指导时，一方面要引导大学生认清就业形势、拓宽就业思路；一方面也可以探索用近年毕业的优秀就业代表个案向在读大学生普及职业发展常识，传授“考公”经验的同时，对基层公务员所面对的繁杂工作量和所应具备的多方面技能素养的介绍也不可偏废。这样的就业前置辅导很有必要，可以避免大学生跟随“考公热”盲目地投入时间精力，在从众心理支配下“假性努力”，而缺乏明确的职业导向和对公务员所面临工作量的基本认识。以小A为例，身在理学院却也同时认真学习了民族大学的相关通识课程，结合自身作为一名延边朝鲜族青年的就业需求，才得以在毕业时顺利考取了延吉市民族宗教局的岗位。“招生 — 培养 — 就业三维联动”的机制是中央民族大学近年来在少数民族人才培养模式上的改革创新，采取校内不同学科专业交叉融合、强强联手、“冷热结合”等方式①，破解了民族高校毕业生或是专业技能薄弱或是只会本专业而不懂民族地区工作的两大难题。推动高质量充分就业的实现不能只看毕业班，而是要尽早帮助大学生建立清晰的自我能力定位和职业发展方向，才能在其

① 宋敏，张焰，京生，等.立足“两个服务”，实施“三维联动”，构建四类少数民族人才培养新模式 —— 中央民族大学多样化人才培养模式的探索与实践[J].民族教育研究，2017，28（06）：59-64.

走出校园之际提高就业满意度，同时规避“缓就业”风险，避免人才资源配置的浪费。

小A参加工作的第二年就开始到镇、村二级参与脱贫攻坚以及乡村振兴的挂职工作，这是“95后”公务员的常态。小A在基层通过积极工作发挥的引领作用，反映出高学历青年返乡是具有职业发展空间和产业推动能力的。2024年5月27日，习近平总书记在二十届中央政治局第十四次集体学习中要求“坚持把高校毕业生等青年群体就业作为重中之重，开发更多有利于发挥所学所长的就业岗位”的同时，也明确指出“结合推进新型城镇化和乡村全面振兴，坚持外出就业和就地就近就业并重，…… 着重引导外出人才返乡、城市人才下乡创业”①。可见，振兴中的乡村，尤其是边疆地区广大已实现跨越式发展、正亟待巩固拓展脱贫攻坚成果的民族村寨，是新时代各民族大学生拓岗就业、施展才干、建功立业的广阔天地。例如小A参与的红色小镇展陈筹备，还具有向基层文旅产业转化价值，红色景点研学、全域旅游消费、餐饮民宿服务业等纳入民族村寨，是乡村一、二、三产业融合发展的通路，高校毕业生尤其是在民族高校系统学习过民族文化知识、具有跨文化沟通能力和商业意识的大学生，是当地虚位以待的优质人才。此外，吉林省“十四五”时期无论是在农业现代化还是新型工业化、治理信息化等方面都有长足的发展，从小A的发展就可看出，民族高校毕业生不必执着于北上广深等大城市就业，返回家乡参与新农村、新城镇建设，都能够在民族地区的重要战略机遇期中找到充分就业的岗位和高质量发展的空间。

3.1.2 个案B：扎根边疆立业成家安居的不悔选择

小B是一位跨省就业的辽宁汉族姑娘，2016年从中央民族大学的民族学与社会学学院毕业，通过招录前往新疆维吾尔自治区阿克苏地区基层工作至今。在南疆的热土上，小B以驻村包联贫困户、在乡镇开展精神文明宣传、在县委撰写调研资政报告等一系列踏实出色的工作，赢得了组织的信任与群众的认可。到新

① 习近平.促进高质量充分就业[J].求是，2024（21）：4–8.

疆工作的第二年，小B就把东北的家人接来一起安居扎根，并且在当地与志同道合的西部志愿者组建了小家庭，成为新时代就业流动和构建民族互嵌社会的典型代表。

小B到新疆报到后的第一个岗位，是负责乡镇“访惠聚”驻村工作队管理工作，向上要对接县“访惠聚”办，向下则要对接26支驻村工作队。这段基层工作的经历像是一次压力测试，帮助小B快速完成了从一名首都高校大学生到南疆驻村办事人员的角色转化。时值脱贫攻坚战的决胜阶段，小B付出了大量的时间和精力在包联贫困户工作中，不仅定期电话联系、帮助农户找工作、增收入，还风雨无阻地坚持每个月入户走访。这段驻村生活让小B对中国乡村有了更全面的认识，也对自己在校期间学习的“各民族共同团结奋斗、共同繁荣发展”等理论有了更深入的思考。

2018年，小B被调派至精神文明办工作并担任科室负责人。文笔好、视野广、思路清、对群众工作充满耐心和热情的她，成为领导和同事交口称赞的“六边形战士”（多面手），不仅协助分管领导负责全镇的宣传思想文化工作，还多次策划活动、排练演出、担任主持人、设计制作宣传品、撰写微信公众号、剪辑宣传视频等。在以“我们的中国梦·文化进万家”为主题的春节文化大集巡演结束之际，小B在朋友圈写下“群众的笑脸是对我们工作的最大肯定”。组织乡镇第一届黑木耳采摘节圆满成功后，她又在朋友圈有感而发:“载歌载舞，是因为热爱生活啊”。

4年的乡镇一线工作忙碌而充实，看着南疆乡村风貌一年年喜人的变化，感受着脱贫攻坚战全面胜利的欣喜，小B也为自己选择西部就业并参与南疆建设工作而自豪。对于基层工作的意义，她认为最重要的就在于群众满意。2020年，小B的职级晋升为四级主任科员，同时被借调到县委组织部调研室跟班锻炼，在这里她过硬的社会学专业背景得到了更充分的发挥。通过积极学习信息调研业务知识，小B以资政辅政为中心开展工作，撰写各类稿件100余篇，被地区、自治区和《中国组织人事报》、共产党员网等各级媒体采用10余篇，2020年度被地委组织部评为“组工宣传先进个人”。

在驻村工作的辛苦和机关工作的忙碌之余，小B时刻都没有忘记不断加强学习、充实自己，2021年9月，她进入北京大学政府管理学院公共管理硕士专业开始了为期一年的脱产学习。其实，与北大的缘分，早在她奔赴新疆工作之前就已开启。2016年，还是中央民族大学一名社会学专业大四学生的小B，本已通过了北京大学中国社会科学调查中心的面试，签合同前却意外地因为一场招录宣讲改变了职业生涯的轨迹。当时她怀着对新疆浪漫而神秘的向往，去旁听新疆招录内地优秀高校毕业生的宣讲会，没想到，会上前两批赴新疆工作的学长学姐讲述起在新疆基层工作的经历，伴随着“大美新疆，大有可为”的响亮口号，在脑海中久久回响。彼时刚刚加入中国共产党不久的小B，决定响应国家“到西部去”的号召，前往边疆施展才华、实现理想……2021年5月，当小B被组织选派作为新一届的内招代表、在贵州参与阿克苏地区招录工作时，向台下青涩的大学生们宣讲自己的新疆青春故事时，还是会意气风发、心潮澎湃。

2022年，完成MPA课程学习的小B开始在县团委分管共青团基础事务、青年发展、西部计划项目等工作，在她的积极推动和创新组织下，团组织建设不断规范化、“青年之家”和“一专一站两联”等工作机制有序运行，形式多样、青年喜爱、青年需要的文体活动形成了品牌项目。县团委2023年被评为“自治区五四红旗团委”，小B功不可没。她的工作特点是善于顺应青年思维并结合县域实际，例如在推动成立县级青年联合会、推进县域共青团基层组织改革的同时，还牵头培育了县汉服社等形式多样的团属青年社会组织。在形式多样的团委活动以及一次次集体志愿服务中，团组织对当地各民族青年的凝聚力和引领力在不断增强。小B认为共青团工作必须围绕中心、服务大局，策划青年喜闻乐见的文体活动时不能流于形式，而是要贯彻就业创业、婚恋交友等与其生活息息相关的主题，唯此才能切实形成对青年的思想引领。

同样作为基层公务员，小B与小A的不同之处在于，一个是返回自己熟悉的家乡服务建设，一个是奔赴祖国西北边疆干事创业并建立新家园。新时代民族地区建设人才队伍的充实，不能仅依赖“内培”，还必须加强“外引”——鼓励内地高校的优秀毕业生赴边疆民族地区参加建设，不能仅依靠项目式、周期式、候鸟式地鼓励青年前往作贡献，而是更应当着力建立健全吸引人才安居乐业的常态化制度。如小B这样扎根西部服务边疆建设，不仅工作上做出了成绩，还将家人接来定居并在当地结婚组建家庭，这样从跨省就业到扎根边疆的就业选择在当前严峻就业形势下值得提倡，同时在民族高校毕业生中也具有榜样力量。

党的十八大以来，中央民族大学紧紧围绕教育“培养什么人、怎样培养人、为谁培养人”这一根本问题，以“爱国情、强国志、报国行”为导向，在铸牢中华民族共同体意识的主线下持续优化对各民族大学生的教育、管理、服务等工作，润物无声地完成了对学生开放积极的择业观、事业观的形塑。通过分年级、分阶段引导学生合理进行职业发展规划，探索出一套家国民族情怀培养和个人职业发展指导并举的大学生就业指导机制。以小B为例，若不是在校期间接受了厚植家国情怀贯穿于教育培养全过程的引导，是很难在已拿到北京大学工作机会的情况下，因为一场新疆招录宣讲的感召而毅然奔赴边疆的；若不是在民族高校中通过接受全面生动的思政课程而牢记“三个离不开”、坚定“四个与共”、增强“五个认同”，也难以在来到新疆后很快就完成了对工作方式和生活习惯的适应，在忙碌纷杂的乡镇一线工作岗位上一干就是4年。

近年来随着西部大开发、兴边富民等一系列国家战略开展，尤其是在一系列对口支援帮扶的政策措施支持下，民族地区与全国平均水平的发展差距越来越小。当地“就业难”不再是简单的就业岗位不够，而是延伸到就业不均衡、流动不充分等细分要素上——据学者对15至60岁不同民族流动人口就业概率进行统计发现，“东部和经济发达之地，有着更广阔的市场空间和更多且更好的就业机会”，然而就现有情况看，“少数民族人口更多地在民族聚居区或邻近地域流动，西部民族更是如此，这在很大程度上限制了他们的市场参与机会”①。同时，高校毕业生群体倾向于以自身生源地为界限对劳动市场的地域进行划分②，许多少数民族大学生就业率偏低的成因之一在于其有别于同龄人普遍的就业流动和扩

① 杨菊华.少数民族流动人口就业状况研究[J].中央民族大学学报（哲学社会科学版），2023，50（06）：51-66.

② 何仲禹，翟国方.我国大学生就业城市选择意愿及其影响因素分析[J].人文地理，2015，30（02）：37-42+102.

大分工的一种就业不充分状态。换言之，虽然总体就业率并不低，但其实现并不是基于少数民族大学生市场竞争力的提升或是区内经济增长所带动岗位扩充，而是高度依赖于政府对民族地区的就业优惠保障政策，民族高校毕业生普遍期待在家乡体制内单位扩编中找到稳定工作，而迟迟未能充分参与到就业市场竞争中来。与此同时，内地高校毕业生同样怀有寻找“考编”找稳定工作的意愿，即使跨省就业，也由于文化陌生感或对生活以及风俗习惯能否适应的疑虑而较少考虑向边疆民族地区流动。这样的缺口其实留给了民族高校毕业生相当大的就业空间，近年来大学生就业季逐步拉长，如表3-1-1所示，应届毕业生们在一轮又一轮的各类考试中寻找、比较就业机会，其中许多考试内容是重合的（如公共基础知识、行政职业能力测验、申论等），对民族地区有所了解也具备跨文化交际经验能力的民族高校毕业生，可通过参加民族地区省考、选调生考试、企事业单位招录乃至基层服务项目等方式流动就业，开辟职业发展新路。

表3-1-1　高校毕业生在就业季参加的主要考试考录时间表（以2024—2025年为例）

鼓励引导大学生前往西部、边疆、民族地区就业，不仅是出于稳定和扩大就业容量的需要，也具有通过解决区域结构性就业矛盾为民族地区注入发展动力以及深化构建民族互嵌式社会的深层意义。中华民族共同体的形成和发展原本就是

基于统一大市场的构建，消除各区域各民族的交流障碍和壁垒，多渠道促进各民族之间的互动并由此创造财富、激发创新思维①。在市场经济发达互通程度日益提高的今日中国，民族地区无论从外部供应条件还是自身发展需求看，都不应再停留在滞后于全国就业市场之外的封闭就业秩序，更多内地优秀毕业生参与边疆建设将为当地注入创新活力。例如小B在新疆的第一份工作是“访惠聚”驻村工作队，属于“上面千条线、下面一根针”的任务繁重岗位，但她没有因自己“985”高材生的身份而拒绝琐碎与辛劳，而是以严谨、高效、务实的工作提高了基层工作办事效率，赢得了组织的信任与群众的认可。许多自幼在内地城市生长的汉族大学生，进入边疆民族地区就业一段时间后，或多或少都会体会茫然感甚至失落感，这源于真正下到基层一线直接面对各式各样的文化差异和工作困难时的考验。需要从毕业院校就业指导部门到用人单位招聘部门衔接给予毕业生积极的引导和关怀，如小B是带着户口来到新疆，并在见证了这里经济社会日新月异的发展后，越来越坚定自己作为一颗“螺丝钉”参与其中的职业选择，因而她能够于工作5年后向贵州毕业生宣讲自己在阿克苏的工作生活时，自然流露出对美好职业生活的坚定信念和择业理念。

3.1.3 个案C：从雪域高原走到八桂大地的女研究生

小C于1995年出生在湖北宣恩，是一位端庄秀丽的苗族姑娘。她在2017年本科毕业后参加研究生支教团赴西藏工作一年，之后又在研究生毕业的2021年考入广西定向选调生，开启了建设壮乡的驻村工作生涯。

小C自2021年7月起在南宁市下辖某县的一个近7000人口的行政村担任村支书助理。作为一名到村任职的选调生，小C深知基层是最能锻炼年轻干部能力素质的地方，很珍惜驻村基层经历和岗位轮换机会。配合驻村第一书记和村“两委”干部的工作涉及方方面面，如基层党建、乡村振兴、集体经济、乡村建设、

① 李曦辉，黄基鑫.教育援藏援疆与铸牢中华民族共同体意识[J].民族教育研究，2022，33（01）：45-53.

疫情防控、森林防火、环境整治等。驻村工作的700多个日夜里，小C走访了村内79户脱贫户，认真核实每一户脱贫户信息，结合在教育、医疗、民政等机构获取筛选的数据，建立了教育帮扶、医疗帮扶、就业帮扶等档案，为给脱贫户提供精准帮扶提供了依据。

2020年底党的十九届五中全会首次明确提出“实现巩固拓展脱贫攻坚成果同乡村振兴有效衔接”。2021年投入驻村工作的小C在学习理论政策的同时也敏锐地意识到西南民族村寨发展特色生态产业、现代农业和乡村旅游业的时代机遇。她笔耕不辍，利用专业所学撰写了一份又一份项目/荣誉申请报告和策划方案，该村几年间陆续获评中国美丽休闲乡村、广西生态特色文化旅游示范村、自治区乡村振兴改革集成优秀试点村、自治区乡风文明建设示范村以及南宁市文明村、南宁市清廉乡村示范村等，这些荣誉中也凝结着小C辛勤的汗水。

之所以能够快速适应驻村工作并做出成绩，是小C之前在中央民族大学的专业学习和援藏支教经历给予了她重要的滋养。2014年至2017年在中央民族大学的文学与新闻传播学院学习汉语言文学专业，奠定了她扎实的文字功底和跨文化比较意识；2017年7月至2018年7月作为该校第十九届研究生支教团成员赴西藏的那曲第二高级中学负责高一地理科目教学，一年的支教像一次“成人礼”，锤炼了她在艰苦条件下统筹完成日常工作的毅力品格；2018年9月至2021年7月回到母校，在民族学与社会学学院攻读民俗学专业硕士学位，在“见天地”“见众生”之后再度求学，并且是学习旨在传承弘扬民族文化的民俗学专业，使小C立志要在正式参加工作后用脚步丈量村庄、用汗水浸润乡土、用心用情记录乡村之变。例如驻村工作开始之初，还未充分适应乡村生活的她就拿出研究生统计调查的特长，主动承担了村委相对薄弱的文件资料收集、整理、汇总工作。该村下辖10个自然村、1700多农户，小C经手的包括村推广运用“积分制”“清单制”档案、村“两随机”档案、村巩固拓展脱贫攻坚成果档案、村清廉乡村建设档案、村南宁市文明村档案，乃至村控辍保学档案、村发挥德治教化作用工作档案、村“防溺水”档案等。她不怕繁杂琐碎，本职工作之余略有空余时间就投入这项摸清家底的重要工作中，成了驻村第一书记和村“两委”干部最信赖的文件资料

“整理员”。

从文学学士到法学硕士，对中华民族共有精神家园的系统认知以及知识储备，赋予小C助力乡村农文旅产业规划的专业优势。因此在完成繁重驳杂的驻村任务之余，她从未松懈作为镇宣传干事、文旅助理和文教助理的工作——两年中不仅参与某县“五大文化”课题调研组并撰写该县《王阳明文化调查及研究报告》，还陆续撰写新闻稿件200余篇，在学习强国学习平台、中国民族报、广西新闻网、绿城党旗红、南宁日报等市级及以上平台发表文章共计50余篇；通过陆续完成稻田艺术国家AAA级旅游景区、2022年广西乡村旅游重点村、广西生态特色文化旅游示范村、2023年广西乡村旅游重点村等一系列申报工作，驻村所在地以“以‘稻’为媒，以‘农’促旅”为主题的案例入选第三届“全球减贫案例征集活动”优秀案例，乡村旅游运营团队“南宁市布谷语研学教育基地”入选我国首批农耕文化实践营地……“稻花香里说丰年”，该村三年来陆续创作的8幅大型稻田艺术画，成为小C所驻村集体的农文旅招牌，助力年度村集体收入突破300万元，人均年纯收入达到2万元，人均增收约1800元。小C以专业赋能助力乡村振兴的工作事迹堪称新时代高校毕业生“把论文写在田野大地上”的典型案例。

小C和小B一样曾在中央民族大学的民族学与社会学学院学习，这是一所以“求真、朴实、勤奋、宽容”为院训的学院，具有悠久的历史和学术传统，自20世纪50年代起就是国家民族识别与少数民族社会历史调查的主力。一脉相承对社会调查的重视和对民族地区的感情，在小B和小C的就业选择以及职业生涯发展中都有鲜明体现。她们来到距离群众最近、困难最大的乡村一线工作岗位上，首先想到的是积极与当地各族居民交流并收集一手资料，在新疆阿克苏和广西南宁的乡间小路上，留下了她们反复穿梭的足迹。尽管知道驻村工作是有周期的，但她们仍不约而同地付出大量时间精力去了解当地民族社区的产业结构、历史沿革、文化风俗以及群众脱贫、防返贫的难点痛点。小C的同事反映她加班加点地忘我工作，经常“五加二”“白加黑”，而小C自己则说她相信“办公室看到的净是问题，基层看到的全是办法”。

近年来高校毕业生的就业难现象背后有一种普遍存在的结构性因素——与现实脱节，即对社会缺乏系统认识和深入思考，面对复杂情况时缺乏解决问题的能力且易陷入精神内耗。首先是在择业求职阶段存在“脱不下孔乙己的长衫”问题，大规模毕业生热衷参与“考公”应试但却对基层公务员的工作性质及所需具备的能力素养缺乏系统认知；其次是高校作为培养单位，专业设置及课程内容跟不上市场需求的迭代升级，如一些民族高校的传统文科专业毕业生进入人才市场才发现供过于求；再者是上溯至基础教育阶段，许多家庭只注重孩子的学习成绩和升学层次，灌输“一心只读圣贤书”和“高考决定命运”等观念，造成优绩主义轨道下成长起来的学生习惯了用考试来证明自己，在落选或成绩不理想时抗挫折能力差，即使通过考试入职了理想岗位，工作初期也常常出现眼高手低、适应力与毅力不足等问题。可见，促进高质量充分就业的工作应从高校优化学科配置乃至基础教育阶段培养学生综合素质开始，究其根本，要提升大学生的社会参与度，在毕业季前就尽早形成对就业市场形势的系统认识以及对个人职业发展规划的成熟思考。例如小B和小C学习社会学、民俗学专业时养成了以实地调研方式理解区域社会的习惯，促使她们在进入基层工作后迅速进入公仆角色并主动关注国情民意，在祖国田野大地上践行“治国之道，富民为始”的初心使命。

就业层面的流动与交往，向前关乎教育互嵌空间，向后关乎居住互嵌空间、文娱互嵌空间等，是能够从根本上打破自然或社会空间的隔阂而生成多重各民族“三交”场域的关键因素。回顾中华民族共同体的建设历史，就业生计层面相互嵌入的最典型案例，就是长城内外农牧两大统一体因彼此间生产生活资料的需求而持续往来并不断扩大通商、丰富贸易、进行屯垦移民等，久而久之形成了中华民族这一自在的民族实体①。再审视当代中国社会的区域结构，就业是创造各族群众共居共学、共建共享、共事共乐社会条件的最为常见并且有效的桥梁纽带。截至目前，我国1.3亿少数民族人口中有3700多万流动人口，也就是说，每4名少数民族人口中就有1人处于流动状态。这些涌向大中城市的劳动人口中，有一半以上是从事零售业、餐饮业、服务业和制造业的务工者，他们自改革开放以来

① 费孝通.中华民族多元一体格局[M].北京：中央民族大学出版社，2018：44.

形成了连接城乡、边疆以及各民族间的互嵌纽带，然而受限于教育程度和社会接触面，农业剩余劳动力中的流动务工者产生的社会影响力与阶层跃迁空间有限。而新生代的大学生以及研究生毕业生群体，对于形成嵌合更稳固、熔铸更彻底的民族互嵌式社会结构，无疑具有更显著的作用。

从湖北老家考入首都高校，又从雪域高原走到八桂大地，小C正是在这样走南闯北的就业流动中越来越清晰地认识城乡中国，立下了服务基层的志愿与职业规划。她赴西藏支教的一年，入选中国青年志愿者扶贫接力计划研究生支教团，这是由团中央、教育部联合组织实施的青年志愿者扶贫接力计划全国示范项目。服务期为一年，选拔具备“保研”资格的应届本科毕业生前往中西部贫困地区的中小学支教。1998年至今，全国高校已累计派出27届30000余人，对西藏、新疆、甘肃、青海、云南、广西等中西部教育资源薄弱地区的基础教育事业作出了巨大贡献；近年来，部分支教团还开始在承担学科教学任务之余，发挥专业技能助力当地发展，如修建水井、捐赠校服、更新教学设备、开展普法宣传等。小C在西藏支教时负责高中一年级学生的教学，她发挥自己汉语言文学专业以及善用多媒体演示的特长，从介绍掌握国家通用语言文字的重要性入手，逐步与藏族同学们熟络起来。在担任地理科目教师期间，尽管服务期只有一年，小C也并未采用照本宣科的教学方式，而是结合自己从华中地区前往首都北京求学又来到雪域高原支教的经历，生动讲解祖国是如何幅员辽阔，并鼓励同学们都去各地走走看看。研究生支教团采取的是“志愿+接力”模式，一年期满后高校继续以“公开招募、自愿报名、择优选拔”的原则派来新一批本科毕业生。回到母校继续攻读硕士学位的小C，从一年援藏经历中获益良多，对她来说支教并不是一段单向“奉献”的工作，自己也从中获能，得到了历练、成长、眼界与毅力，这正是驱动她在硕士毕业后选择前往八桂大地继续实现服务基层志愿的重要因素。可见，研究生支教团这一持续为基层教育注入青年力量的工作，客观上已成为连接高校人才与社会需求的关键桥梁。

从促进就业的角度来看，在当前高校毕业生每年新增千万以上的总体压力下，今后一个阶段将有越来越多大学本科生、研究生等高学历人才下沉至县乡基层，乃至前往条件艰苦、高海拔的边疆地区工作。这是教育扩张与社会需求结构性调整的结果，也反映了个人职业选择多元化与基层岗位标准化政策导向等新趋势。对此不宜用“高学历低就业”的机械眼光看待，而是应以能否切实推动高质量充分就业为标准进行衡量，尤其应对志愿服务西部、边疆、民族地区基层的研究生给予足够的鼓励和支持。在建设全体人民共同富裕的中国式现代化进程中，高学历人才下沉，是破解县域发展人才瓶颈的机遇。在乡村振兴的一线，具备高学历和专业技能的青年能够发挥出落实数字化治理、优化公共服务、转化资源实现产业开发等多方面积极作用，上至招商引资、引入科技种植养殖、搭建助农电商平台、挖掘文旅资源并策划营销、组织留守妇女创业增收等，下至争取道路硬化、水利设施改造、培育文明乡风、做好与村民生活息息相关的普法/反诈宣传等。特别是在民族地区，前来支援建设服务的高学历人才为共居共事共乐的民族互嵌式社会注入活力，民族高校毕业生的家国情怀能够起到良好的示范带动作用，有利于“民族团结一家亲，同心共筑中国梦”的正能量在基层社会形成浓厚氛围。

第二节　干事创业

人作为生产力系统中最活跃要素，又以青年群体被寄予最多期待。“青年是整个社会力量中最积极、最有生气的力量，国家的希望在青年，民族的未来在青年①。”掌握专业知识技能的大学生群体更是具有干事创业的巨大潜力与能动空间。大学生的就业率不仅仅是一项国民经济领域的指标，其向上流动的阶梯、就业质量及满意度也事关全社会的稳定与活力。2020年以来，随着国民经济增速趋缓、公考难度和竞争性增大，叠加产业转型和技术迭代等因素的影响，高校毕业生普遍感受到日益严峻的就业市场压力，越来越倾向于采取规避风险和压力的

① 习近平.在纪念五四运动100周年大会上的讲话[N].人民日报，2019-04-30（002）.

择业策略。在我国经济增速回落的当前形势下，经济增长更依赖于全要素生产率的提升和人力资本红利的增加，因而必须充分激发青年学子干事创业的激情，树立人生处处有舞台的择业观念。

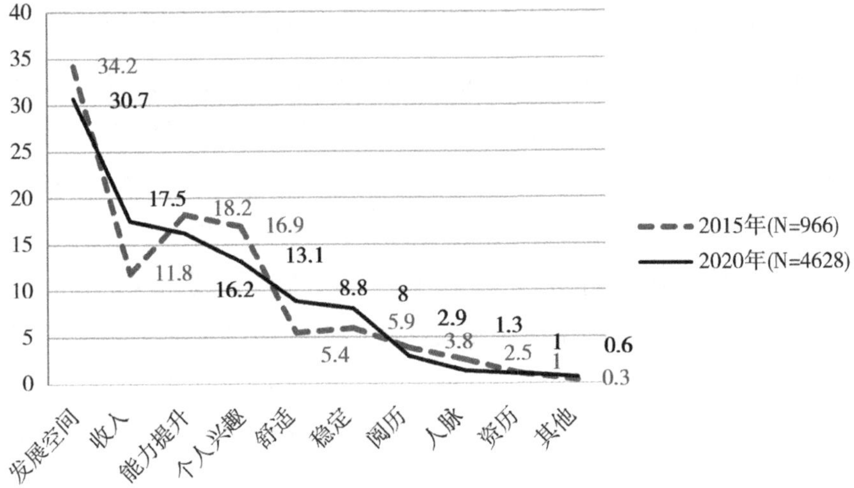

图3-2-1 “00后”大学生评价工作标准（%）较之“95后”的变化趋势①

据调查显示，成长于我国市场经济体制改革加速阶段的“00后”，在择业方面相较于“95后”表现出更多的现实观念和个体意识（如图3-2-1所示）。例如越来越重视收入以及工作的舒适性、稳定性，而对于发展空间、能力提升、阅历以及人脉积累等方面也不再那么看重。针对“00后”大学生的就业特点，学界提出了就业工作应树立前置思维、增强个性化管理、多措并举促进高质量充分就业、多管齐下引导学生到基层干事创业等建议②。本书写作过程中调研遇到的高校教师也普遍反映，目前在校大学生和近几届进入劳动力市场的毕业生，一方面从入校阶段即已开始为“考研”“考公”“考编”做准备，以缓解就业焦虑；另一

① 根据复旦大学社会治理研究中心、上海开放大学信息安全与社会管理创新实验室与上海市青少年研究中心联合开展的大学生社会心态调查相关数据绘制。参见：李秀玫，向橄叶子，桂勇.在物质主义和后物质主义之间 —— 后疫情时代大学生就业态度的变化[J].文化纵横，2021（01）：120-129+159.

② 严棉，刘峰成，余栋.高校大学生就业工作的问题及对策[J].人才资源开发，2022（23）：61-63.

方面也有许多同学表现出自主调整就业预期、拓宽职业选择面等积极态度。本节选取3位民族高校毕业生在各自领域干事创业的经历，展现当代青年是如何以主动务实的行动来适应经济不确定性上升的大环境的。

3.2.1 个案D：一名大学生“创客”的愁与乐

“95后”的小D生长于海南省琼中黎族苗族自治县，2014年，她跨越2600多公里来到首都北京求学；2016年，她筹措到启动资金开始了校内创业，售卖产品正是自己家乡的美食——清补凉。曾因一条题为“优秀！民大女神在校创业，买下海南两套房”的新闻广受关注的她，其实并不在乎外界给予的“高颜值贫困生”等标签，只是想踏实创业，帮家里减轻负担，也实现个人价值。

进入中央民族大学预科教育学院后，繁忙的课业与新鲜的校园生活令小D应接不暇，但兴奋喜悦的心情很快被生活的压力所冲淡。由于家庭条件不宽裕，每月1000多元的生活费仅够支撑食宿和学习用品等，外出打工赚钱又可能耽误学业。她一边担心着天气转冷后的羽绒服如何购买，一边又常常因不适应北方饮食而肠胃疼痛。拮据逆境中，小D萌生了创业的想法。

通过在大一期间选修创业课程并参与实践项目，小D将创业思路逐步酝酿成熟：首先，她计划销售自己家乡的美食清补凉，这种口感清爽的甜品由椰奶、绿豆、红豆、凉粉、西瓜等水果以及黄芪等药材组成，在海南、广东、广西等省区均流行，既适合在京读书的南方同学口味，又可成为北方同学尝鲜的选择；其次，她调研了学校周边情况，发现西门餐饮街既可以辐射本校以及北京外国语大学、北京舞蹈学院、北京理工大学等高校，大学生消费者聚集，有利于配料简单、物美价廉的甜品销售；最后，她在从父母处借到第一笔一万元启动资金后并未盲目开店，此时已预科期满进入信息工程学院的小D运用互联网思维，先通过微信群接单配送的线上模式试运营了一个月，验证了市场需求，积累了客户口碑，才正式在学校西门开起了第一家实体店。

基于前期充分的市场调研和精心的策划营销，小D用真实成绩证明了自己的创业思路可行，得到亲友支持四万元本金，满怀希望地开始了实体店运营。然而不久，创业多艰的定律又给了她一记重击——随着国庆后气候转凉，北京萧瑟的天气中来吃清补凉的同学越来越少，小D很快入不敷出，因难以支付门店租金而不得不停业，回归了线上销售。

这次开张不足50天即告结束的创业，并不能简单定义为一次失败的尝试。并未灰心的小D总结复盘经验，认为闭店的主因不是清补凉产品的“水土不服”，而在于经营周期与方式。市场空间与创业通道仍然存在，她决定一边继续在微信群接单维护好回头客资源，一边改良口味、优化创业策略，蓄势筹备重新开店。2017年3月，小D的清补凉实体店再次开张，这次她不但综合南北方同学的口味精选食材重新设计了美食配方，还依据大学生消费水平安排了小份10元以内、大份20元以内的分段定价。回归的清补凉店大受欢迎，高峰期同学们在店外排起了长队。

小D这次创业的火爆程度引起了中央民族大学管理部门的关注，为树立大学生创业榜样，提倡更多大学生在不耽误课业的前提下尝试创新创业，校方为她安排了校内食堂的档口销售清补凉，这给了小D莫大的鼓励。2017年5月，她远在海南的父母也来京帮忙照看生意，小D的清补凉创业项目“开疆拓土”，逐步进驻北京交通大学、华北电力大学、北京师范大学、中国人民大学、北京理工大学等高校，最高峰时期同时开设着8家档口，还在清华、北大等高校运营着外卖微信群。小D的创业经营思路不断升级，她在筹备分店时都预先经过市场调研，考察成熟后才审慎投资推进，同时保持对大学生消费群体习惯的关注与分析，采用拉拼单群、发优惠券、会员免费享红糖姜水等形式维持客户黏性，在产品制造端严格把控质量并完善标准化制作流程，加强包装的防漏性和美观程度，甚至还在酝酿配套推出品牌文创周边等想法。

“大众创业、万众创新”自2014年提出，旨在通过激发社会创新活力、优化创业环境，推动经济结构转型与就业扩大。2015年国务院发布《关于大力推进大众创业万众创新若干政策措施的意见》，2018年国务院印发《关于推动创新创业高质量发展打造“双创”升级版的意见》，创新创业逐步成为推动我国经济社会发展的重要引擎。高校毕业生以及在读大学生群体是创新创业教育的重点群体，在前期实践中，少数民族学生对创新创业教育质量满意度均值低于汉族学生[①]。但事实上，民族高校在“双创”中具有激活民族文化资源、升级民族医药以及生态农业等诸多可为空间，近年来已有越来越多亮眼的表现。如2024年中国国际大学生创新大赛上，云南民族大学的参赛项目《焠匠心之火，“焊”崛起之门——人造金红石助力高端特种焊材国产化》获云南赛区冠军。又如2025年，中南民族大学携手湖北省现代农业展示中心开展“打造新时代‘鱼米之乡’绘就民族团结新画卷加快建成中部地区崛起重要战略支点”系列活动，受到社会各界瞩目。从本书第二章中对多所民族高校2023届毕业生的就业结构统计来看，自主创业的谋生方式近年来已被越来越多的毕业生所选择，“创业带动就业”的结构性动力也在民族高校日渐增强。

中央民族大学以首都区位和生源质量的双重优势，在“双创”领域更是捷报频传，2024年全国大学生电子商务“创新、创意及创业”实战赛中，中央民族大学师生在产学用（BUC）实战赛获全国一等奖两项、在直播电商实战赛获全国二等奖两项、在乡村振兴实战赛获全国二等奖两项[②]。近十年中，中央民族大学对“双创”的教育投入持续增加，对本科生及研究生开展了形式多样的创业教育及服务，如：创业课程及相关讲座、创新创业大赛、组织参观创业企业以及鼓励学生参与创业企业的实习项目。学校于2016年制定《深化创新创业教育改革实施方案（2016—2020年）》，并投入经费560余万元用于资助大学生科学研究训练和创新创业训练等项目410项；2017年，在海淀校区人员最密集的文华楼，面积达2000平方米的创新创业中心——“56创”投入使用。此中心集现代化、网络化和时尚感于一体，设有创业实训室、开放式流动办公区、流动工作位、路演报告厅、中小型研讨会议室、咖啡厅以及机器人/智能赛车开发训练与

① 黄兆信，黄扬杰. 创新创业教育质量评价探新——来自全国1231所高等学校的实证研究[J]. 教育研究，2019，40（07）：91-101.

② 中央民族大学师生在第十四届全国大学生电子商务“创新、创意及创业”挑战赛实战赛全国总决赛再创佳绩[EB/OL].（2024-08-13）[2024-11-15].https：//www.neac.gov.cn/seac/c103417/202412/1178244.shtml.

实验展示专区。“56创”的名称既让人一看便知是56个民族学子共同家园，又有谐音“吾”“顺”的美好寓意。近年来“56创”成熟孵化的项目除了有满足学生日常消费的“左一煎饼”品牌（美术学院环境艺术专业学生刘浩明创立）、校园“目一咖啡”品牌（美术学院艺术设计专业学生穆一品创立），还有承锦控股有限公司（经济学院经济学专业学生何理组建）等从事金融投资服务并且拥有多项技术专利、商标专利的项目。

民族高校加强创业教育的意义，不只在于拓展疏解就业压力的渠道，更包含增强各民族大学生的创新意识和创业能力。十余年前有学者指出：“少数民族大学生大多来自偏远的经济欠发达地区，从小接受本民族文化、风俗习惯的陶冶……强烈的自尊心与自卑感致使他们在人际交往中出现孤独感与压抑感，创业情感不强烈，创业倾向性不明显”①。而自党的十八大以来，经过中央对“双创”的鼓励与支持，“双创”伴随以互联网、大数据发展为代表的科技大发展在全社会形成规模，民族高校师生对创新创业的积极性显著增强。结合民族地区产业转型升级、城镇化建设、乡村文化振兴等题材，民族高校可跟进布局数字经济、生态保护、文旅规划等专业课程，通过加快与企业共建实习基地等方式为毕业生提供在产教融合框架中培养创业意识与技能的机会。

全国开展“双创”至今，已沉淀出诸多正反面经验，需民族高校引以为戒的是现有许多项目仍停留在生存型创业而非发展型创业低水平重复阶段，在边疆民族地区的创意产业园中，多见创业者项目孵化慢、生存年限低、创业质量不高、依赖于补贴优惠政策等现象。在各地高校的课堂上，仍普遍存在对创业创新实践的指导缺乏针对性，难以落地、难以转化成果、难以充分调动大学生的自主创新性。由于高校指导和转化方面的乏力，在校大学生对创业的尝试多数只是作为一次“尝鲜”、一种为毕业简历锦上添花的选项；而应届毕业生则是普遍将创业视为“考编”、找工作等就业方式未果后的一个权宜性“出口”。以小D为例，尽管在策划实施清补凉创业项目的过程中得到了中央民族大学相关部门的创业指导以及提供档口支持等，但创业期间的种种压力仍主要集中在学生“创客”自身。

① 张久献.民族院校大学生创业教育模式研究[J].中国大学生就业，2012（22）：7-11.

小D一关一关地克服筹资遇阻、市场试错以及身边人对她“不务正业”“耽误学业”等质疑和误解，其间需要强大的意志力、谋划力和行动力。小D也曾误判大学生消费水平和对新产品的周期性兴趣，也曾因急于落地实体店而赔上房租，也曾在兼顾生意和课程学业的过程中左支右绌，但她本着一名大学生“创客”就是要开拓进取的理念坚持了下来，即使在成本损耗难以相抵的经营困难时期，依然毫不犹豫地拒绝了上门推销添加剂的代理商；即使在赔上了父母为她筹措的首批投资后，依然不灰心丧气而是先考虑如何保住了线上消费的老客户。

大学生参与创新创业的收益不仅仅在于项目周期内的创收，更重要的是创新项目从策划到实施的过程中层出不穷的问题会激发学生潜能，快速提升如上一节“服务基层”中探讨的当前大学生群体所普遍欠缺的认识社会和解决问题的能力。当前民族高校取得的“双创”成绩一方面体现在科创、文创赛事获奖以及其间所达到的“以赛促教，以赛促学”效果上；另一方面还体现在大学生“创客”的示范性效应上，越来越多少数民族大学生经过创业课程教育以及看到同学取得创业成就之后，开始解放择业观，走出舒适区，就业方向不再拘泥于“单位人”，而是敢于突破自己，成为“社会人”。大众创业、万众创新是顺应新时代社会生产力和生产方式变革的重要引擎，民族高校在促进高质量充分就业的过程中应运用这一抓手，着力搭建融创业课程教学、创业实战指导、创业支持帮扶、创业信息共享、创业典型宣传等为一体的创新创业教育体系，并广泛与民族地区企事业单位协同共建，汇集各族群众的力量，也给予其“用其智、得其利、创其富”的发展机遇。

3.2.2 个案E：以真抓实干赢得各民族群众认可

1990年出生于青海的小E是一位工作经历丰富、在各个工作岗位上都闯出了名堂的藏族小伙子。2013年从西北民族大学毕业的他开始了在青海省黄南藏族自治州一所乡村小学担任教师，后获得在中央民族大学在职攻读藏学专业硕士学位的机会，学成归来的他从教育系统调入县扶贫开发局工作，自此开始了扎根基层带领搬迁安置贫困户创业增收的历程。

易地扶贫搬迁是脱贫攻坚战的标志性工程，党中央、国务院高度重视。小E工作的县尽管只有7.5万人口，但地广人稀，县境内大部分地区在海拔3500米以上，酷烈多风的高原气候使这个牧业县环境艰苦、群众生活困难。小E从2016年到县扶贫开发局报到后就马不停蹄地开始在全县64个行政村之间穿梭，一边工作一边调研。凭借对家乡的熟悉和对乡亲们的情感，小E只用了短短几个月就已熟练掌握精准扶贫各项政策和业务知识，作为全国深度贫困地区之一，县里的贫困程度深、贫困面广，属于“一方水土养不起一方人”的典型；同时，由于几乎是全省最偏远的牧区县，基层公务员的服务半径很大，要按时顺利完成“十三五”易地扶贫搬迁项目绝对是一项艰巨的任务。小E没有被困难吓倒，而是以“等不起、慢不得”的紧迫感迅速进入角色，2016年至2020年，他全年无休、挨家挨户地奔走在“无住房、行路难、就医难、上学难、吃水难”的贫困牧民群众中间，39个易地扶贫牧民集中安置区工程一线，处处可见小E和同事们辛勤的身影。2020年4月，青海省人民政府发布了该县退出贫困县序列的公告，累计搬迁安置贫困牧户4394户16832人，其中建档立卡贫困户3999户15159人，这是接近全省十分之一的搬迁任务。通过出色完成脱贫攻坚项目任务，小E先后被提任县扶贫开发服务中心主任、乡村振兴局副局长（挂职）、副镇长，并被国家发展改革委授予“十三五”易地搬迁奋进干部等荣誉称号。

2018年，代表县里领取省扶贫开发工作领导小组颁发的“脱贫攻坚先进集体”荣誉时，小E深情地说：“看到家乡父老生活贫困，我心疼；看到他们生活幸福，我开心。能够成为帮助群众走向幸福生活途中的一份子，我觉得非常荣幸和骄傲，感觉工作时的辛苦，是非常值得的，对得起那些通宵工作的日子。作为一名党员，为脱贫攻坚奋斗，是献给党的礼物①。”自大学本科阶段就已入党的小E，多年来无论在哪个岗位上，一直以党员标准要求自己保持干事创业的精气神。从读书期间的甘肃省优秀学生干部、西北民族大学优秀毕业生、中央民族

① 中国西藏网讯.一名基层党员的小目标：为脱贫攻坚奋斗 作为献给党的礼物[EB/OL].（2018-07-04）[2024-11-12].http：//m1.tibet.cn/cn/news/yc/201807/t20180704_6028651.html.

大学优秀硕士学位毕业论文奖，到工作后的县优秀共产党员、省扶贫系统先进个人，省委、省政府优秀共产党员 …… 小E的初心使命十几年来从未消退。其实，2016年夏季从中央民族大学硕士毕业时，他也有去西南财经大学担任辅导员的机会，但小E放弃了成都繁华热闹的生活，毅然返回家乡投入了刚刚启动的“十三五”易地扶贫搬迁项目。全面消除绝对贫困，在世界现代化发展史上堪称是奇迹；而推进全体人民共同富裕的中国式现代化，既离不开以“为人民服务”为宗旨的中国共产党的全面领导，也离不开基层一线无数像小E这样用真情践行宗旨感动群众的好干部。例如，小E在动员群众搬迁的工作中，都是用便于老乡们理解的通俗语言和浅显道理来宣传，自己先把政策吃透，再春风化雨般地讲给搬迁安置贫困牧户听；在监督安置点施工情况时，他又严肃苛刻起来，为了房子让乡亲住得舒适、设施用得踏实，他事无巨细一遍遍地沟通细节，很快学会了看图纸和检测工程质量。绵绵用力，久久为功，小E不擅长讲大道理，但他说自己喜欢永远在路上的状态。

2021年，小E转到县乡村振兴局挂职担任副局长，担起了巩固拓展脱贫攻坚成果同乡村振兴有效衔接的重任。在搬迁社区的群众支持下，他的干事创业劲头被调整到了“兴农有我”的方向上。在确定了重点发展特色种植养殖业和转移就业的方向后，小E积极建立衔接资金项目库，洽谈东西部协作项目，与从天津前来进行对口援建的同志共商建设农业现代产业园、争创乡村振兴示范村的方案 …… 2023年底，该县代表青海省迎检国家乡村振兴局考核，被评为全国优秀等次。如今，曾经的深度贫困县已形成以生态畜牧业为龙头，带动二、三产业协同发展的势头。时刻心怀“富农有我”之责的小E，通过兢兢业业、扎扎实实的工作证明了自己对家乡发自肺腑的热爱。

高校毕业生、农民工、退役军人是当前需要重点支持的就业群体。在国务院就业促进和劳动保护工作领导小组2025年最新印发的文件中，加入了“脱贫人口”[①]。在民族地区，巩固拓展脱贫攻坚成果的任务亟须高学历高素质人才来承担，同时经济困难家庭的大学生也亟待找到适合的工作岗位来承担起家庭经济重担。可见，如小E这样凭借对家乡的热爱、对民族文化的熟悉、对改变贫困面貌的决心干事创业，是兼具充分就业和高质量发展双重意义的，他的就业经历对民族高校的广大少数民族生源也深具启发意义。一项十年前的调查结果显示，拓展少数民族就业空间要从民族地区内部人口的城镇化抓起，西部少数民族较为集中的省（自治区）应将城镇化的工作重点放在民族地区内部安置就业[②]。接受过高等教育的少数民族毕业生就业或创业，不仅对提升家庭收入（尤其是经济困难家庭、零就业家庭、高返贫风险家庭）的作用至关重要，甚至可以说关系到整个家庭的生活质量以及对教育投入的获得感。简言之，边疆民族地区的家庭每出一个到内地求学、就业或返乡创业的大学生，整个家庭乃至家族与全国统一大市场的距离就会近一分，此类连接支点日益变多增强，就能撑起“各民族在空间、文化、经济、社会、心理等方面的全方位嵌入”[③]。在此基础上，将职业生涯发展规划与家乡建设需求联系在一起，将自身的专业所学与国家发展需求结合在一起，是民族高校就业指导课程首先要向学生传播的核心理念。

就业改革的本质是一场市场化改革，反映各民族青年对社会文化转型的适应——若过渡不稳，可能会因“学历贬值”而产生对政策安排的不满；唯有切实提高少数民族大学生的市场意识和“互嵌”能力，才能实现更高质量和更充分

① 国务院就业促进和劳动保护工作领导小组于2025年3月6日印发文件提出：“为有效应对外部环境和国内经济运行变化对就业影响，促进高校毕业生、脱贫人口、农民工、退役军人等重点群体就业”。参见：国务院就业促进和劳动保护工作领导小组关于印发《加强重点领域、重点行业、城乡基层和中小微企业岗位挖潜扩容 支持重点群体就业创业实施方案》的通知（国就劳发〔2025〕2号）[EB/OL].（2025-03-06）[2025-03-28]. https：//www.gov.cn/zhengce/zhengceku/202503/content_7015975.htm.

② 2011年西部民族地区经济社会状况家庭调查数据（Chinese Household Ethnicity Survey 2011，简称CHES2011），由中央民族大学经济学院和中国社会科学院民族学与人类学研究所民族经济研究室于2012年共同完成，调研数据覆盖了我国绝大部分民族地区和少数民族聚集区（含新疆维吾尔自治区、内蒙古自治区、宁夏回族自治区、广西壮族自治区、青海省、贵州省黔东南苗族侗族自治州和湖南省等七个地区）。参见：马骍.民族地区城镇少数民族人口的就业分布与特征——基于CHES2011数据的分析[J].民族研究，2015（06）：26-36+123.

③ 习近平在中央民族工作会议上强调 以铸牢中华民族共同体意识为主线 推动新时代党的民族工作高质量发展[N].人民日报，2021-08-29（001）.

的就业，进而激发各民族大学生的自我效能感、就业获得感，并为民族地区持续注入内生发展动力。当民族高校毕业生在择业过程中首先考虑的不是“考编”难度，而是要先对干事创业所需具备的能力素养有所预估，才算是进入了角色。小E放弃都市生活而返乡参与扶贫工程的创业精神是非常可贵的，中央民族大学多年来以“培养少数民族干部和培养从事民族工作的汉族干部”为教育使命，始终鼓励学生把个人理想同祖国的前途、民族的命运联系起来。如2007届毕业生张小娟，也是脱贫攻坚战线上一位矢志不渝的战士。她曾任甘肃省甘南藏族自治州舟曲县立节镇驻村干部、曲瓦乡副乡长、县扶贫办副主任等职，2019年在完成脱贫验收返程途中因车祸不幸离世，2020年被中共中央追授“全国优秀共产党员”称号。高校的就业指导工作成效不能仅用单一的就业率呈现，而是关系到立德树人成效，深层而言肩负着“为谁培养人”“培养什么人”的根本任务，因而就业能力提升与就业价值观引导两者并重①。2021年，张小娟等13名中央民族大学的优秀毕业生被授予“全国脱贫攻坚楷模”和“全国脱贫攻坚先进个人”荣誉称号。在这些毕业生的就业故事中、职业理想实现过程中，有上百个产业项目在民族村寨落地，有无数个家庭实现了脱贫增收。这些将个人职业发展融入服务祖国、服务人民、服务社会实践的就业案例，是民族高校为社会高质量输送人才的最好体现。

民族高校毕业生中少数民族的人才培养质量与就业满意度广受社会关注。从本书对十余所民族高校的统计分析来看，近年来的招生结构中，汉族与少数民族生源普遍趋于平衡，就业率和就业满意度方面在各地就业创业政策措施变化中整体呈平衡态势，少数民族毕业生的优势或劣势并不显著。这与2021年中央民族工作会议所要求的“民族因素和区域因素的有机结合”“完善差别化区域支持政策，支持民族地区全面深化改革开放，提升自我发展能力”②等精神是相符合的。在70后、80后少数民族毕业生中普遍存在的基础教育扶持、高考降分录取、就

① 樊嘉宁，吴严，石千程，等.“三全育人”视角下高校就业指导工作体系建设研究[J].教育现代化，2020，7（08）：78-79.

② 习近平在中央民族工作会议上强调 以铸牢中华民族共同体意识为主线 推动新时代党的民族工作高质量发展[N].人民日报，2021-08-29（001）.

业优先录用等政策，在一定历史阶段中切实发挥了民族间缩小发展差距的作用；而面向未来，对于95后、00后的少数民族毕业生群体，需要更加强调对全国一体化劳动力市场的融入以及对干事创业内生动力的培育。例如小E作为一名少数民族干部，虽然身处民族地区公职岗位，但同样拿出创业激情真抓实干，其在就业后取得的工作成就是凭借自身本领与努力取得的。在小E和张小娟执行的扶贫搬迁项目任务中，政策性、系统性、专业性都很强，高度考验一名干部入百家门、知百家情的基本功，基层群众对干部的评价得看到工作实效，并不因民族身份而厚此薄彼。在因公殉职前，张小娟也曾于11年间走遍全县19个乡镇208个行政村，精准掌握3万余名贫困群众信息，被当地干部群众亲切地称为“脱贫攻坚数据库”“政策业务活字典”，对贫困群众的生产生活、所需所盼胸有成竹，才能“一张蓝图绘到底”地将党的政策贯彻到基层。

3.2.3 个案F：终身学习是创业者的自我修养

来自山东南部某小城的F，是中央民族大学2014届的博士毕业生。本书所选的就业个案均为90后、95后，之所以将1972年出生的F也纳入进来，是基于说明干事创业是就业者终身“功课”的需要。到中央民族大学攻读法学博士学位前，F已在事业上取得了许多成绩；年近不惑的他没有守成，而是执着于通过读书和科研充实自己，博士毕业后前往新的城市创建律师事务所，带领青年团队创业。

F自少年时代起就是个执着的追梦者，梦想着仗法律之剑扶危济困。2002年通过司法考试、拿到律师执业资格后，他很快就以超乎同龄人的才华与勤勉，在山东省律政界崭露锋芒——曾担任某知名资产管理公司的外聘律师，为其追回了近千万元已被列为不良资产的巨额欠款；也曾通过繁琐细致的调查取证，为一位蒙受冤屈的当事人争取到了发回重审的机会，并最终伸张正义促成了改判。

随着接到的案子越来越多，客户法律咨询的需求越来越多样，F意识到必须通过深造提升自己的业务能力，于是跨过黄河来到兰州大学法学院攻读硕士学位。这次回归校园的“充电”之旅，助他在法学专业能力方面迈上了一个重要的台阶。2007年参加了以“环境法治与建设和谐社会”为主题的全国环境资源法学研讨会，并与同学、同事等合作发表了《现行劳动争议解决机制的缺陷及对策》《试论当前我国农民工权益保障》《现行劳动争议仲裁的缺陷分析及对策》等十余篇法学专业论文。硕士学位论文《论环境法的立法目的——从环境正义和生态安全的角度谈环境法目的修改》以紧跟时代的视角和系统严谨的论述得到了教授们的一致好评。

从兰州大学硕士毕业后，F的法务工作开始更具技术含量。他参与合著的《仲裁法律知识读本》面向乡村读者，用“是什么”“为什么”“怎么办”等问题体例串联起19个章节对农村土地承包经营纠纷仲裁以及相关仲裁原则、仲裁机构、仲裁员资格等方面的介绍。该书2009年由甘肃文化出版社出版，被列入“农家书屋文库”，受到读者欢迎并多次重印。凭借在这一法律领域的深耕，F被兰州、台州、宿迁、包头、青岛、潍坊、威海等地多家仲裁委聘任为仲裁员。随着经手案例和行业经验的积累，尤其通过定期与同行探讨法律领域前沿问题，F清醒地分析着自身知识体系结构的长短板，渐渐地，他意识到又到了拓展学术视野、跟上时代发展的时候。

2011年，F又一次重新出发，怀揣着进一步扎实自身法学理论功底的初心考入中央民族大学攻读博士学位。他没有把博士生的3年学制视为放松享受校园生活的间隙，而是一头扎进图书馆、自习室。为了不浪费这次来之不易的学习充电机会，身在“象牙塔”暂停律师工作的F，反而因长期休息不足和读书压力患上了带状疱疹。勤勉笃学结出了硕果，2014年，F不但顺利通过了法学博士的毕业论文答辩，还结合自身前期工作经验与思考，发表了《仲裁性质的重新审视》《中国少数民族医药资源法律保护初探》《中韩商事仲裁法律制度比较研究》等学术论文。从一名通过普及法律知识提升公民的仲裁法治素养的基层律师，进阶为对法律仲裁领域具备深厚学养和系统认识的准行业专家。

2016年，F终于实现了自己自少年起立志的创业梦想，在上海创建一家旗下有50余名精英律师加盟的事务所，业务辐射长三角地区，提供私募风投、发行上市、并购重组、诉讼代理等全方位法律服务。作为多家沪深主板、创业板上市公司的法律顾问，F在迅速积累财富和壮大团队的过程中，始终保持着自己踏上法学之路的初心，他不仅亲力亲为地主持编写了多部普法作品、定期举办公益法律专题讲座，还要求事务所的青年律师们提供公益法律咨询与法律援助服务，在文广旅局、商务局、城管局等单位担任法律顾问及值班律师、人民调解员，作为市、区两级公共法律服务的值班单位为“12348”热线提供接听咨询服务。他的律所近年来荣获省级公共法律服务先进单位、市级优秀律师事务所、先进党支部等称号，他本人也多次获市级优秀律师、法治先进个人等荣誉。

立根而起、终身学习，是老F在法律行业不断创业并取得成绩的秘诀；艰难困苦、玉汝于成，是F反复向律师事务所新人介绍的职场心得。2021年中央民族大学70周年校庆之际，F接受母校记者访谈，被问及对于创业和就业的取舍问题时，他坦率地答道：“我认为就法学专业而言，建议还是先就业比较好。虽然强调在校期间要学好理论知识，但是法学类工作大多实践性较强，所以先选择就业，积累更多的社会经验，不管今后从事律师还是法官或其他类似职业，都会大有帮助①。”

在当前就业总量不减、经济下行因素增多、新技术新业态迭代加速的大环境下，终身学习已从个人发展选项转变为职场生存的必选项。高校毕业生不仅要为顺利就业储备知识、技能和经验，在入职后也不能松懈，而是应当让终身学习成为一种不可或缺的职业自觉。尤其对高技能岗位而言，学界早有多位学者指出“学会学习、终身学习已使大学毕业的内涵发生了变化”，②“进入信息时代的今天，大学毕业五年后所学的知识将有一半被更新已是不争的事实”，③建议“高校人才培养在理念上更加强调全面发展、终身学习与整合协同育人”④。如F这样一次一次“再出发”，不断精进业务能力、拓宽专业视野，是职业技能不落伍不掉队的保障。

---

① 中央民族大学校友会.侠肝义胆播种梦想，守护正义不忘初心[EB/OL].（2021-11-19）[2024-12-22].https：//xiaoyou.muc.edu.cn/info/1017/1790.htm.

② 杨宁.创业教育：高校培养创新人才的有效途径[J].高教探索，1999（04）：7-10.

③ 陈春意.创业教育是高校培养创新人才的有效途径[J].科技创业月刊，2005（06）：94-95.

④ 杨晓慧.高等教育“三全育人”：理论意蕴、现实难题与实践路径[J].中国高等教育，2018（18）：4-8.

近年来，随着民族地区经济发展，就业市场化程度越来越高；同时随着体制内公职岗位趋于饱和，少数民族大学生也普遍接受了从“包分配”过渡到“双向选择，自主择业”的就业模式，但仍存在抱有“铁饭碗才是好工作”观念的一部分大学生。“在市场工作岗位的竞争中，学历能够帮助个体坚守住竞争优势，这是因为就业能力的‘位置’取向是人们相信拥有更高学历的求职者最终会找到更好的工作”[①]，然而如果回避市场竞争和灵活就业，则不仅是对个人职业发展空间的局限，也构成对民族地区发展活力的抑制。事实上，学历会贬值，技能会过时，所谓的稳定工作也会面临挑战和转型，只有保持终身学习的职业习惯才能真正端稳自己的“铁饭碗”。民族高校毕业生亟待在择业观方面建立这一意识，一方面有利于适应当前多地实行的职业资格证书与毕业证、学位证相互结合的就业市场趋势，另一方面也有益于从思想意识层面彻底接受市场化和社会化就业，避免“慢就业”“缓就业”风险。

习近平总书记曾在第二次中央新疆工作座谈会上阐述就业作为民心工程对社会的根基意义：“人有恒业，方能有恒心。一个人有了就业，就容易安定；一个家庭有一人就业，就增加一分稳定的力量。尤其是在企业就业，有利于民族交往交流交融，有利于促进民族团结，有利于促进群众生产生活方式转变，有利于抵制宗教极端思想[②]。”从全国范围回顾，早在20世纪90年代，传统就业模式就已不再适应高校毕业生日益增长的需求，尤其是单一正规部门的吸纳招考岗位已供不应求。1989年，经国务院批转原国家教委颁布的《高等学校毕业生分配制度改革方案》，毕业生和用人单位在一定范围内“双向选择”的就业办法进入试行阶段；1993年，中共中央 国务院颁布《中国教育改革和发展纲要》，高等学校毕业生“统包统分”和“包当干部”的就业制度正式被“自主择业”取代。此后的三十年中，民族高校毕业生就业地和行业选择多元化，各类企业就业以及灵活就业者规模持续扩大，民族地区就业结构日趋合理、产业活力日渐蓬勃。

在当前严峻的就业压力下，深化民族地区以市场化为导向的就业改革，鼓励

① 康廷虎.大学生就业能力论[M].北京：科学出版社，2014：22.

② 习近平在第二次中央新疆工作座谈会上强调 坚持依法治疆团结稳疆长期建疆 团结各族人民建设社会主义新疆[N].人民日报，2014-05-30（001）.

各民族大学生充分融入全国一体化市场，是一个“等不了”也“急不得”的过程。如卡尔·波兰尼（Karl Polanyi）曾论述：“将市场从社会中脱嵌，就有如拉扯一条巨大的橡皮筋。要给市场更多自主性，就会不断增加社会压力。继续拉扯橡皮筋，不是使之断裂，造成社会解体，便是逼使经济回归社会嵌含的位置”①。林耀华在描述近代工业技术变迁潮中的中国家族时，也使用了“皮筋”的比喻：“由竹竿和橡皮带组成的框架结构，任何时候任何一个有弹性的皮带和一个竹竿的变化，都可以使整个框架瓦解”“人们为保持均衡，不断调整内部关系以便彼此联系之外，还应看到这种调整适应的能力很大程度上受各种技术、行为、符号及习惯的影响。”②市场化社会化就业恰似一根拉动民族地区经济转型升级并充分嵌入全国一体化经济秩序的“皮筋”，基于此，民族高校的就业指导工作不仅服务各民族毕业生，也牵动着这些青年即将以就业形式融入的重点领域、重点行业、城乡基层和各行业中小微企业等。做好终身学习、干事创业、融入全国一体化劳动力市场展开职业生涯发展等准备的各民族大学生，离校后将化作各民族交往交流交融桥梁纽带在全社会参与中华民族共同体建设。

第三节　自我实现

根据马斯洛需求层次（Maslow's hierarchy of needs）理论，自我实现是一种“提高 — 发展性”目标需求，居于个体发展的最高层次③。面临毕业、择业与就业问题的高校毕业生，无不将这一过程视为实现自我价值和开拓人生发展方向的人生节点。要引导鼓励民族高校毕业生成为推动各族群众共同走向社会主义现代

① 卡尔·波兰尼.巨变：当代政治与经济的起源[M].黄树民，译.北京：社会科学文献出版社，2017：23.

② 林耀华.金翼：中国家族制度的社会学研究[M].庄孔韶，林余成，译.北京：生活·读书·新知三联书店，1989：207，208-209.

③ 亚伯拉罕·马斯洛.动机与人格[M].北京：中国人民大学出版社，2007：1-55.

化、实现共同富裕的新生代力量，就应当从他们的择业偏好、所需所盼、发展规划出发。就当前全国性的就业压力来看，高校毕业生是重点保障群体，要实现经济发展与扩大就业的良性互动，就必须全力保障大学生充分就业；要纾解“有活没人干，有人没活干”的难题，就必须清理各类限制性政策，增强劳动力市场包容性，不断拓宽高校毕业生多元就业渠道并引导他们自主选择。在经合组织（Organization for Economic Co-operation and Development，简称OECD）对个人核心素养的定义中，“个人实现自我价值”与“保持终身发展”“融入主流社会和充分就业”并列为素质提升的三大目标①。结合当前就业压力形势与市场环境，本节选取4位毕业生的就业经历及其各自实现自我价值的路径，展现为何当代青年应尽早锚定追求个人职业发展机会的方向，为何高校引导大学生、研究生们树立正确择业观应从其入学之初即鼓励兼顾兴趣、天赋、社会需求三要素进行思考与实践，从而达到充分激发毕业生积极性、主动性、创造性的效果，形成人适其岗、人尽其才的局面。

3.3.1 个案G：以美美与共理念绘出职业发展天地

小G是一位来自黑龙江的赫哲族姑娘，出生于1990年的她在校期间就荣获了“优秀志愿者”“优秀学员”“优秀学生干部”等多项称号，2014年以优异成绩从中央民族大学的美术学院美术学（美术教育）专业毕业，进入大兴区的一所乡村公办小学担任美术老师。

留京工作的光环熠熠生辉，但乡村小学的一线工作担子并不轻松。小G负责任课的美术作为副科，学生们的基础和兴趣水平参差不齐，家长们在重视程度上也各有不同，小G一度陷入了内耗中。从985高校具有悠久历史和深厚传统的艺术“殿堂”中走出，走进乡村小学向一群叽叽喳喳的娃娃们普及艺术常识。这种落差感在音乐、舞蹈、美术等专业的高校毕业生初入职的几年中经常出现，而小G凭借着对教育事业的热爱以及在母校学习的美术教育专业，很快度过了心理

① OECD.The Definition and Selection of Key Competencies.Executive Summary[R].OECD，Paris，2005.

适应期，决定既来之则安之，开始全身心投入备课中。小G稳扎稳打，致力于在每一堂美术课上不仅完成临摹作业，而且切实向小学生们传达出艺术的美妙与魅力。渐渐地，她的课堂上孩子们越来越活跃，师生互动的效果越来越好，轻松愉快的课堂氛围为高水平的课堂习作营造了环境，小G的美术课开始被同事观摩学习，也得到了许多学生及其家长的好评。

2015年9月，国务院办公厅印发了《关于全面加强和改进学校美育工作的意见》（国办〔2015〕71号），这是中华人民共和国成立以来首个针对学校美育工作的国家级政策文件，其中明确提出将“参与社区乡村文化艺术活动、学习优秀民族民间艺术、欣赏高雅文艺演出、参观美术展览等情况与表现”纳入中小学生艺术素质测评内容。这项政策的实施，无疑为小G所从事的美术教育事业提供了关键的方向指引和发展机遇。自此，小G组织学生参与的各类比赛和展示活动得到了越来越热烈的响应，她此前反复打磨的美术课件以及课堂互动组织经验、教学模式等，厚积薄发成了学校的重要资源。两三年间，小G的课赛、课例、论文、微课等作品多次在北京市、大兴区等各级比赛中获奖；入职第四年她被评为区级骨干教师、区美术名师工作室成员，这对一名教美术的副科教师显然是莫大的肯定。

意气风发的小G并没有满足于个人事业上的小成，而是积极发挥美育引领作用，就如母校“美美与共”的校训一样温暖着学生和同事。一方面，几年的教学实践使她对美术课以美育人、以文化人的作用有了更深的理解；另一方面，她不仅关注个人能力的提升，更注重课程团队建设，希望以青春力量为学校发展注入新活力。自2017年起，小G凭借美术教学和课堂组织等方面的出色表现，先后开始担任学校的艺术教研组组长、科任组组长，肩负起美术、音乐等多学科教研及组内事务重任。科任组是一所小学中集体备课、学科活动设计和教学研究的核心平台。小G深知“办公事”无小事，精益求精地筹备各类会议，周密安排教师交流轮岗，严格把关招聘面试，公正开展年度考核，有效地组织起了“大单元备课”和跨学科实践活动。从担任艺术教研组组长时统筹全校美术课、音乐课的教学工作，到担任科任组组长时以“五育并举”的理念协调美术、音乐、体育、英语、科学、道法等学科的各项教研事务，小G在每一个细节中展现出了专业与责任，协助领导完成了大量细致入微的行政管理工作。同时，小G与时俱进、勤思善悟的专业态度也带动了全组教师，大家争先恐后地共同推进课堂教学研究和教学总结工作，艺术教研组先后两次被评为大兴区“优秀教研组”，学校也被评为北京市2023年度“艺术教育特色校”。

专业知识、教育理念和创新精神，是小G在小学美术教师岗位上干事创业的三种支撑力量。首先，专业知识是她的强项，母校中央民族大学美术学院是中国少数民族艺术教育的重要基地，植根于多民族文化交融的艺术土壤形成了独特的教学与创作特色，小G在校期间接触了涵盖唐卡、壁画、刺绣、蜡染、雕刻等民间工艺门类并以优异成绩完成了四年的学业。其次，教育理念是她多年来深思和实践的方向，在学校完成美术教育专业课程的同时，小G还曾参加民族英才培训计划远赴青海省民和回族土族自治县支教，也曾到香港理工大学开展交流学习，这些在校期间丰富的实习实践经历不仅为她的求职履历增光添彩，更是她如饥似渴吸收教育方法和理念、在心底深深植入了“教无定法，贵在得法”道理的过程，使她自走上小学美术老师岗位之初就表现出了开阔的视野和活跃的思维。再者，创新精神是小G鲜明的个人特色，她深入学习国家关于全面改进学校美育工作的要求，探索校本课程和创新教学方法，并将岗位责任上升到文化传承的高度。小G选定葫芦为切入点，从开展葫芦彩绘、葫芦烙制等特色社团活动入手，在实践中逐步系统开发出了一套将传统文化与现代教学相结合、让小学生在动手动脑中感受传统文化魅力的葫芦文化特色校本课程。伴随她的教材教参不断修订完善，参与此课程的学生们也在市、区级比赛中屡获佳绩。2019年，小G被评为北京市中小学文化创意大赛“优秀创意导师”；2021年，学校被评为全国中小学中华优秀传统文化传承学校，她也开始担任全国中小学中华优秀传统文化传承学校“葫芦文化”特色课程负责人，成为以美美与共工作理念在基层小学中贯彻国家美育政策并引领团队协作的学科带头人。

艺术类专业的毕业生在民族高校中是一个特别的群体。少数民族高等教育进行的专业教育包括常规专业教育、少数民族传统科技与文化专业教育以及以上两者相交叉融合的专业教育[①]，美术、音乐、舞蹈等正是其中最具民族特色的专业教育。艺术类专业毕业生作为以自我实现为导向就业的一股活跃力量，他们的求职步骤与表3–1–1中大多数高校毕业生一轮轮地参加考试不同，择业偏好方面也呈现出个性化的多元选择标准。作为一个教育投入成本高、就业注重对口性而口径较窄的专业，艺术类高校的毕业生去私营企业就业的概率较高[②]，艺术类专业毕业生的个人职业期望往往与用人单位要求之间存在差距[③]，同时灵活就业、自由职业者较多，返乡创业的意愿偏低。

一方面，美术、音乐、舞蹈类院系或专业在高校统计毕业去向落实率时一般都表现尚可，只是就业方式上以企业或“其他录用形式”为主。例如，湖北民族大学2023届经济与管理学院以“签就业协议形式”和“签就业合同形式”就业的毕业生分别占43.11%和16.78%，而美术与设计学院的毕业生这两类就业分别占5.78%和30.67%，音乐舞蹈学院的毕业生这两类就业分别占7.56%和23.84%。不同于民族高校多数专业的毕业生是按“考公”、参加事业单位或央国企的招录、最后才考虑私企或灵活就业的顺序找工作，艺术类专业除了每年都会有一定比例的毕业生流向中小学教育系统外，还有许多毕业生会优先考虑进专业对口的私企或灵活就业、自主创业，多见流向北上广或沿海发达城市的文化、体育和娱乐业。同时因艺术类专业毕业生家境殷实，所以留学升学深造者占比也较大。艺术类毕业生踏入社会，无论是在各类企事业单位工作还是灵活创业，都能够开展丰富的文化交往互动活动，是浇灌民族团结之根的源头活水，有益于发挥强化共同理念、深化价值共识，引领广大群众共筑中华民族共有精神家园的作用。小G是毕业即考入中小学教育系统的美术学硕士，此类事业单位或专业院团就业属于艺术类毕业生找工作中最早一批定下来、工作稳定性强、就业满意度也普遍较高的类型，与此同时也要求天性活跃、思维跳跃的艺术生适度收敛个性，在遵循行业特性和教育规律的前提下发挥个性，小G正是这样一位收放自如的工作者。在职

① 曲木铁西，夏仕武.少数民族高等教育导论[M].北京：教育科学出版社，2013：16.

② 高耀，刘志民，方鹏.人力资本对高校学生初次就业质量的影响 —— 基于2010年网络调查数据的实证研究[J].教育科学，2012，28（02）：77–85.

③ 邹兴平，艾楚君.艺术类毕业生就业特点与问题探析[J].中国大学生就业，2007（16）：140–141.

场新人坐冷板凳期间，她潜心备课研究教学方法，在兼任学校行政、宣传和档案等工作时也兢兢业业完成；在所任课程借国家美育规划之势受到重视后，第一时间拿出揣摩已久的创意教案，并带领团队共同策划校本课程，同时也没丢下运营学校公众号等任务，厚积薄发地多渠道施展才华，以高度的使命感和责任心刷新了大家对艺术生散漫不易合作的刻板印象。

另一方面，伴随当前总体就业市场压力，美术、音乐、舞蹈类专业毕业生“缓就业”现象相对普遍并有扩张之势。这种情况可能与文化艺术行业的中小微企业招聘时间相对灵活有关，同时也源于艺术类专业毕业生在择业过程中考虑的个性化因素较多。无论是挑选与美术、音乐、舞蹈类专业对口的工作岗位，还是基于民族文化艺术专业背景做培训机构教师、自媒体、创业项目等，艺术类毕业生都对工作的自由度和开放度有较高要求。我国当前文化消费市场蓬勃发展，现代文化产业体系和市场体系正处于加速健全阶段，新型文化业态和文化消费模式日新月异，因而艺术生的就业也呈现许多新空间、新可能。如从事民族地区物产与文化资源开发并向全国一体化市场进行推广的产供销链条上的经营者，在依托其负责的文化创意产品、民族文旅品牌或是各类型民族文化产业，发挥出促进民族交融以及铸牢中华民族共同体意识的积极作用。又如发布民族非遗、民族文化等内容的新媒体自由职业者，可凭借自身在文化领域的专业技能素养，在互联网时代就业市场中找到一份附加值高、自由度高、富于挑战和成就感的工作。以西南民族大学为例，2023届全校毕业生中有640名以自由职业方式就业，在毕业生工作描述中，互联网营销、摄影师、自由插画师、乐器教学、自媒体达人等均榜上有名（如图3-3-1所示）。

图3-3-1 西南民族大学2023届就业类型为自由职业的毕业生工作分布[①]

在地域流动的微观空间维度、行业分布的中观专业维度之外，各民族大学生就业流动与互嵌还体现在文化辉映交融的宏观精神维度。“文化认同是最深层次的认同，是民族团结之根、民族和睦之魂”[②]。各民族互嵌的社区环境可以在就业纽带的牵引联通下，于几个月甚至几周内生成，然而深层次的文化认同，往往需要经几代人的彼此交往合作才能达至高度认同。尤其在人流、信息流都高速流通交互的全球化时代，互联网空间大幅提升了各民族之间的交流沟通和彼此认同的速度。在民族高校艺术类毕业生从事的各类文艺工作推动下，各民族共享的文化符号得到更广泛、更深入的传播弘扬，成为构筑共有精神家园、铸牢中华民族共同体意识的“通用语言”。

---

① 参见：西南民族大学2023届毕业生就业质量年度报告[EB/OL].（2024-01-05）[2025-01-15]. https：//jy.swun.edu.cn/detail/news?id=1119578&menu_id=42510&type_id=20470.

② 习近平在参加内蒙古代表团审议时强调 完整准确全面贯彻新发展理念 铸牢中华民族共同体意识[N].人民日报，2021-03-06（001）.

3.3.2 个案H：选调生的“用武之地”与担当作为

小H是一位出生于1993年的回族女生，2015年从中央民族大学理学院的统计学系本科毕业，经统一招录成为宁夏选调生，至今已工作十年。这段职业生涯中前一半时间在某乡镇政府历任党政办综合干事、工青妇干事、党委秘书、文书政务公开干事以及组织干事等职；后一半时间被调任至黄河东岸某县级市，相继在市工业和信息化局、市统计局工作，2024年被任命为副局长。回顾十年工作经历，小H既曾在乡村一线为脱贫攻坚工作入户近千次、精准扶贫，也曾为动态掌握企业生产经营情况而深入企业一线近300次，助力企业稳定生产和创新发展，无论在哪个岗位上，小H都拿出在考卷上奋力作答的认真与韧劲。

2015年初到镇政府工作的小H还稍显青涩，凭着敬业精神和实干劲头承担起党政办的日常办公任务。随着与同事下村跑一线的次数多了，她渐渐摸索到农村工作的特点以及处理农村工作事务的方式方法，并把这种“泥土智慧”内化为自己的思考与理解，逐步成长为一名善于把政策宣传给群众并引导群众配合落实各项工作的成熟干部。2019年在脱贫攻坚战的决胜阶段，当地要求乡镇干部与帮扶对象同吃同住，小H毫不犹豫地冲在一线发挥基层干部的桥梁纽带作用。建档立卡工作任务繁重、帮扶对象不理解不配合，她面临各种困难都没有退缩懈怠，而是耐心地扑下身子学、沉下心去想。例如在村里为帮扶农户落实靠养殖脱贫的政策过程中，一位老叔以腿脚不便为由婉拒，还开玩笑说请她帮忙买一只兔子尝尝味道。小H不急不躁不放弃，真的给老叔送去一对兔子，向他传授养殖方法、介绍养殖创收政策。持续的宣传与鼓励终于打开了贫困户的心结，抱着试试看、不行就当解闷的想法开始养兔，结果是不但实现了技术脱贫，还扩大了养殖规模并从兔子养殖拓展到羊养殖。这次“扶贫先扶智”“扶贫先扶志”的工作经验令小H至今记忆犹新，也令她坚定信心不断在一线工作中汲取丰富的实践素材和接地气的群众智慧。

2020年10月，小H调任至100多公里外黄河东岸的一个常住人口约30万的县级市工作。在这个既有乳制品、羊绒等传统产业，又正在着力打造光伏产业、再生金属产业的小城，进入工业和信息化局做起专业对口岗位工作的小H激动得像个职场新人。她主动承担起了经济运行分析、中小企业服务、工业大脑、项目建设等重点工作，三年间从工业领域的“新手小白”成长为了业务骨干。小H的工作职责主要是监测分析工业和信息化运行态势并对中小企业进行宏观督导和综合协调。她不仅紧密对接企业运行数据，做到应报尽报、应统尽统，不漏报错报，确保颗粒归仓；还要动态掌握企业生产经营情况，盘点分析部分企业产值波动原因，积极寻找增量、补齐缺口。这份工作需要极强的责任心和敏感性，例如2022年在新冠疫情冲击和国家税收政策调整的双重影响下，当地几家重点企业遇到了原材料短缺和运输受阻问题，数月的停产观望期积蓄了巨大压力。小H为充分发挥工业和信息化局监测经济运行的职能，几乎每天都在企业间辗转，平时一天最多跑三家企业，特殊时期一上午就能跑三家，撰写情况汇报材料30余份，及时协助上级单位完成了找增量、找替补量的调度任务，她所在的工信局当年被宁夏制造强区建设领导小组评为全区工业稳增长突出贡献单位。

近两年，响应党中央关于以科技创新推动产业创新的号召，小H在繁忙的日常工作之余积极学习“机器人+”“数字化+”“互联网+”等新业态，探索引导市内企业实施机器人应用项目。她陆续组织了25家企业申报宁夏回族自治区创新型中小企业、“专精特新”、关键技术“揭榜攻关”、企业技术中心、工业互联网建设等支持项目18项。已有6家企业被评为自治区“专精特新”中小企业，2家企业被认定为自治区企业技术中心，12家企业获得市级产值突破和增长奖励，1家企业获评2023年银川市重点产业链“链主”企业。累累硕果中，小H证明了一名工信业务职工的尽职尽责工作能够有效激发多家企业的发展信心。

2024年元旦过后，因业务需要，小H调任至市统计局担任副局长。彼时还未过31岁生日的她，再次将自己之前的业绩清零，重新拿出一名新兵的心态投入了统计局的工作。她从头学起，无论是在办公室还是到公司里、生产车间里，一本记得密密麻麻的笔记本和一本已翻得皱皱巴巴的普查手册从不离身。在经济普查工作中，小H每天紧张有序地穿梭于各个企业和社区，不但召集会议推动进度，也面对面地给“两员”指导入户流程，每每遇到不理解经济普查工作意义的企业主和经营者，她总是一遍又一遍耐心地解释真实反映经营情况数据对于企业、地方以及国家的重要性，白天在社区做好工作之后再熬夜完善材料，以超越同龄人的工作能力和耐力圆满地完成了经济普查工作。

小H与本章第一节中的小C一样是选调生，这种旨在通过基层锻炼培养治理人才、补充地方干部队伍的就业方式很适合民族高校。中央民族大学2022届5093名毕业生中，有300多人以选调生形式就业，约占毕业生总数的7%；2023届招录中央民族大学毕业生人数最高单位的前20名中各省（自治区、直辖市）选调生占有多个席位，包括四川省、贵州省、河北省、云南省、山西省、黑龙江省、青海省、广东省、河南省、广西壮族自治区、辽宁省、宁夏回族自治区、天津市、山东省等，此外通过北京市定向选调和优培计划（一类）就业的也有30余人。中央民族大学已进入中央选调生招录和28个省区定向选调优秀毕业生范围[①]，近年来毕业生在民族八省区以及北京、河北、山西等省（市）的报考以及选调人数都稳步增长，在首都各高校中位居前列。对民族高校毕业生而言，选调生是一种既能满足稳定工作需求又能充分实现个人社会价值的就业方式。近年来国家实施鼓励引导基层一线就业的优惠政策，民族高校也积极组织公共就业服务进校园并推进线上线下一体化服务，挖掘民族地区基层就业岗位并及时向毕业生推送，同时加大对往届选调生中优秀人物及其事迹的宣传，感召激励更多毕业生通过这一有意义的工作渠道就业。

在报考与招录程序上，定向选调生一般是各省区单独组织考试，每年9月至次年2月发布公告，考试时间与省考不同步；普通选调则与省考同步进行，通常集中在2月至3月，一些省考在公告中也包含选调生岗位。这样的招录程序有利于应届毕业生充分且灵活地选择报考节点。与考研、考公大军竞争白热化并存的同时，选调生的考试科目内容相近、选报灵活，并且以基层选拔、优先晋升、岗位保障等特点越来越受到民族高校毕业生的关注。首先在基层需求匹配方面，民

① 选调生包括普通选调（面向普通高校）和定向选调（针对部分“985”“211”重点高校或专业），定向选调生入职后也是直接到基层服务，但起点相对较高，一些地方有2年服务期满后直接考核成为副科级干部的待遇。中央选调则是仅面向部分“双一流”A类高校开放，并且在报考资格方面有党员、三好学生、优秀学生干部等严格的条件限制。

族地区在加快建设中国式现代化的进程中，亟须熟悉当地社情文化、能扎根基层奋斗的干部，民族高校中有志于建设家乡或是参与兴边富民建设的各民族毕业生，适合填补这一人才缺口，民族地区部分省市州县对少数民族学生设有专项名额，民族高校具备相应语言优势的毕业生通过选拔的概率大；其次在政策适配性方面，通晓本民族语言、习俗和基层社情的少数民族毕业生，能够精准传递国家扶贫、教育、社会保障等各项政策，避免因文化差异导致的政策执行偏差，在基层调解纠纷、处理民族事务时也更具亲和力与公信力；再者在就业质量提升方面，选调生被纳入公务员编制，职业稳定性高，社会认可度高，既符合民族高校服务国家战略的办学定位，也更符合民族地区生源及其家庭的就业期待，因而是当前整体就业压力环境下优化就业结构的重要方向；最后从促进民族团结的角度来看，少数民族青少年从高校毕业后通过选调生渠道成长为干部，无论是在边疆还是内地参与基层治理工作，都将成为本民族家庭及朋辈中的榜样，从而有利于增强各族群众对中华民族共同体的认同。同时，汉族毕业生到民族地区的县乡基层服务，又是“同心共筑中国梦”的鲜活范例，有利于增进各民族之间的了解互信和交往交流交融，贯彻实现“以中华民族大团结促进中国式现代化”①。

选调生作为党政机关选拔优秀应届生作为后备干部的专项计划，可供民族高校毕业生选择的范围广，职后发展空间也是很大的。高校毕业生的就业渠道与职业发展境遇各有不同，但只要下定不守成、不放弃、不随波逐流的决心，就总会走上施展才华的舞台，如上一节中小D、小E、小F干事创业的就业故事。又如小H尽管是在考录选调生5年之后才做上所学统计学专业对口的工作，但她在镇政府参与脱贫攻坚战的日子里也持续充实自我，从办文办会到做人做事，总是坚持将组织上的任务和要求不折不扣地执行到位。从一个细微之处的例子来看，小H一直坚持学习强国App的每日打卡学习，尽管单位并不做强制要求，但她认为这是一个利用碎片时间快速消化吸收党史、国家大政方针、会议讲话精神以及相关业务知识的日常渠道，愿意以学生的心态来“滴水穿石”。正因有这样的积累，

① 习近平在中共中央政治局第九次集体学习时强调 铸牢中华民族共同体意识 推进新时代党的民族工作高质量发展[N].人民日报，2023-10-29（001）.

小H在市里举办的主题教育竞赛中脱颖而出摘得冠军，还带动单位同事一起以赛促学。

选调生等基层就业项目凸显服务国家战略需求，彰显高校毕业生对“国之大者”的支撑。鼓励各民族大学生在铸牢中华民族共同体意识的基础上选调至各省区，沿着从优秀高校毕业生到优秀基层公务员、再到优秀年轻干部的培养路径，将逐步成长为民族互嵌社会中支撑一方建设任务的栋梁之材。如有研究者分析的，实践锻炼有助于选调生增加工作阅历、发挥特长、夯实基础、磨炼意志和积累经验，逐步由“专才”转变为“通才”①。从留在北上广或是考公考编的“独木桥”赛道上打开视野，学会立足自身比较优势走交叉赛道，是少数民族大学生树立积极择业观并实现充分就业、高质量发展的关键一步。

3.3.3 个案I：用青春践行知行合一校训的志愿者

小I是一位1991年出生于四川巴中的男生，2016年从中央民族大学历史文化学院毕业后志愿入藏工作，现任西藏腹地、拉萨河下游某乡的平安建设办公室副主任。

在校期间的小I就是一名志愿活动积极分子，陆续参加了大学生社会调研实践活动，担任川渝返乡志愿服务队负责人，并获得“青年中国行”2014年暑期大学生社会调研实践活动全国百强团队、共青团四川省委“第六届四川省青年志愿者优秀个人奖”、北京市普通高等学校“优秀毕业生”等多项荣誉。中央民族大学多姿多彩、美美与共的校园氛围，使作为四川青年的小I，在耳濡目染中将费孝通先生对于民族文化自觉“和而不同”的思想深深烙印在内心深处。瑰丽多姿的藏装等民族服饰与节日，魏公村餐饮一条街的各色民族美食，纯净悠扬的西藏民族音乐与每周五晚上小广场“锅庄”舞蹈的魅力……这些鲜活美好的校园生活记忆，在小I心中埋下了奔赴西部边疆磨砺自我、服务社会的种子。

① 萧鸣政，卢亮，王延涛.选调生政策及其实施效果[J].北京大学教育评论，2015，13（02）：18-30+187-188.

2016年毕业季只身入藏后的小I，凭借“抛下了一份责任，是为了另一份使命”的信念，一一克服了远离父母亲朋的孤独感和雪域高原高寒缺氧的艰苦环境，很快进入角色，投入乡村扶贫专干的任务中。基层工作的8年里，小I坚守在乡村和干群一线，先后参与当雄县精准扶贫精准脱贫“百日攻坚战”、曲水县“双百攻坚战”、乡村振兴、基层治理等工作。他充分发挥一名985高校毕业生的学识与智慧，不但动态管理建档立卡贫困户资料和扶贫工作台账，而且广泛开展了易地搬迁、扶贫产业、就医就学、转移就业、社会保障等方面的调查研究，陆续协助申报了8个以种植养殖、民族服装合作社等为主的扶贫项目。2019年，小I参与编写并协助出版中国扶贫之路典型案例系列丛书《守护神圣国土 建设幸福家园 —— 中国新时代脱贫攻坚的曲水实践》。2020年，小I参与编写的《西藏自治区巩固脱贫攻坚成果 加大产业扶贫力度的调查 —— 以拉萨市曲水县扶贫产业为例》受到原国务院扶贫办领导批示。

2018年7月曲水县顺利通过国家考核验收，实现脱贫摘帽，其间凝结着许许多多像小I这样志愿扎根边疆基层带动群众增收致富的高校毕业生的汗水和力量。在用知识和行动践行扶贫使命的过程中，小I也从一名朝气蓬勃的大学生志愿者迅速被锻炼成一名能够独当一面的基层干部。已有近10年党龄的他坚信“身在一线就要为基层着想，心在人民就要为群众服务”，因而十年如一日地赓续红色传统、践行党的宗旨。在脱贫攻坚战中，小I把结对帮扶的困难群众视为亲人，定期走访慰问，不仅聊家常询问生计，讲解党和国家的惠民利民便民政策，更主动帮助寻找务工岗位、外销农副产品，协助患病群众就医以及进行医保报销等。在与乡村振兴衔接的新阶段，小I更是大力弘扬“老西藏精神”“两路”精神，扑下身子、甩开膀子、脚踏实地履职尽责。他主动收集民意、了解民情，反映民声、回应民求，利用“四下基层”在群众中大力推广线上服务平台，让群众少跑路、让数据多跑路，为乡里农牧民群众、各地菜农、驻乡企事业单位人员等解决了一系列急难愁盼的问题，细腻有人情味的工作风格得到了当地各族群众的一致好评，工作至今获得“拉萨市优秀专招生”“拉萨市疫情防控优秀志愿者”“曲水县优秀公务员”等多项荣誉。

与本章第二节中的小E相似，小I也是在西藏地区工作并为顺利完成脱贫攻坚任务贡献了力量；而与藏族干部小E不同的是，小I并不具备以相同语言、相似文化开展工作的便利性，因而更加需要保持“中华民族一家亲”的情怀和“边干边学、在干中学”的耐心。各民族大学生从高校毕业迈入职场的位置，是其融入全国一体化劳动力市场并展开职业生涯的“圆心”，跨省跨区流动就业的毕业生们将画出其在建设中华民族共同体中新的发展“半径”。从就业环节着力推动建立各民族相互嵌入的社会结构和社区环境，不仅鼓励边疆民族地区的大学生到内地工作，当然也包含鼓励内地大学生赴边疆参与建设。例如小I和第一节中小B属于汉族毕业生前往边疆民族地区工作，而小C则是湖北恩施的少数民族（苗族）大学生前往另一个民族地区（广西壮族自治区）工作。小B、小C、小I这些“互嵌的另一半”群体，属于共同构成中华民族共同体建设的基石力量，他们对民族地区从了解、接触到嵌入扎根的经历，体现着中华民族共同体意识在“互嵌式社会结构”中铸牢的过程，并且是动态的一环。中央民族大学每年都有大批生源地为非民族地区的优秀毕业生，经过在民族高校这一民族互嵌式社区环境4至7年不等的熏陶后，选择前往边疆民族地区就业乃至落户安家。尤其是其中参加乡村振兴专干等服务基层项目的毕业生，尽管其择业的首要动机未必一定是主观奉献，客观上或多或少包含着就业压力等因素，但不可否认，他们“把根扎在土里”的就业，给边疆民族地区高返贫风险的农村基层的精准脱贫、新农村建设、农牧业现代化等工作带去了活力和希望，符合党和国家“到西部去，到基层去，到祖国和人民最需要的地方去”的号召。

“卫国戍边”作为大学生志愿服务西部计划的一个专项选拔项目，是为边民富、边关美、边境稳、边防固贡献青年才干的青春事业，也是新生代脚踏实地学本领、长才干、树信念的锻炼机会。对民族高校的毕业生而言，其自我实现除了体现在个人职业发展上，更关涉对民族文化的使命担当——如传承创新民族文化、推动边疆民族地区经济社会发展、建设中华民族共同体等。在大学生就业工作的顶层范畴，校训、校风、教风、学风以及办学传统等，都可以成为引领就业的精神内涵积淀①。从各所民族高校与其他民族地区高校的校训（见表3–3–2）中，可读到其在提供人才支撑与价值引领上的异同。中央民族大学的“美美与共知行合一”强调各民族文化的互鉴共荣，要求毕业生在自我实现中超越单一文化视角，凭借跨文化适应力、沟通力在多元文化深层互动中知行合一。中南民族大学的“笃信好学自然宽和”、西南民族大学“和合偕习自信自强”以及广西民族大学“厚德博学和而不同”中均含“和”字，这是源于《论语》《礼记》的中国儒家经典，也符合藏、彝、壮、瑶等少数民族的“和合”文化传统，不约而同地表达出在文化多样性环境中实现学术求真、发展创新、社会责任的理念。对比民族地区其他高校的校训，可见灵活使用两字三组或四组结构，不像前述民族高校那样工整地使用四字格对仗写法，因而仅从语义结构层面也可看出贯彻于民族高校人才培养中的均衡和谐价值取向。概言之，民族高校和民族地区高校校训传达的理念有一个明确的共同方向——不和谐，则无发展之可能；无集体之团结，就不足以谈个人之自我实现。将这些包含民族传统文化的校训作为引导毕业生高质量充分就业的核心理念，符合高校思政工作中“以文化人、以文育人”②的要求。

表3–3–2　部分民族高校的校训一览

校名	校训
中央民族大学	美美与共 知行合一
西北民族大学	勤学 敬业 团结 创新
西南民族大学	和合偕习 自信自强
贵州民族大学	自强不息 全面发展
广西民族大学	厚德博学 和而不同
中南民族大学	笃信好学 自然宽和
青海民族大学	进德修业 自强不息
大连民族大学	团结 自强 求是 进步

① 蒋利平，刘韧，聂建晖.思想政治教育视角下的大学生就业竞争力提升策略[J].沈阳大学学报（社会科学版），2018，20（01）：82–85.

② 习近平.习近平谈治国理政：第2卷[M].北京：外文出版社，2017：378.

续表

校名	校训
湖北民族大学	博学 博爱 立人 达人
四川民族学院	团结 奋进 重道 精业
内蒙古大学	求真务实
延边大学	求真 至善 融合

小I用青春践行“美美与共，知行合一”的就业故事是新时代青年扎根基层、服务民族地区的生动写照。还有千千万万的西部计划志愿者虽然不像小I是在雪域高原这样条件艰苦的地区工作，但同样以实际行动让青春的火花在平凡的岗位上璀璨绽放，诠释了对民族地区的深情厚谊与无私奉献。青年充满活力，能够以平等、包容、友爱的视角看待和而不同，能够用欣赏、互学、互鉴的态度对待多种文化，是当前形势下把边疆地区发展纳入中国式现代化战略全局的有力支撑力量。如果说少数民族人才向内地流动就业，体现出社会结构层面的互嵌意义，那么内地生源从民族高校毕业后留在当地或前往其他民族地区服务建设，则还别具一层对互嵌社会“充实”的意义。进入新时代以来，我国民族地区普遍经历了经济跨越性进程，局部还呈现出跳跃性特征，从西北广大牧区的生态搬迁和生计转型，到云贵等省区在脱贫攻坚战中实现全面小康，其实现过程依托党对民族地区“一个民族兄弟也不能少”的深切关怀与优惠政策，但同时，防止系统性返贫的民生任务和建设压力仍任重道远。如第二章第一节所述，民族高校近几年毕业生对“北上广”及东部城市就业的优先选择仍普遍，说明经济发达、环境宜居、岗位丰富是吸引大学生的基础条件。在这种情况下，民族高校以及民族地区高校毕业生以促进民族团结进步事业、铸牢中华民族共同体意识的责任与担当选择西部志愿计划就业，奔赴边远地区、民族地区、贫困地区展开个人职业生涯并实现自我价值，是弥足珍贵的。

3.3.4 个案J：两年军旅锤炼受用一生的职业素养

小J是一位曾先后在中央民族大学、北京林业大学攻读学士和硕士学位，还曾有两年军旅生涯的经历丰富的毕业生。2014年，即将从管理学院工商管理专业毕业的他做出了一个热血的决定——放弃保研机会，通过“大学生士兵计划”报名参军。两年军旅生活的摸爬滚打中，他得到了迅速成长。现在于北京市某区担任税务局法制科副科长的小J回忆这个不悔的决定，认为给自己带来了一生受用不尽的锻炼经验——超越自己、服务人民、奉献社会，正是这三种在从军期间铸就的信念，推动他在工作中不断取得进步。

2010年，小J考入中央民族大学后就展现出兴趣广泛、善于交际的特点，校园生活中参加话剧团、书法协会等社团的体验发挥了他的特长，参加学生会、竞选班长、创办青年创业者协会等经历则提升了他的实践活动和组织协调能力。在校期间陆续获得优秀学生干部荣誉、国家励志奖学金的小J，在毕业季原本已获得保送攻读研究生学位的机会，但想起自己从少年时期就怀揣的从军梦，他果决地通过“大学生士兵计划”报名参军。

挥别五彩缤纷的校园生活来到军营，小J要过的第一关就是大学生入伍之初最难的体能训练。他顶着“大学生士兵有知识、没体能”的刻板印象，坚持别人能吃的苦自己也能吃，别人能完成的训练自己也能做到。例如在学习擒敌拳时，小J一开始也曾因动作僵硬做不到位，但他不气馁也不好面子，一遍又一遍地勤学苦练，主动求助于班长“开小灶”单独指导。只过了两个多月，小J不但通过自己的扎实训练过了技术关，还因动作规范被推荐参加了全中队的汇报演习。下连队后，小J被分到了应急班。这是一个被誉为“中队的尖刀”的集体，班里10名士兵都是各方面训练的尖子。小J在新兵连积攒起的优势被拉平，但他不急不躁，再次将压力转化为动力并开始学习和追赶。例如对于讲究力量和技巧的单双杠器械训练，小J一边观摩学习队友的经验技巧，一边利用晚饭后别人自由活动的时间举哑铃、做俯卧撑增加体能，硬是在一年间把单双杠练习提高到了中队数一数二的水平。小J两年服役期间，这种刻苦攻关的例子不胜枚举，因此在这段军旅生涯中获优秀义务兵2次、支队嘉奖2次。从小J个人内心而言，他认为更重要的是打磨了自己的意志品质，形成了不甘落后、勇争第一的性格，这使他从入职工作至今仍保持了军人本色。

2016年，小J退伍并通过了公务员考试，来到首都副中心——通州，成为百万税务铁军中的一员。从“橄榄绿”到“税务蓝”，是一次英姿飒爽的转身。小J坚守初心，始终用不断超越自我的高标准要求自己。首先是在窗口服务中情暖纳税人。2018年9月至2021年12月期间，小J都是在办税服务厅的窗口工作，他秉持一名党员全心全意为人民服务的宗旨，将这方寸空间视为前沿阵地，不仅贯彻“一次性告知”“最多跑一次”的高效服务，而且善于换位思考，每每主动优化办税流程、为纳税人排忧解难，这样的服务风格赢得了所内外一致认可，多次接到感谢信以及“12345”“12366”热线电话中的表扬，甚至在小J处理争议业务之后，也会收到纳税人赠送的锦旗。其次是以严谨作风提升服务品质。退伍后的小J从不曾丢掉军人作风，他每天提前到岗，规范物品摆放，营造井然有序的办税环境，简直是将部队内务的标准引入了办税大厅。他深知要为纳税人提供优质服务就必须业务本领过硬，所以经常主动向领导和同事请教业务知识，还通过考取在职研究生不断提升自己的专业素养。再者是以法治建设提升税务人员执法水平。2021年底至今，小J担任法制科副科长，他充分发挥法治与督审的岗位优势，紧盯制度落实中的问题，优化完善制度流程，如推动办税大厅开通“绿色通道”、设置“军人优先窗口”。他还细致推进科学执法，在为基层工作人员减负的同时提升税务人员执法水平。

参加工作至今，小J获得嘉奖一次、三等功三次、北京市税务系统优秀共产党员、北京市政务服务管理局“贴心服务标兵”荣誉称号。无论身处哪个岗位，小J都保持军人本色并始终发光发热。立功受奖是高光，有条不紊是常态，就像他在办税窗口服务的4年中处理过10000余件业务那样，所谓对自我的军事化管理，也是一种终身学习、终身自律的职场心法。

民族高校就业指导工作的重点，10年前在于扭转学生个体“缺乏吃苦精神，在择业观念上过于追求实利，考虑就业问题的时间较晚，在校期间未能为走向社会做必要的准备”[①]等问题，而今已发展为要助力毕业生群体拓宽视野、解放观念，尤其是少数民族大学生以及民族地区生源，应“主动提升自己的就业综合竞争能力，而不是对政策形成依赖，总是一味地要求社会去适应和迁就民族的‘特殊性’”[②]，应当对自身未来可选择的就业环境、必要准备以及职后表现等，及早建立开阔视野和合理预期。就民族工作领域而言，受就业市场大环境和一些自媒体对个案渲染的影响，加重了少数民族学生整体的悲观、焦虑、自卑等负面心态，给日常开展就业工作带来挑战，对在全社会铸牢中华民族共同体意识也构成不稳定因素。而在小J成功就业、顺利发展的故事中，可以观察到他综合运用了自身在性格、兴趣、天赋、专业等方面的优势，同时又紧密结合就业市场形势适时地为自己锻长板、补短板、提升就业胜任力和竞争力，从而在校园到职场的各个阶段都走出了稳健的步伐。

就业能力是一种与职业相关的综合能力，并非单一体现于毕业季的就业技巧，而是一种主体长期锻炼并习得的能力群，包括知识、技能、态度、个性、心理承受能力和社会适应能力等综合素质[③]。民族高校的就业指导也并非仅服务大四、研二或研三学生群体，而是要通过尽早向学生普及就业市场形势激发其紧迫感和内驱力，从而自发提升求职竞争力和职场胜任力。例如，青海民族大学对2023届本科毕业生的调查中，受访者认为工作中最重要的通用能力（多选）前5位依次是团队合作（83%）、沟通交流（81%）、解决问题（72%）、终身学习（72%）、环境适应（71%）；认为受母校学习经历提升明显的通用能力（多选）前5位依次是解决问题（91%）、沟通交流（91%）、环境适应（91%）、团队合作（89%）、信息搜索与处理（88%）[④]。又如，广西民族大学2023届毕业生的

---

① 马钟范，郑喜淑.民族院校少数民族大学生就业状况调查研究[J].民族教育研究，2008（04）：36–41.

② 高岳涵.西北少数民族大学生就业问题探讨[J].中南民族大学学报（人文社会科学版），2017，37（03）：63–66.

③ 阎大伟.试论大学生就业能力的构成和要素[J].青海社会科学，2007（06）：28–31.

④ 数据来源：第三方专业机构面向青海民族大学2023届毕业生调查，共回收有效问卷1755份，回收问卷数量占毕业生总人数的46.6%。参见：青海民族大学2023年毕业生就业质量年度报告[EB/OL].（2024–11–13）[2025–01–20].https：//xxgk.qhmu.edu.cn/info/1216/2185.htm.

同类统计中，各学历层次毕业生认为工作中最重要的通用能力（多选）排名不尽相同：本科生选出的前5位分别是沟通交流（85%）、团队合作（80%）、解决问题（72%）、环境适应（69%）、终身学习（68%）；硕士生选出的前5位分别是沟通交流（80%）、团队合作（73%）、解决问题（68%）、终身学习（68%）、环境适应（67%）；本科与硕士毕业生的观点相似度较高，而博士生因从事科学研发、高端制造业等工作的人数较多，选出的通用能力前5位分别是终身学习（88%）、沟通交流（81%）、团队合作（81%）、创造能力（63%）和解决问题（56%）。同时，博士毕业生在受母校学习经历提升明显的通用能力调查反馈（多选）中，绝大多数都勾选了信息搜索与处理、解决问题、终身学习、阅读能力、创新能力①。可见，民族高校毕业生要通过各自专业领域的就业创业引领民族地区融入新发展格局、融入全国统一大市场，不仅需要具备适应当前市场需求、适合服务区域经济建设的学科素养，也要保持对个人综合能力素质持续、全面的提升。以小J为例，无论是在校期间参加学生会和社团活动，还是在毕业季报名参加“大学生士兵计划”，再如到税务部门工作后又考取了在职研究生攻读硕士学位，始终处于不断更新个人知识结构、拓展能力边界、提升就业胜任“内力”的进化过程中。

① 数据来源：第三方专业机构调研数据，面向广西民族大学2023届毕业生共回收有效问卷3706份，回收问卷数量占毕业生总人数的52.43%。参见：广西民族大学2023届毕业生就业质量年度报告[EB/OL].（2024-01-16）[2025-01-17]. https：//www.gxmzu.edu.cn/info/1381/164252.htm.

第四章　民族高校就业指导服务的提质升级进路

2024年11月14日，教育部、人力资源社会和保障部为全力促进2025届毕业生高质量充分就业，召开全国普通高校毕业生就业创业工作会议，要求各地各高校准确把握高校毕业生就业工作在教育强国建设中的使命和定位，“准确把握当前做好高校毕业生就业工作的形势和条件，树立新时代大教育观、大就业观，跳出教育看就业、立足全局看就业、着眼长远看就业，推动思想观念、工作重点、组织方式、评价机制转变，聚焦关键环节和重点任务，全力促进2025届高校毕业生高质量充分就业”[①]。基于当前全国民族高校的实际情况探讨高质量充分就业，可发现衡量标准已从简单的“初次就业率达标”转向了全面的“毕业去向落实率”及其背后立体的“就业质量 — 文化传承 — 区域发展”三位一体系统性建构。

高校毕业生是我国就业支持体系的重点群体，民族地区是保障就业安全和实现共同富裕的重点区域，因而民族高校肩负“跳出教育看就业、立足全局看就业”的任务尤其重要。结合本书第二章、第三章的数据和案例，笔者认为新时代民族高校亟待开展“不断线”的公共就业服务，建立健全对毕业生的跟踪和反馈机制，配备专业指导人员和机构为大学生进行职业生涯规划服务，及时对各民族大学生择业价值观进行有效引导，鼓励毕业生充分融入区域协调发展战略和全国一体化劳动力市场，进一步深化创新创业教育并大力扶持在校学生自主创业。以

① 中华人民共和国人力资源和社会保障部.做好2025届高校毕业生就业创业工作[EB/OL].（2024-11-18）[2025-01-15].https：//www.mohrss.gov.cn/SYrlzyhshbzb/dongtaixinwen/buneiyaowen/rsxw/202411/t20241118_530102.html.

上就业指导服务提质升级的进路，都应紧密围绕铸牢中华民族共同体意识主线。

第一节　准确把握新时代就业工作形势

4.1.1 就业数据监测核查

2025年，全国高校毕业生规模预计达到1222万人，这是连续第四年毕业季涌入劳动力市场的大学生总数在千万人以上。逐年累积下来的未就业、缓就业的大学生群体对全社会构成全局性的就业压力；同时，一些边疆地区、民族地区还因产业转型、区域发展规划以及传统择业观念等因素影响，存在各类结构性的人力资源供需困难。党和国家多年来高度重视大学生等青年群体就业，千方百计增加就业岗位，多措并举确保青年就业水平总体平稳。民族高校的就业工作有自身特殊性，其毕业生的就业质量和满意度牵动着边疆地区、民族地区社会的稳定与发展，更是应作为重中之重予以全力保障。

从毕业生就业质量的“出口端”向招生计划编制的“入口端”、专业结构优化和教育教学改革的“过程端”反馈参考意见，都需要以准确、及时、全面的就业数据监测核查为前提。教育部近年多次要求严查、遏制高校毕业生就业数据造假行为[①]，对违规高校实行“红牌警告”以及涉及招生和财政拨款的相关处罚。高校毕业生的“纸面就业”[②]、随意登记“灵活就业”等现象，会对学生、学校以及社会造成三方面的危害。首先对学生本人而言，错误登记或不登记就业状态会失去享受创业补贴、岗位和培训机会推送以及后续就业指导服务等扶持的资格，

---

① 教育部办公厅关于进一步加强高校毕业生就业状况统计核查工作的通知（教学厅函〔2019〕22号）[EB/OL].（2019-05-13）[2025-03-15]. https：//www.gov.cn/xinwen/2019-05/13/content_5391030.htm.

② 即一些大学生并没有真的找到工作，而是由一些商家提供虚假就业协议、付费“盖章”服务；个别高校工作人员在“三方协议签约率”考核的层层压力传导之下，也配合在毕业去向落实率的数据上弄虚作假。

还可能因档案信息混乱而影响到未来的考公考研计划；其次对校方而言，失去对就业数据真实性的掌握意味着在学科资源再分配上的失控，误判生源就业质量就无法及时依据人力资源市场供需优化调整学科结构以及对后续毕业生的技能培训方向，久而久之高校的声誉口碑都将受到难以挽回的损失；最后对社会而言，就业数据方面的“虚假繁荣”必将危及公众对高等教育系统和社会诚信体系的信任感，加剧后续毕业学生及其家长在择业择校等方面的顾虑，还有引发涉及社会公平等方面舆情的风险。

肩负“为少数民族和民族地区服务、为国家发展战略服务”办学宗旨的民族高校，在就业领域面临政策宣传能否贯彻到位、创业教育能否发挥引导性号召力、如何有效避免专业设置与市场需求脱节以及如何化解少数民族大学生对市场化就业的畏难心理、对异地就业和返乡创业的抵触情绪等诸多难点，因而对就业数据统计工作不仅要抓牢还要抓细。建议民族高校一方面对内强化就业工作的数据监测与督促核查，细化调查、客观反映，通过动态监测和交叉核查（如电话回访、社保记录比对等），杜绝就业统计中的“被就业”“假签约”等数据造假行为，从而避免误导招生和培养方案的制定，并强调就业统计数据弄虚作假行为可能导致的涉民族因素舆情风险，必要时可引入第三方机构（如麦可思研究院等）进行独立核查，通过交叉验证确保数据可信度；另一方面，对外积极搜集区域和行业就业动态，动员各院系都参与到对相关领域就业趋势的常态化统计分析中来，及时准确地把握经济社会发展对各类人才规模的新需求，以便提前对各院系毕业生的就业市场表现建立合理预估，并作为专业设置、招生计划、经费安排等方面的参考指标。总之，就业数据监测核查是一项用以判断高校办学各环节是否良性发展的“年度体检”，是促进毕业生就业质量与在读生培养质量协同提升的有效手段。

4.1.2 就业质量评价反馈

依据《中华人民共和国高等教育法》及教育部《关于深化高校创新创业教育

改革的实施意见》（国办发〔2015〕36号）等法规文件，高校需依法公开毕业生就业数据，接受社会监督。每个年度的就业质量报告，是评估高校办学水平、人才培养成效的重要参数体系，事关争取政策资源倾斜、经费分配、专业设置审批等环节，其制作与公示是教育系统向治理体系和治理能力现代化转型的标志。本书第二章中横向对比分析12所高校的2023届毕业生就业情况，数据即来自这些高校发布的年度就业质量报告。

高校处于毕业生就业统计工作高校—地方—国家三级核查机制系统中的第一环，对统计到的就业数据和情况，除了依规上报并面向社会公布教育教学“成绩单”外，还应充分重视、加以利用，结合教学评估等工作定期协调各培养单位分析研判这些参考资料，从中提炼和校准本校下一阶段教育教学改革的方向。例如，对毕业去向落实率达到95%且市场趋势预测向好的专业，可规划次年按一定增幅比例进行扩招；而对于连续2年以上毕业生中未就业、暂不就业者占比超过30%的专业，则要审慎研究其招生规模是否需收缩，对症分析制约充分就业的瓶颈，及时优化更新培养方案，为目前求职竞争力、就业胜任力偏弱的在校生追加面向就业市场所需的跨学科技能培训；对于毕业生问卷调查显示就业满意度高、平均起薪高于行业均值的专业要及时建立参考坐标系，强化人才培养和输送规模，力争形成良性循环。

当前民族地区处在全面深化改革开放、提升自我发展能力的重要阶段，民族高校在统计并编制年度就业质量报告的过程中不仅要密切关注国家大政方针与区域发展战略，还应细化分析各民族毕业生的择业偏好和就业流动趋势，分析本校招生就业工作与民族地区融入新发展格局、实现高质量发展、促进共同富裕的适配度，进而引导各培养单位做出反馈和响应。近期而言可结合应届毕业生的生源水平和专业特点，多组织“小而精”“专而优”的专场招聘双选会；长期而言可有的放矢地定向培养紧缺人才，优化学科课程结构，开展产学研融合的校企合作。例如第二章第二节中，以大连民族大学和贵州民族大学的2023届毕业生就业行业分布分析了学科专业配置丰富度与毕业去向落实率之间的正相关性；在第二章第四节中，通过对湖北民族大学2023届毕业去向落实率偏低专业的专项分析，发现民族高校为应对当前严峻的就业市场压力，需要在精准对位就业市场需求配置学科和保留宽口径培养人才机制两方面寻求平衡点。该校也的确在2023年毕业生就业质量年度报告中，根据调研反馈将中药学–两年制、医学影像技术–两年制2个专业标记为毕业去向落实率“红灯”专业、将食品科学与工程–两年制、社会学2个专业标记为专业相关度“红灯”专业、将会计学–两年制、机械电子工程–两年制2个专业标记为就业满意度“红灯”专业①。近年来，随着大数据技术的成熟与普及，许多民族高校的就业指导服务部门开始接入集数据统计、人才画像、趋势预测、政策模拟、人岗适配度分析等功能于一体的智慧就业平台，数字化赋能就业服务并释放出教育治理现代化的创新效能，就业质量评价反馈的工作也由此得到校方越来越多的重视，上升为人才培养输送流程中的枢纽环节。

4.1.3 分类纾解“慢就业”

第二章第四节分析了湖北民族大学医学部2023届毕业生中部分专业出现大面积“慢就业”现象的成因，这种应届毕业生因市场需求、专业对口、技能储备、择业偏好等方面的问题无法及时就业的现象，近年来在全国多地都呈持续上升趋势。从国际经验看大学生就业与社会发展，高学历青年“慢就业”是一个值得全社会警惕并重点应对的问题。以近邻日本为例，经过20世纪90年代至21世纪初的“就业冰河期”，“尼特族”（not in employment，education or training）人数已于2020年达到约87万，在其总人口中所占比例趋近于1%。尽管日本政府出台了《青年就业促进法》（2015年）、拨款实施了“人才开发支援补助金（专项培训课程）制度”等②，仍难以控制无业或仅以短工为生的青年群体规模。这种现象的形成除了源于泡沫经济盛行等外部原因，还与日本青年一种根深蒂固的普遍观念有关——70%以上的青年员工将长期持续就业作为职业生涯理想模式，对于

① 参见：湖北民族大学2023年毕业生就业质量年度报告（本科生）[EB/OL].（2024–11–18）[2025–01–06].https：//www.hbmzu.edu.cn/xxgkw/info/1155/4715.htm.下同。

② 濱口桂一郎.日本の若者と雇用——OECD若年者雇用レビュー：日本[M].あかしし：明石書店，2010：64–67.

更换工作的回避心理造成了社会中累积大批“被剩下的/无法顺利融入社会的年轻人”群体[①]。又如韩国的“尼特族”在其16—24岁城镇青年人口总数中占比已超过17%，因为韩国青年普遍笃信拥有高学历、高技能水平才能选择到高质量的工作，因而多涌向大学和企业集中的中心城市租房独居，首尔、釜山、仁川等地有大批通过一轮轮地参加各类考试、寄希望于通过获得更多技能证书来加强自身的“独居一代”（Honjok）[②]。为此，韩国政府不得不实施多种条例和举措，鼓励并吸引城市青年人口通过创业体验和“地区主导型青年就业项目”等方式返农、返渔、返村[③]，但收效甚微。

邻国自21世纪以来的青年就业问题足以为戒，启示我们不能小觑大学生执着于考研考编而回避市场化就业、灵活就业的危害。尤其结合民族高校的就业工作实践来看，规避“慢就业”“缓就业”风险需要从三方面同时发力：首先，少数民族生源受文化风俗等“拉力”影响而多倾向于返乡进入体制内寻求稳定工作，在近年来公职岗位和公益类岗位渐趋饱和的总体性压力下，仍不惜“二战”“三战”考编，这种择业观亟待引导纾解；其次，民族高校作为少数民族大学生的选拔和培养单位，与生源同样存在对优惠政策和扶持措施的惯性依赖，因而在解决总体毕业去向落实率下降和结构性供需矛盾时，也不同程度地存在响应慢、办法少、思路窄的问题，校方必须先于学生迈出适应经济新常态下市场化就业环境的一步；再者，在推动毕业生多渠道充分就业的过程中，既要让劳动力市场“看不见的手”发挥出应有的人力资源调配作用，也要保障稳妥推进各民族大学生对就业模式的过渡适应，民族高校的就业部门必须切实发挥出指导服务职能帮助毕业生更好择业、更快就业，用心用情缓解各民族学子就业“期望错配”问题，避免青年“躺平”“蹲啃”现象的出现。

---

① 石井知章（Tomoaki Ishii）.少子化时代日本青年就业的现状和问题[J].中国劳动关系学院学报，2023，37（01）：1–11+32.

② 即年轻人独立租住公寓的“一人家庭”，其生活中hon–bap（独自吃饭）、hon–sul（独自喝酒）、hon–yeong（独自去电影院）和hon–nol（不因独自一人而感到想家，享受与自己的互动）。参见：Valle，V. D.2021，Solo se vive unavez：el fenêmeno"honjok"en Coreadel Sm. Ⅻ Congreso National de Estudios Coreanos（La Plata，modalidad virtual，23 y 24 de noviembre de 2021）.

③ 马峹，郝艺璇，郑妲嫒.韩国的均衡发展策略与青年流动[J].当代韩国，2023（04）：47–59.

第二节　加大市场化就业渠道拓展力度

4.2.1 挖掘岗位新增长点

“十四五”时期，我国就业工作的主要目标是实施就业优先战略，健全有利于实现更充分更高质量就业的促进机制。政策的基本原则包括坚持就业导向、政策协同，坚持扩容提质、优化结构，坚持市场主导、政府调控，坚持聚焦重点、守住底线[①]。结合民族高校的就业工作实践来看，就业总量问题仍将是当前和今后一段时期内持续存在的就业基本矛盾，劳动力市场存量与增量之间的“入不敷出”必须依靠拓展就业渠道、优化就业结构、千方百计创造就业岗位予以化解。基于本书第二章、第三章的定量和定性分析，笔者认为民族高校就业促进工作的当务之急是从以下三方面挖掘岗位新增长点。

一是将就业服务的扩容提质工作纳入“三全育人”系统工程。当前民族高校谋划推动高质量充分就业的首要抓手，在于突破传统就业路径依赖，通过“政策对接+产业适配+能力重塑”的三位一体策略，全员、全方位、全程齐头并进开展各级各类“不断线”的就业服务保障工作。各院系、各人才培养单位必须在面向人才市场需求提高毕业生求职竞争力与就业胜任力的基础上，持续扩大就业指导的学生覆盖面与受益面，确保“为少数民族和民族地区服务、为国家发展战略服务”的宗旨和大教育观落实到毕业生就业满意度的提升上。

二是聚焦民族地区基层治理与公共服务寻找就业机会。据专家研究发现，农村生源大学生以及缺乏家庭文化资本和经济资本的大学生，因风险承受能力较弱、安全感需求较高和风险厌恶偏好较强，而更多地想去体制内就业并更可能选

① 新华社.国务院印发《“十四五”就业促进规划》[EB/OL].（2021-08-27）[2024-01-02]. https：//www.gov.cn/xinwen/2021-08/27/content_5633732.htm.

择“逃离北上广深”[①]。民族地区尤其是乡镇基层经济条件一般家庭的子弟，传统择业观一时难以扭转、不愿跨省区就业或参与市场化竞争者，适合从基层服务项目中寻求就业机会。第二章第三节介绍了基层服务项目的主要种类以及相关政策，第三章以个案H（选调生）和个案I（西部计划志愿者）的经历分析了参与国家/地方基层服务项目的优势，如稳定性强、社会评价好、服务边疆跨越式发展会取得更高成就感等。可见基层服务项目是市场化转型中值得民族高校重点关注的就业率拉动增长点，建议优先推送熟悉当地语言文化的毕业生参与，并鼓励学生围绕当地乡村振兴、兴边富民、教育医疗系统数字化升级等事业施展才华，建功立业。

三是对接区域特色产业与新兴经济帮毕业生找到用武之地。民族高校中的少数民族毕业生普遍具有双语及跨文化交流的文化资本，但真正将其在就业中转化为优势者却不多。若能扭转以考公入编为理想就业的单一择业观，民营经济和创新创业的就业市场中其实还存在大量学有所用、人尽其才的职业发展机遇。例如，随着5G通信、万物互联等数智技术在边疆民族地区普及，数字经济“弯道超车”的赛道中蕴含大量商机与岗位，掌握少数民族语言（尤其是傣语、朝鲜语等跨境小语种）的大学生可在方兴未艾的跨境电商、边境贸易以及“一带一路”建设等领域发挥作用。又如，在非物质文化遗产数字化、民族医药产品研发与营销、民族纹样数据库专利设计等领域，本民族工作者的文化解码与译介作用是无可替代的。

4.2.2 深化访企拓岗行动

在广大民族地区，更加充分、更高质量的就业意味着各族群众中有更多劳动者更好地共享改革发展成果，这是实现共同富裕的基石。2025年4月初，民族教育重点工作部署会将“优化少数民族和民族地区人才培养，提升教育对口支援效

① 李春玲.大学生就业选择的趋同与分化——理性选择与社会分化[J].北京大学教育评论，2023，21（03）：51-68+188-189.

能，打造民族地区教育发展新动能”作为三大任务之一提出[①]。以民族高校教育成果新动能驱动民族地区发展新引擎，检验成效的关键环节在于就业。自2022年教育部部署开展全国高校书记校长访企拓岗促就业专项行动以来，已有多所民族高校试点由主管就业或学生工作的校领导带头参与执行，例如内蒙古大学在2023年的书记校长访企拓岗促就业专项行动中，共走访用人单位169家、拓展就业岗位1185个，与35家单位签订了“共建学生就业实习实践基地”合作协议。又如北方民族大学2024年3月经书记校长访企拓岗收集就业岗位450余个，与中国联通宁夏分公司、宁夏交通投资集团等达成校企协同育人意向。此类行动不仅能通过多种形式的校企合作会聚起相关部门、行业协会、用人单位、社会招聘机构等多方资源用于推进高质量充分就业，还有利于增进本校毕业生对在当前全国一体化劳动力市场中就业所需知识、能力、素养的了解，为后续补齐就业服务以及学科设置、人才培养等方面的短板奠定了基础。

学界普遍认为，访企拓岗的专项行动，兼具立足当前为毕业生开拓更多就业创业机会和着眼长远构建市场化社会化就业工作机制的双重意义[②]。访企拓岗是一种推动高校以社会需求为导向、从“供给驱动”转向“需求驱动”的行动，民族高校从这一突破口打破传统教育闭环，与民族地区转化发展模式、增强内生动力的进程是同构的。通过构建“精准荐生拓岗 — 培养模式重塑 — 就业生态共建”的良性循环，既能在校内增强各民族毕业生参与市场化就业的竞争力和信心，又能在校外通过有效对接各类企事业单位发挥出民族高校服务国家边疆治理、民族地区振兴、文化传承创新的职能。例如2023届4291名毕业生总体毕业去向落实率高达91.24%的大连民族大学，高度重视常态化进行用人单位回访并建立校企合作关系。据调查，用人单位对该校毕业生的总体满意度为95.87%，2023届毕业生的用人单位中有40.63%与该校有过校企合作，主要形式包括“为学生提供实习机会”（76.56%）、“在学校建立实训基地”（42.19%）、“为学校教师提供实训机会”（37.50%），此外“为学校提供师资或培训”“与学校开展学

① 教育部.2025年民族教育重点工作部署会召开[EB/OL].（2025-04-02）[2025-04-06].http：//www.moe.gov.cn/jyb_xwfb/gzdt_gzdt/moe_1485/202504/t20250402_1185934.html.

② 许世彬.高校毕业生就业创业工作问题及对策分析[J].中国大学生就业，2023（02）：31-36.

徒制培养”“参与学校教育教学改革”“学校提供订单式培养”等合作形式也已有小范围开展或正在接洽中[①]。从大连民族大学的实践经验可以看出，从传统国企到新兴中小微企业，在解决民族高校毕业生就业难方面具有巨大的拓展空间，为应对当前一个又一个“最难就业季”的来临，建议积极摸索各学科所在行业的发展趋势以及人才需求形势，充分开发各级各类企业吸纳高校毕业生的潜力，同时也为非应届生创造在产教融合框架内通过联合招生、共同培养、分段育人等方式拓宽就业渠道的机会。

4.2.3 融入全国统一市场

改革开放以来，各民族人口异地就业、打工、经营已渐成常态，然而，边疆地区仍有部分少数民族大学生因家人或朋辈中有曾享受高考录取和入职机关、事业单位等方面优惠的先例，存在路径依赖，对参与全国一体化劳动力市场存在一定畏难情绪，局部出现“宁愿报考基层公务员到艰苦的县乡基层工作，而不愿意到条件较好的市区企业就业，宁可失业在家等待下次招考也不愿意到企业就业”[②]等现象，这显然不利于中国式现代化的建设和“全方位嵌入”的实现。据“国家大学生学情调查研究”模型集数据库（NCSS）的结果显示，“自我就业认知是影响我国大学生就业能力最重要的个人因素”[③]，民族高校毕业生自我评估不足以参与全国一体化劳动力市场的竞争、不适合跨地区流动就业或市场化就业或自主创业，这些都是制约民族高校毕业生充分就业和民族地区高质量发展的瓶颈。

从建设中华民族共同体的全局意义上看，构建全国统一大市场对于促进各民族交往交流交融具有积极作用，但目前其尚未完全建立，超大规模的市场优势没

---

① 参见：大连民族大学2023届毕业生就业质量年报[EB/OL].（2024-03-15）[2025-01-20].https：//jy.dlnu.edu.cn/news/view/aid/488459/tag/xngs.下同。

② 王生彦.就业制度改革后西藏自治区大学生就业现状分析及对策研究[J].西藏大学学报（社会科学版），2008（1）：116-121.

③ 史秋衡，王芳.我国大学生就业能力的结构问题及要素调适[J].教育研究，2018，39（04）：51-61.

有得到充分发挥；地区间的壁垒没有因市场经济改革而全部消失，“地方保护主义”现象仍然存在①。引导鼓励各民族充分融入全国一体化劳动力市场，将会带动民族地区的市场更好融入全国统一大市场中，当市场范围扩大了，劳动分工的水平就将得到大幅度提升，从而激活民族地区的生产专业化水平和各族劳动者内生发展动力。随着业缘纽带增多，民族地区对全国统一大市场的依赖加深，各族青年劳动者的中华民族共同体意识也将进一步铸牢。可见，鼓励引导毕业生在就业环节解放思想、积极参与融入全国一体化劳动力市场的求职竞争，不仅是民族高校就业服务部门的任务，也是全校共同的努力方向，是培养民族地区建设者和接班人的题中之义。

提倡民族高校毕业生在全国一体化就业市场中充分流动，不仅要鼓励大学生扭转择业观、提升知识素养和就业竞争力，也要有的放矢地分析当前我国民营经济中的就业机会。在党中央关于“促进各种所有制经济优势互补、共同发展，促进非公有制经济健康发展和非公有制经济人士健康成长”②的要求下，民营经济市场经历着三重转型：一是产业升级驱动，数字经济、绿色经济、大健康产业等支撑起主要增量，催生出智能制造工程师、碳排放管理员、生态修复师等新兴职业；二是市场边界拓展，民营企业主导的跨境电商交易额持续攀升，语言服务、跨文化运营等领域都出现了人才缺口；三是文化价值重构，文化创意、非遗活化、国潮消费市场在各地不断扩大规模，近年来对民族文化创意设计人才的需求保持了稳定的年均增长。上述结构性变革，为择业观不再拘泥于“考研”“考编”的民族高校毕业生提供了差异化的就业空间。例如，第二章第二节中对多所民族高校2023届毕业生就业单位的统计显示，贵州民族大学（78.76%）、青海民族大学（73%）、西南民族大学（43.20%）的本科毕业生就业单位最集中的去向，均为“其他企业”（除国有企业和三资企业之外的所有企业）；地处民族地区的延边大学作为“211”高校，2023届毕业生除了博士毕业生之外，本科毕业

① 冯建勇，屠乐炎.统一大市场促进各民族交往交流交融——理论阐释与中国实践[J].西北民族研究，2024（02）：132-142.

② 习近平在民营企业座谈会上强调 民营经济发展前景广阔大有可为民营企业和民营企业家大显身手正当其时[N].人民日报，2025-02-18（001）.

生（39.75%）、硕士毕业生（21.66%）、专科毕业生（47.13%）流向最多的就业单位类型亦均为“其他企业”。可见，民族高校以全国一体化劳动力市场为广阔空间解决就业难问题大有可为，自身具备过硬专业技能和敏锐市场意识的大学生，通过精准“补链”能够在各类企业中寻找到高质量的发展机遇，此类人力资源流动对于切实推动民族地区的跨越式发展也是不可或缺的。

第三节　完善人才与学科需求动态预警

4.3.1 预测防范就业风险

就业是个体社会化的重要步骤，是新生代迈入职业生涯的第一步，也是高校检验育人质量的关键环节。如前所述，民族高校近年来的就业难问题集中反映在毕业生回避市场化就业的择业心态与慢就业、缓就业的不充分状态，而另一方面，边疆民族地区的民营、小微企业以及乡镇基层的“引才难”现象仍普遍存在。可见高校作为人才培养和输送方，有责任在就业环节发挥干预引导的作用，预测防范并及时化解各民族毕业生的求职困难，着力推动实现人岗匹配。

首先，要着力避免“毕业即失业”的情况大面积出现。当前严峻的就业压力下，对高校毕业生及其家长都构成相当程度的心理负担，说对区域社会的安定和团结构成潜在风险亦不为过，但追溯至毕业季前，可发现部分大学生对“就业难”只有模糊认知而缺乏具体应对策略，抱有先应付学业、等到毕业时再靠运气或扶持政策的依赖心理。以四川民族学院为例，其2023届本科毕业生的就业质量跟踪调研中，有26.73%的毕业生表示求职困难或非常困难；在“求职过程中遇到的问题”这一多项选择题中，只有10.01%选择“都很好，没有太大问题”，而更多毕业生选择了“缺乏实践经验”（24.31%）、“能找到工作，但自己期望和满意的岗位太少”（21.89%）、“缺乏求职能力和技巧”（17.60%）、“缺乏获取岗位信息的渠道”（14.41%）、“整体经济或行业不景气导致企业招聘少，求职困难”（15.18%）、“自身能力不足导致求职困难”（14.30%）①。其中，行业经济不景气、满意岗位少等外部环境问题，是全国毕业生所普遍面对的，需要高校从学生入学即开始在就业创业课程中提示并予以积极引导；而对于毕业生反映的缺乏实践经验、求职能力和技巧以及获取岗位信息的渠道等问题，则需要各院系协同通过增强课程实用性、提高实践见习学分比例、专项辅导求职技巧等手段予以化解，避免前松后紧，到了毕业季措手不及。

其次，要预警就业“堵点”和困难群体并提前展开帮扶。四川民族学院毕业生反映的求职困难在民族高校中具有一定代表性。求职能力和技巧等可针对应届生展开短期速成的“补课”，而专业设置与市场需求存在脱节、毕业前社会实践经验不足等问题，必须由各学院系科参与研判就业风险并疏通“堵点”予以规避。建议高校与院系、教研室分级为毕业生建立就业风险预警监测，定期统计各专业的就业率、对口率、薪资水平、就业满意度等，对照改进课程设置、优化育人环节。同时，针对不同学科专业、学历层次、生源区域乃至性别等因素建立毕业生台账，通过实时监测尽早识别就业困难群体（如低收入家庭学生、残疾学生、零就业家庭学生等），必要时提供“一对一”就业跟踪辅导。

最后，要常态化摸排学生择业观并予以心理疏导支持。民族高校学生及其家长在就业方面传统观念重，一旦陷入“二战考编”“三战考研”等慢就业状态中，易滋生对教育公平、社会公平的不满情绪。因而民族高校的就业服务不仅仅包含强化就业技能和优化就业环境，还要赋予毕业生应对就业竞争的心理素质。在全国大学生普遍面临竞争压力与就业安全感匮乏的形势下，民族高校应紧密围绕办学宗旨做文章，将促进充分就业与服务民族团结进步事业、铸牢中华民族共同体意识有机融合，将鼓励引导西部、基层、市场就业的指导方向融入思政课程教育内容，以更好完成人才输送任务。

---

① 数据来源：四川民族学院2023届毕业生就业质量跟踪调研，该校2023届毕业生总人数2512人，发放问卷2512份，回收有效问卷1355份，回收率为53.94%。参见：四川民族学院2023届毕业生就业质量年度报告[EB/OL].（2024-05-10）[2025-02-04].https：//zjc.scun.edu.cn/info/1116/4678.htm.

4.3.2 着力促进人岗相适

“人职匹配、人岗对接和人岗相适”是高校推送招聘信息、开展职业规划课程、开展就业指导服务等的原则[①]。党的十八大以来，就业优先战略收效显著，十余年前针对回族、藏族、维吾尔族等大学生群体就业调查中发现的“一次就业率低、就业成本高、待业时间长、就业层次低、收入少、工作与所学专业脱节、应聘时有被歧视”[②]等现象均已得到明显改善。民族高校当前的就业工作应当依新时代新形势进一步细化深化，对各民族大学生就业创业的需要、动机、兴趣、理想、信念等进行精准引导和有效支持。

就业服务首先是一种信息服务，民族高校有义务帮助即将走出或刚刚走出校门的各民族毕业生拓岗寻路，排除求职过程中以信息不对称为代表的摩擦性因素。本书第二章介绍了多所民族高校毕业生近年来的就业单位流向以“其他企业”为主，这是民族地区新生代端正择业观、积极融入全国一体化劳动力市场的表现。下一阶段，高校的就业指导服务部门还应因势利导地着力促进人岗适配。一是要完善毕业生就业数据和培养质量监测评价体系，细化职业岗位推送、精准开展求职辅导、分类安排企事业单位实习等，通过毕业季之前充分的准备，既帮助毕业生避免“毕业即失业”的风险，也尽量避免“高学历低就业”的遗憾；二是从入学阶段就开始向在校生介绍基层服务项目、社会治理岗位、参军入伍、自主创业等就业类型，采取师兄师姐返校宣讲等形式拓宽学生的择业视野，保障学生有充足的时间自我评估职业兴趣、规划职业发展；三是立足本校往届毕业生主要的就业流向行业和区域，强化学科建设和师资配比，增加校企合作和实习项目，例如第二章第三节中以西南民族大学2023届毕业生为例，分析了其就业重点区域与就业行业的交叉分布，这些往届毕业生“用脚投票”的风向标应当成为高校优化学科结构及人才培养方案的重要依据；四是对于毕业生就业情况登记中占比逐年上升的灵活就业、自由职业等建立定期复核与追访机制，筛除“纸面就

① 王顶娟.高校“慢就业”群体成因及对策研究[J].就业与保障，2023（04）：112-114.

② 赵晓芳.少数民族大学生就业问题的特殊性及对策建议[J].西北民族研究，2009（03）：216-219.

业”信息，对离职或转化为“缓就业”状态的毕业生重点推送岗位信息，提供“不断线”的就业服务；五是将就业指标纳入对培养单位的考核，逐层压实“稳就业”责任，鼓励专任教师对毕业生所在学科的就业服务建言献策，提供对未来三至五年内的行业趋势及人才缺口的预测判断等，群策群力提升毕业去向落实率和人岗适配度。

民族高校的就业工作对于构建民族互嵌式社会和建设全体人民共同富裕的中国式现代化均具有基石作用。在民族地区，大学生“一人就业，全家脱贫”；反之，“一人待业”，则全家的获得感、幸福感、安全感都会受到影响。充分就业、高质量的发展，关系到千万名大学生及其身后家庭对未来生活的确定感以及对国家公立教育体系的信任感。这些社会细胞对于就业环节的认知与感受，是维系、黏合、润滑中华民族共同体的稳定共通的心理结构。

4.3.3 优化专业培养方案

“适应新一轮科技革命和产业变革”和“扩大理工农医类专业招生规模”是国家就业优先战略的最新要求①。在专业结构上以传统文科为主的民族高校基于当前就业“堵点”突破人才培养瓶颈，既是挑战也是机遇。年度就业质量报告中毕业生流动的行业分布、岗位类型、薪资水平等数据，可揭示专业设置与市场需求的匹配度；未就业和暂不就业学生的状况调查，可反馈现有学科结构与培养方案中不适配市场需求的短板。因此每一份就业质量报告的发布，都应调动各学院清醒认识严峻的就业形势并为后续人才培养提出相应优化方案，从就业数据反推，安排与市场需求脱节导致教育资源浪费的学科整改或退出，及时调整课程设置和下一步的招生计划，构建“韧性学科体系”，逐步从封闭的学科堡垒转向开放的知识网络。

一方面，基于就业动态建立对学科专业的预警、退出管理办法。从第二章的

① 中共中央 国务院关于实施就业优先战略促进高质量充分就业的意见（国务院公报2024年第29号）[EB/OL].（2024-09-15）[2024-12-19].https：//www.gov.cn/gongbao/2024/issue_11646/202410/content_6980867.html.

就业统计数据可发现，民族高校近年来就业率在平均水平以下的专业呈现出一定的共性。以西北民族大学2023届毕业生为例，传统文科、基础性长线学科的毕业去向落实率普遍不理想，如马克思主义发展史（50.00%）、法学（57.73%）、英语（58.74%）；同时，一些应用类专业由于特色不突出、竞争力不足，毕业去向落实率也差强人意，如化学（50.00%）、体育（53.33%）、生物技术（58.21%）。除学科架构与专业设置问题外，培养模式不适应市场需求的短板也会反映在就业率上。以湖北民族大学为例，2023届毕业生中短学制的一批医护类专业普遍毕业去向落实率不达标，如中药学－两年制（33.33%）、医学影像技术－两年制（45.10%）、康复治疗学－两年制（54.55%）等，同样是护理学专业，四年制毕业生和两年制毕业生的毕业去向落实率分别为91.67%、65.77%。此类情况提示民族高校亟待设置人才与学科需求动态预警“红线”，将办学宗旨、服务面向、传统优势与毕业生就业市场反馈情况结合研讨，动态优化各专业的招生培养方案。

另一方面，基于市场就业需求制定教改方案、创新人才培养机制。实现智力资源利用的最大化，为民族地区提供源源不断的智力支持，是民族高校增强学生就业与专业设置、市场需求适配度的目标①。教育供给侧结构性改革要求在“就业预警 — 专业优化 — 末位淘汰”的学科结构动态调整中，也适时补入服务战略性新兴产业、市场需求存在缺口的专业人才培养计划。近年来如人工智能、新能源、新材料、生物制药等领域市场人才需求激增，然而多数民族高校在整体学科结构上偏传统文科，瞄准新兴产业调整布局势在必行，但不宜操之过急，在师资力量和硬件设备条件尚不具备的情况下仓促上马新的招生计划或培养项目，是风险很高的。为此，一些民族高校探索打通一级学科或专业类下相近专业的基础课程，修订人才培养方案，开设跨学科专业的交叉课程。例如中央民族大学试水双导师制、双实习制以及“2+2”培养制度的“孝通班”—— 大一、大二贯通民族学、人类学、考古学、社会学等，培养“跨界人才”，大三、大四回归民族学

① 许丽英，郑燕婷.新中国70年民族高等教育发展：成就、问题与展望[J].民族教育研究，2020，31（02）：119-128.

（人类学）、社会学、文物与博物馆学3个具体专业，培养“强基人才”。这种新模式使本科生得以在相关专业链中厚积知识体系基础，2020年首届毕业班实现了90%的高质量就业升学率。事实证明，在就业市场总体性压力持续且需求多元速变的环境下，高校以就业需求为导向，推动人才培养由学科专业单一型向多学科融合型转变，是行之有效的。

第四节　支持保障灵活就业和创新创业

4.4.1 引导城乡灵活就业

党中央在加快构建引导和鼓励高校毕业生到基层工作长效机制方面有一条总体性要求：“确保下得去、留得住、干得好、流得动”[①]。在当前每年新增上千万高校毕业生的严峻形势下，民族高校向基层就业、灵活就业、市场化就业以及自主创业等方面寻求拓岗空间势在必行，而校方稳就业、促就业的一个基础性前提，在于引导毕业生建立先就业再择业的意识并充分激发其求职主动性。

第二章、第三章中介绍了近年来民族高校毕业生随劳动力市场竞争逐年激烈而呈现就业区域扩展、就业行业下沉、择业观多元化等新趋势。例如“三支一扶”“西部计划志愿者”“一村（居）一名大学生计划”“乡村振兴专干”等服务基层但具有一定保障性的就业项目成为较受各民族大学毕业生欢迎的就业选项。进入此类就业渠道的大学毕业生将会于一定周期内在困难较多、矛盾集中、任务繁重的工作环境中快速成长，磨炼了意志，积累了经验，同时也在民族互嵌社区中成为沟通民族情感、铸牢中华民族共同体意识的代表。在以就业为桥梁的各民族交往交流交融中，最早触及大中城市的周期性流动者，是自改革开放起由跨省

① 新华社. 中共中央办公厅 国务院办公厅印发《关于进一步引导和鼓励高校毕业生到基层工作的意见》[EB/OL].（2017-01-24）[2025-01-15]. https：//www.gov.cn/zhengce/202203/content_3635256.htm.

务工及个体经营的少数民族劳动者完成的；而触及更广泛村镇基层的、从走出高等院校到走上固定就业岗位乃至安居乐业的就业互嵌空间，亟待由新时代的各民族高校毕业生来充实。从这个意义上看，无论是少数民族大学生毕业后留在内地工作，还是内地汉族大学生毕业后前往边疆民族地区就业，其社会关系融入的效率和顺利程度，都建基于“五个认同”之上。质言之，就业互嵌与铸牢中华民族共同体意识教育相辅相成、互为支撑，后者同样是一种广义的、长线的就业服务工作。

如习近平总书记指出的，“增强民族团结的核心问题，就是要积极创造条件，千方百计加快少数民族和民族地区经济社会发展，促进各民族共同繁荣发展①。”民族高校大学生毕业季中在地域间、行业间灵活流动、充分就业，本质上是通过人力资本再配置实现各民族交往交流交融的社会工程，于当下而言能推进全体人民共同富裕的中国式现代化，对未来而言还具有支撑中华民族共同体建设与中华民族伟大复兴的深远意义。新时代，我们可以观察到越来越多的汉族大学生奔赴边疆民族地区服务乡村振兴事业，藏族大学生入职大湾区科技企业研发藏文输入法，高校毕业的壮族青年返乡带领乡亲运营智慧农场和非遗工坊，西北民族地区高等职业技术学院“订单式”培养的毕业生顺利进入东南沿海企业技术岗位，等等。随着电商直播、网店外卖、网约车、康养民宿等新兴业态越来越普遍地下沉至民族村寨，高校毕业生能够在其中发挥带领乡亲创业致富作用的商机和岗位也不断出现。这些“流得动”的城乡灵活就业不仅实现了人尽其才、充分就业，也编织起了各民族共同团结奋斗、共同繁荣发展的经纬网络。

4.4.2 丰富职业技能培训

据智联招聘抽样统计数据显示，2024届高校毕业生选择单位就业的占比为55.5%，较2023年降低2个百分点；同时，自由职业、慢就业的比例则分别从

① 汪晓东，李翔，王洲.共享民族复兴的伟大荣光——习近平总书记关于民族团结进步重要论述综述[N].人民日报，2021-08-25（001）.

2023年的13.2%、18.9%增至2024年的13.7%、19.1%①。民族高校的就业也呈现同样趋势，如第二章第二节所述，毕业生就业行业趋向多元并呈灵活下沉之势，入职民企、自主创业以及跨行业流动者的比重逐年增加。市场化社会化就业需要更多元、更充分的职业技能培训，因而在走出校门前就接受相关培训对就业具有促进作用。学界近年来已提出“职业技能培养培训是化解结构性就业矛盾的主要手段，发展高端职业教育是提高就业质量的关键”②，民族高校鼓励毕业生灵活就业和自主创业，必须辅之以配套的职业技能培训。

以贵州民族大学为例，2023届3911名毕业生中，在毕业去向分布结构里自主创业者仅19人，灵活就业（其他录用形式就业）者仅178人，另有将近5%的未就业毕业生。贵州省近年来智慧农业、电子商务、全域旅游、非遗文创等蓬勃发展，为何民族高校毕业生却未能以自主创业等灵活形式嵌入这些富含商机的新兴产业，实现充分就业呢？据第三方机构对贵州民族大学2023届毕业生中尚未落实工作的原因调研结果反映，认为“缺乏相关实习、实践经验”者占25.42%、认为“专业不对口，就业面窄”者占22.92%、表示“有工作意向，还在观望”者占19.58%、认为“专业知识与就业市场需求脱节”者占7.50%、认为“对未来职业规划思考不足”者占5.83%、认为“沟通能力、面试技巧不足”者占4.17%、另有14.58%选择“其他”③。同时，在全校2023届毕业生对学校人才培养工作的建议调查（多选）中，被提及的前5名分别是强化实践动手能力培养（60.07%）、强化综合素质培养（58.60%）、强化专业基础知识教育（56.10%）、强化创新能力培养（48.12%）、强化人际交往能力培养（45.02%）。可见，实践经验、动手能力、职业技能等在当前严峻就业形势下对于求职创业越来越重要，但毕业生多元化的技能培训需求在传统课程教学中显然已难以得到充分满足。

---

① 智联招聘.2024大学生就业力调研报告[EB/OL].（2024-11-16）[2025-01-02]. https：//mp.weixin.qq.com/s/5gK76-1qFQoPkFKKCq5qeA.

② 曾天山.“岗课赛证融通”培养高技能人才的实践探索[J].中国职业技术教育，2021（08）：5-10.

③ 数据来源：第三方机构新锦成-2023届毕业生就业与培养质量调查，面向全校2023届毕业生发放问卷，有效回收率为69.42%，使用数据涉及就业相关分析及对教育教学的反馈部分。参见：贵州民族大学-2023届毕业生就业质量年度报告[EB/OL].（2024-01-08）[2025-01-17].https：//zjc.gzmu.edu.cn/info/1048/7731.htm.下同。

职业技能培训作为广义教育的重要组成部分，在新时代的市场化社会化就业环境中，已成为实现创业带动就业的关键杠杆，是民族高校在提高毕业去向落实率的工作中与优化学科结构设置同等重要的必选动作。例如贵州民族大学开设有电子商务、物联网工程、商务英语、旅游管理（旅游规划方向）、产品设计（民族民间美术技能）等专业，若提前做好职业技能培训并引导毕业生参与自主创业，具备电商、英语、设计、文旅等领域专业技能的高校毕业生能够在乡村振兴一线很好地发挥带领乡村工匠、文化能人、留守手工艺妇女等创业致富的作用。创业需要高度的毅力、耐力以及规划能力，因而可鼓励在校大学生早谋划、早尝试。如第三章中的个案D，她在线上接单阶段一天要配送制作150多份清补凉，同时筹谋在分量、口感、食材新鲜度不“缩水”的前提下薄利多销、打开市场，回顾自身开店历程时曾说：“创业是接触社会、了解社会一个很好的途径，它能帮助我们去思考自己适合什么工作、未来的人生如何规划，能激发人的潜能[①]。”在高校的创业指导下，这段大学生“创客”的经验显然也是一种有效的职业技能培训。

4.4.3 支持农牧区创业项目

“大众创业、万众创新”自2014年提出至今已取得明显成效，十几年来众多高校开始常规化开设创业辅导课程并扶持创业项目孵化，为高校毕业生拓宽就业面以及实现多元化职业发展开辟了新空间。然而据中国青年创业国际计划（Youth Business China）调查结果显示，我国青年首次创业的成功率仅有不足10%[②]。民族高校原本就对市场化社会化就业持保留态度的生源群体，对于创业风险普遍表现出畏难态度，即使近年来民族地区出台了多方面针对自主创业项目的

① 李艳玫.一碗清补凉 走红京城高校 —— 海南妹韦幼丹将清补凉店铺开进北京高校食堂[EB/OL].（2019-09-20）[2024-10-02].https：//en.hainan.gov.cn/hainan/agqfdzzl70n/201909/b09b0d5ce5c545c0bd8724fc73d3c949.shtm.

② 中国个体私营经济与就业关系研究课题组.中国个体私营经济与就业关系研究报告[M].北京：中国工商出版社，2016：11.

优惠和扶持政策，主动尝试自主创业的高校毕业生仍是寥寥。例如有学者调研发现，尽管79.98%的大学生认为自主创业可以激发自我潜能、实现自我价值、增加自己阅历，但普遍对创业表现出比较谨慎、理性的观望心理，并且缺乏把地域和民族特色作为创业突破口的意识[①]。

以分别地处四川省省会成都市和湖北省省会武汉市的西南民族大学、中南民族大学为例 —— 在2024届高校毕业生人数超过50万人的七个省[②]中，除河南、江苏、广东、山东、河北等人口大省或经济发达地区之外，四川和湖北也位列其中 —— 两省拥有庞大的高校毕业基数、优越的区位交通优势以及近年来诸多区域战略发展利好，西南民族大学、中南民族大学2023届毕业生的总数分别达8178人、6014人，毕业去向落实率分别为89.04%、82.99%，也属于中游水平，然而自主创业率分别只有0.48%和1.31%。这说明民族高校毕业生在创新创业方面还远未实现充分动员、积极尝试，对于当前完成促进高质量充分就业的任务而言，从鼓励引导自主创业角度入手带动就业，仍然任重道远。

目前在民族高校，负责创业教育的部门各有其归口。例如，中央民族大学的创新创业中心（56创）和西北民族大学的创新创业学院都是由其教务处管理，中南民族大学的创新创业学院是正处级建制、独立运行的创新创业中心，大连民族大学的创新创业教育学院也是一个专门的培养单位 …… 可见，现阶段民族高校的创新创业指导部门多数与就业挂钩不足，对大学生而言，参与创业项目在更多情况下是一种在校期间的尝试、一段为履历增光添彩的经历。而事实上，创新创业是凸显灵活就业、多渠道市场就业的战略新方向，不应成为高校毕业生退而求其次的被动选项，民族高校也绝不应以“就业兜底”方案看待自主创业。在“支持民族地区实现巩固拓展脱贫攻坚成果同乡村振兴有效衔接，促进农牧业高质高效、乡村宜居宜业、农牧民富裕富足”[③]的建设进程中，民族高校毕业生

---

① 杨宝仁，王晶，王和.基于就业优先战略的南疆高校少数民族大学生创业意识现状调查分析[J].产业与科技论坛，2022，21（23）：76-78.

② 另有湖南、江西和安徽，2024届高校毕业生规模也超过40万人。

③ 习近平在中央民族工作会议上强调 以铸牢中华民族共同体意识为主线 推动新时代党的民族工作高质量发展[N].人民日报，2021-08-29（001）.

从本地、本民族特色物产或文化入手开展自主创业是大有可为的。首先，可在农牧区引入现代科技手段加工和营销农畜特产，当前边疆农牧区多面临人才外流与产业空心化的双重困境，具备双语沟通能力和农技知识的复合型人才能在基层发挥出以创业项目引领乡亲致富的作用；其次，以村寨经纪人角色在农牧区的跨境贸易、生态旅游、非遗手工艺等产业中策划“电商+”创业项目，推动特色产品广泛销往国内外市场；再者，少数民族大学生的思想意识和行动方式均带有本民族文化“烙印”，在民族高校接受铸牢中华民族共同体意识教育后，能够跳入跳出地看待文化差异和民族特色，将这些思路运用于民族地区文旅开发项目，有利于找准客源群体和盈利空间。上述各种项目思路，民族高校不但要支持毕业生创业，还应在深化产教融合的基础上探索构建“创业导师+实习基地+项目孵化+地方智库”的创新创业生态。

第五节　以就业育人精准帮扶困难群体

4.5.1 就业状况跟踪调查

高质量充分就业的目标，以为离校未就业高校毕业生和登记失业青年纾困拓岗为当务之急，但究其根本，是由就业机会更加充分、就业结构更加合理、就业环境更加公平、就业能力持续增强、就业保障稳步提升等诸多指标共同构成的一项系统工程。就业育人是“育才”与“育德”的统筹兼顾，是“人岗匹配”与“生涯发展”的和谐统一①。对民族高校而言，在鼓励引导毕业生扩大市场化就业比例和尝试多渠道灵活就业、自主创业等非传统就业类型的过程中，不能只满足于将他们送出校门并完成毕业去向落实率指标，还应做实离校前后的服务衔接，在统计毕业生签约率、薪酬水平、流动去向之外，进一步跟踪调查各民族学子的职

① 杨晓慧.就业育人：时代价值、内涵意蕴与实践进路[J].中国大学生就业，2022（17）：5-9.

业适应与社会融入状况。

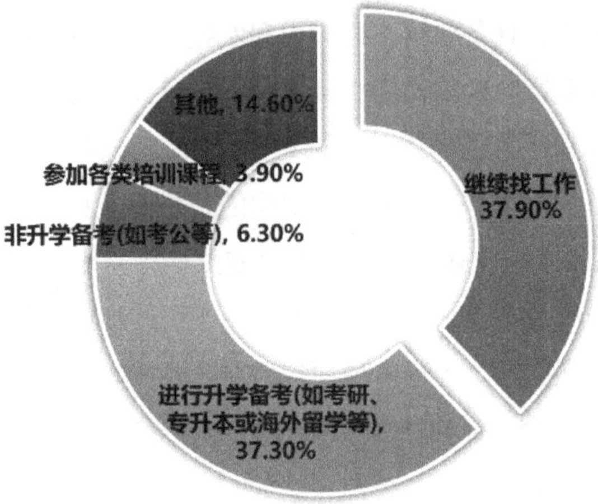

图4-5-1 2022年全国未就业的高校毕业生状态类型[①]

一方面，民族高校应高度重视暂未就业的应届生群体，跟踪回访并提供就业服务。从近年来大批“慢就业”的高校毕业生的真实状况来看，其中大多数在这一过渡阶段都仍处于通过各种类型各种层次的考试争取求职或升学的积极状态，如图4-5-1所示。因而民族高校在毕业季之后加强就业跟踪监测和回访调查，针对各民族各地区待业学生的所急所盼提供“不断线”的就业服务，助其在就业“窗口期”实现突破，是“为少数民族和民族地区服务”办学宗旨的应然要求，也是向人才培养环节反馈最新市场趋势、人才需求动态的必要手段。其中，对来自低收入家庭、零就业家庭、边疆少数民族聚居区的毕业生，高校应重点关爱，建立就业帮扶台账，提供“一人一档，一生一策”跟踪辅导、“一对一”结对帮扶措施。

另一方面，在防控“毕业即失业”的同时，也应关注已登记就业但一至三年内离职的毕业生群体。以广西民族大学为例，2023届5333名本科生毕业去

① 根据中国社会科学院社会学研究所青少年与教育社会学研究室与多所高校2022年合作实施的“中国大学生追踪调查”数据统计结果整理而成，参见：李春玲.大学生就业选择的趋同与分化——理性选择与社会分化[J].北京大学教育评论，2023，21（03）：51-68+188-189.

向落实率为81.94%、离职率为19%；对比该校1425名硕士毕业生，毕业去向落实率为89.47%、离职率为7%，就业率和就业稳定性都更高；再对比该校293名专科毕业生毕业去向落实率为94.88%，但离职率高达50%①。可见专科生的就业相当不稳定，短期就业后重新择业的情况很普遍。又如湖北民族大学，其近三届的毕业去向落实率均在八成以上（2021届86.81%、2022届82.82%、2023届83.44%），整体平稳，但是本科和硕士毕业生的离职率分别达到20.90%和3.27%，可见该校本科生在踏入职场初期的稳定度较低。究其原因，该校2023届本科毕业生的职业期待吻合度调查结果仅为57.80%，毕业生认为工作不符合职业期待的原因主要是“不符合我的职业发展规划”（38.34%）、“不符合我的兴趣爱好”（26.54%）、“不符合我的生活方式”（21.45%）、“不符合我的性格”（13.67%）等②，表现出鲜明的主观性，而如果能够在毕业季之前就向其普及当前就业环境、市场需求，对提高和巩固就业率都是有益的。建议民族高校探索建立系统化、常态化、信息化的就业状况调查回访机制，跟踪毕业生就业全程给予指导，将保障就业稳定性与满意度提高到与毕业去向落实率同等重要的位置上。

4.5.2 加强就业安全教育

“高质量充分就业主要表现为劳动者不仅有活干，而且工作稳定、收入合理、保障可靠、职业安全等③。”就业安全教育是高校就业指导工作的重要组成部分，旨在帮助毕业生在就业过程中识别求职风险、维护合法权益、优化职业选择、保持心理健康等。广义的就业安全教育还涵盖多方协同构建健康就业生态的

① 数据来源：第三方专业机构调研数据，面向广西民族大学2023届毕业生共回收有效问卷3706份，回收问卷数量占毕业生总人数的52.43%。参见：广西民族大学2023届毕业生就业质量年度报告[EB/OL].（2024-01-16）[2025-01-17].https：//www.gxmzu.edu.cn/info/1381/164252.htm.

② 数据来源：麦可思-湖北民族大学2023届毕业生培养质量评价数据，该调查面向湖北民族大学2023届毕业生，共回收有效本科生问卷2768份、硕士生问卷272份，回收问卷数量占毕业生总人数的54.76%，内容涉及就业特点、就业相关分析、就业对教育教学的反馈等方面。参见：湖北民族大学2023年毕业生就业质量年度报告[EB/OL].（2024-11-18）[2025-01-06].https：//www.hbmzu.edu.cn/xxgkw/info/1155/4715.htm.

③ 习近平.促进高质量充分就业[J].求是，2024（21）：4-8.

意义，尤其在当前严峻的总体性就业压力下致力于将对毕业生慢就业、缓就业的应对，从临时补救转向系统预防，为实施就业优先战略和促进高质量充分就业打牢基础。

首先，民族高校应帮助毕业生规避遭遇虚假招聘、“阴阳合同”、无薪延长试用期、培训贷陷阱等。在鼓励各民族毕业生尝试多渠道择业就业的同时，民族高校就业服务部门也应切实担负起提前开展求职技巧培训和及时精准推送岗位信息的责任。例如在对2023届毕业生求职成功途径的调查中，四川民族学院的毕业生反映集中的依次是：学校的招聘信息和活动13.83%、实习或订单式培养12.50%、学校或老师推荐5.67%、专业求职网站和App16.83%、自己向用人单位申请10.83%、校外的社会招聘活动10.17%、亲朋好友介绍9.67%，电视、报纸等传统媒体0.50%[①]，途径比较零散并且以校外渠道为多数。而对比作为“211”“双一流”建设综合类大学的内蒙古大学，2023届毕业生的就业途径包括：校园招聘会或学校发布的招聘信息35.62%、校外各类招聘网站信息21.47%、学校老师推荐9.99%、家庭或其他社会关系8.14%、校外招聘会4.07%、内蒙古24365大学生就业服务平台3.69%、工作实习2.57%、报社/杂志发布的招聘0.39%[②]，校内就业服务部门发挥的作用更大，这与该校实施学生就业“三级包联”工作机制关系密切。

其次，民族高校应针对民族地区生源普遍抱有传统择业观以及就业紧迫感不强或陷入求职焦虑的现象及时进行正面引导。近年来越来越多大学生通过深造暂缓就业压力的慢就业现象的背后，是对新时代市场秩序下新观念、新技术、新事物等的接受迟滞。例如民族高校生源中许多都有“本科毕业不够/还是不好找工作”的观点，表现在行动上是本科生从入学阶段就开始规划考研，或者为了能“考编”而盲目“考研”，其内在动机是基于对好工作的定义窄化为“体制内”工作、回避市场化就业和竞争的思路。对此，高校就业指导服务部门应本着

① 参见：四川民族学院2023届毕业生就业质量年度报告[EB/OL].（2024-05-10）[2025-02-04]. https：//zjc.scun.edu.cn/info/1116/4678.htm.

② 参见：内蒙古大学2023届毕业生就业质量年度报告[EB/OL].（2024-01-31）[2025-01-17].https：//imu.nmbys.cn/news/view/aid/137968/tag/tzgg.

治标治本的原则，从学生入校阶段就尽早开始普及市场化就业形势、规划职业生涯发展、培育求职竞争力和就业胜任力。对处于择业纠结或待业恐慌中的毕业生群体，要及时帮助其分析各类岗位的利弊，树立良好的就业心态，制定切实可行的求职策略。民族高校毕业生的就业率与民族地区经济社会发展息息相关，其就业满意度又事关中华民族共同体意识的铸牢，因而民族高校的就业工作也应围绕“铸牢”主线开展，注意谨防促进就业的调控政策措施被别有用心者歪曲为各民族间待遇不平等继而引发负面舆情，谨防一般性、普遍性的民生难题被上升、扭曲为与人权、社会资源等挂钩的民族问题。

4.5.3 助力学生职业规划

高校毕业生作为当前我国每年新增就业群体的绝对主力，其就业的充分性和满意度已不仅仅是简单的就业领域问题，而是在一定程度上关乎区域经济民生乃至社会安定秩序。当区域协调发展就业承载力得以提升，民族高校毕业生获得充分融入全国一体化劳动力市场并实现高质量发展机会的同时，建设中华民族共同体的基础也将进一步夯实。

一是在鼓励各民族毕业生多渠道市场化就业的过程中重新定义“好工作”。民族高校需要立足毕业生择业特点和民族地区发展需求，提供精准高效的就业指导服务。其中首当其冲的一点，就是引导积极的择业观，引导毕业生从国家发展需要和个人实际出发，理性务实选择职业和岗位。例如对执着“考公”者，可加强对基层就业项目的介绍，鼓励毕业生投身艰苦地区、重点领域等国家最需要的地方建功立业；对有意尝试也有能力挑战自主创业者，及时推送优惠扶持政策，安排行业导师助其论证项目可行性并保驾护航；对计划尽快在跨境电商等新兴领域灵活就业的学生，提供“零工经济法律风险防范”“数字营销技能”培训并联合平台企业建立“云实习”机制；对就业观念陈旧的大学生，要以最新数据和真实案例进行宣传，鼓励毕业生先就业、再择业，在平凡的岗位上创造不平凡的业绩。

二是通过将职业生涯教育融入人才培养全程以破解“毕业即失业”困局。毋庸赘言，通过教育提升流动劳动力人力资本是提高民族地区就业质量的基础[①]。民族高校毕业生择业上的一个普遍性问题是欠缺“流得动”，即缺乏跨省就业、新行业就业、灵活就业以及自主创业的行动力和主动性。建议民族高校针对“大学生职业发展与规划”“大学生创业教育与实践”等通识类选修课效果欠佳的问题，加强对接市场需求的实习、实验、实践以及创新创业课程比重，鼓励学生在实际操作中掌握专业技能，在终身学习中不断拓宽职业发展路径。例如第三章的个案F，参加工作后坚持不断提升自我的学识、技能与眼界，随着从事业务范围的转换和扩展，采取继续攻读学位以及不断与同行专家交流学习等方式提升职业技能，事业成就从而不断提高。

三是站到推动新时代民族教育发展的高度看待和解决毕业生充分就业问题。民族高校毕业生充分就业和高质量发展，是全体人民共同富裕的题中之义；校方通过法律赋能、文化适配、资源整合等助力各民族毕业生合理规划职业发展并顺利择业就业，也是“决不让一个兄弟民族掉队，决不让一个民族地区落伍”的必然要求。面对新发展阶段就业市场的供需变化，高校就业指导部门亟待多措并举帮毕业生顺利过渡到职场。例如在技巧层面，通过开展简历诊断、面试指导、模拟面试等活动提升各民族大学生的求职行动力；在策略层面，分模块举办出国、考研、公考、教师公招等就业分享指导活动，广泛调动校友通过线上线下分享会等形式为毕业生的就业创业支招指路；在理念层面，变单向的就业指导课为互动性的就业力激发活动，引导学生在参加模拟面试大赛、就业创业知识大赛、创业实践大赛、就业创业征文大赛、职业生涯体验周等活动的过程中逐步明确就业创业理念；在心态层面，鼓励各民族毕业生以务实态度追求稳定工作和生活，找准自己的就业兴趣点和竞争力，自信面对市场化就业挑战，在不确定环境中寻求确定感。

---

① 崔晓娟，蔡文伯.教育对少数民族地区流动人口就业质量的影响——基于2018年中国流动人口动态监测调查数据的分析[J].西南民族大学学报（人文社会科学版），2021，42（06）：41-52.

结　语

民为邦本，本固邦宁。在就业这一“最大的民生”中，高校毕业生等青年群体的充分就业是近年来国家全力保障的重点。自2022年至今连续4届每年新增上千万名高校毕业生，且可预计今后十年中总量还会持续增长，这给就业市场及其牵动着的“六稳”“六保”工作都带来了相当大的压力。与此同时，经济转型、技术革新、文化迭代等诸多社会因素的影响交织，为就业市场带来了新业态、新岗位、新机遇，也带来新型的人力资源结构性供需矛盾，尤其是“00后”中开始出现部分大学生慢就业、缓就业等趋势，值得有关部门提起重视，亟待通过贯彻落实就业优先战略予以纾解。

党的十八大以来，习近平总书记多次强调实施就业优先政策，要求健全就业促进机制，促进高质量充分就业。高校毕业生已成为我国城镇新增就业绝对主体，为此教育部等相关部门提倡各级各类高校为毕业生提供“不断线”的就业服务。《教育强国建设规划纲要（2024—2035年）》部署“加快构建高校毕业生高质量就业服务体系”。中共中央、国务院2024年印发的《关于实施就业优先战略促进高质量充分就业的意见》要求“形成衔接校内校外、助力成长成才的服务支撑”。

民族高校是我国高等教育的重要组成部分，其毕业生的就业状况直接关系到民族地区的经济社会发展和社会稳定。在国家对民族高等教育的高度重视和持续投入下，民族地区受教育人口规模不断扩大，就业质量也稳步攀升。然而，滞后于全国市场化就业改革的节奏以及对“铁饭碗”、优惠扶持政策的惯性依赖，在民族地区客观上仍普遍存在。本书通过对十余所高校2023届毕业生的就业情况进行统计和横向对比分析发现：近年来民族高校的招生结构中汉族和少数民族生源普遍趋于平衡，在就业率和就业满意度方面也差别不大；民族高校毕业生向“北上广”及东部沿海大城市的就业流动趋势仍相对集中，但少数民族毕业生更倾向于返回家乡寻求体制内工作，在入职民企、灵活就业以及自主创业方面的表现低于平均水平，这源于其传统择业观仍较重，局部地区出现“二战考研”“三战考编”等缓就业现象值得引起重视；从民族高校人才培养的环节来看，传统文科为主的专业机构亟待紧随新时代就业市场需求及时更新拓展，在鼓励各民族毕业生通过服务基层和市场化就业充分融入全国一体化劳动力市场的过程中，应当以铸牢中华民族共同体意识为主线。新时代的民族高校必须坚持“为少数民族和民族地区服务、为国家发展战略服务”的办学宗旨，一方面通过拓岗增效纾解毕业生“慢就业”“懒就业”现象，另一方面着力补齐制约各民族大学生市场竞争力和就业胜任力的软硬件短板，从而贯彻落实党的二十大报告中关于“强化就业优先政策，健全就业促进机制，促进高质量充分就业”的要求。

本书的论述以民族高校毕业生为主体，认为其“高质量充分就业”的目标并非先要求“充分”、继而追求“高质量”的递进关系。事实上，新时代高校在当前就业市场的规模总量压力和结构性矛盾之下，若仍只一味追求就业率、签约率、毕业去向落实率，都是短暂、徒劳的，难以保障较长周期内的就业稳定性和满意度，更遑论“高质量”。大学生的就业率不仅仅是国民经济领域的一个指标、高校担负的一项人才输送任务，毕业生向上流动的阶梯、就业质量及满意度事关全社会的稳定与活力。因而笔者认为，民族高校毕业生的“充分就业”和“高质量发展”之间，是一体两面、相辅相成的关系——促成充分就业不能仅落在纸面统计数字上，而应以毕业生满意所签约工作并拥有高质量发展空间为前提；鼓励毕业生追求高质量发展也不能忽视市场供需规律和社会融入时机，若执着于“考编”“考研”而慢就业，错过多渠道充分就业的机会，是得不偿失的。可见，民族高校要促成高质量充分就业，必须从毕业生的择业观（应如何定义好工作、如何追求高质量发展）入手。

大学生的择业观属于意识范畴，对中华民族共同体的认同属于情感范畴，二者在高校中虽然分属就业服务部门和思政教育部门负责，但事实上，二者的主观引导具有强关联性，是首尾相衔、互为因果的。大学生头脑中的共同体意识与行动上的市场化社会化就业之间的逻辑关系大致为：一方面，交往交流交融经验丰富的少数民族学生具有更牢固的中华民族共同体意识，因而在择业过程中往往表现出对跨省区就业更开放的心态、更积极的尝试，这种乐于接触与合作的态度给他们在职前带来了更多岗位面试机会，在职后也有利于拓展出更大的发展空间；另一方面，当各民族越来越多的大学生不再拘泥于地区和职业，在全国范围内积极参与各行各业的现代化建设，不仅有助于发挥市场调节作用，为民族地区注入内生发展动力，还将使各民族大学生在与其他地区和民族成员的共同团结奋斗、共同繁荣发展中，深入理解“三个离不开”的内涵，形成基于彼此需要的、结构互嵌、利益相关的“有机团结”，堪称铸牢中华民族共同体意识最实效也最长效的路径。大学生的择业意向从本质上说，是在选择自己理想的社会位置和生活方式。个体选择并无孰优孰劣，计划就业与市场就业两种模式之间也不能“一刀切”地判断其好坏或是一蹴而就地完成切换。但若将其与民族因素相叠加，大学生就业问题就不再仅仅是人力资本或社会保障问题，更与边疆稳定、民族团结等息息相关。概言之，少数民族大学生是否愿意跨省到内地找工作、是否敢于主动融入市场经济灵活就业以及自主创业，都是他们在高校中“五个认同”教育是否到位的一种体现，也是关涉铸牢中华民族共同体意识教育是否落地见效的关键一环。就业纽带联动之下的社会结构整合具有很大的学术解读空间，然而遗憾的是，目前学界对各民族大学生就业流动的研究虽已关注到市场因素，但大多数系基于高等教育或公共管理范畴，尚欠缺对民族高校毕业生跨省就业、多渠道灵活就业、市场化社会化就业等趋势现象之下社会整合意义的深挖。

本书基于定量研究和定性研究材料推断，就业不仅是高等教育乃至整个育人过程的“出口端”，对民族高校而言也是检验铸牢中华民族共同体意识教育成效的“晴雨表”。铸牢中华民族共同体意识教育不仅意味着在各民族交往交流交融的校园环境中“同上一堂课、同唱一首歌、同读一本书”，大学生在思想认识层面真正形成“广阔天地，大有作为”的自觉主动，在择业态度上对祖国各地域之间不抱成见，各民族毕业生都愿意不等不靠地融入全国一体化劳动力市场，都是体现“五个认同”是否坚定、中华民族共同体意识是否铸牢的结果导向的指标。铸牢中华民族共同体意识教育是一项系统的社会工程，鼓励各民族大学生树立科学的择业观，理性看待自主择业、市场竞争以及各行业各类型就业渠道，处理好公招考录与市场化就业之间的关系，都需以中华民族共同体意识的树立为基础。

唯有在思想高度上树立起科学的择业观，才能从根源上解决就业前对所受教育缺乏获得感的系统性问题，才能做到如习近平总书记所要求的，在人生“拔节孕穗期”的青少年阶段“把爱国情、强国志、报国行自觉融入坚持和发展中国特色社会主义事业、建设社会主义现代化强国、实现中华民族伟大复兴的奋斗之中”。处于即将走上工作岗位的人生过渡期的各民族大学生，是需要铸牢中华民族共同体意识的关键人群，在鼓励引导少数民族大学生融入全国一体化劳动力市场的同时，也应积极引导其他地区的汉族大学毕业生到边疆民族地区干事创业。当他们在灵活多元的就业平台上得到充分锻炼自己、展示自己的机会时，也会因能够为边疆建设添砖加瓦、为母校增光添彩而增强自我效能感。

当前严峻的就业形势下，大学毕业生的“求稳”偏好和焦虑心态都是正常的，无可厚非，但应予以积极引导。笔者基于对近年来民族高校学生择业、就业及职后发展的观察，发现铸牢中华民族共同体意识的大学生在就业过程中很少自我设限，能够以劳动创造财富、实干创造业绩、奋斗创造幸福的正确价值观指导实践，能够在跨地区的流动中快速有效地重新建构起自身谋生立身空间和社会交际网络。倡导促进在铸牢中华民族共同体意识以及建设中华民族共同体志愿基础之上的就业互嵌，既是不断巩固和发展各民族在分布上交错杂居、文化上兼收并蓄、经济上相互依存、情感上相互亲近的格局的社会需要，也是为了满足各民族大学生追求个人自由全面发展以及实现幸福人生目标的内在要求。对高校毕业生的家庭而言，往往越是边疆民族地区的少数民族家庭，对子女接受高等教育后的就业期望值越高，因对高校扩招与市场化就业改革了解有限而还沉浸在大学生是“天之骄子”的期待中——一旦举家培养出的大学生毕业后仍找不到工作或就业不理想，其对公立教育的获得感和信任感都面临危机。这就是中央多次强调积极扶持零就业家庭和大学毕业生重点就业群体的原因——不但要稳就业，也要由高校就业服务部门对在校生予以适时、恰当的指导，紧密围绕铸牢中华民族共同体意识主线，增强各民族大学生（尤其是缓就业者、复读待业者等）识别大是大非、抵御国内外敌对势力思想渗透的能力。质言之，在当前制约民族高校毕业生充分就业的主要因素已不再是客观技能素养而是主观意愿积极性的形势下，

“动起来”是各民族大学生在祖国广阔就业空间中充分就业、高质量发展的必然选择。相应的，拓岗已不仅是高校主管领导和就业服务部门的任务，而更应成为各民族大学生自发自觉地将就业意愿付诸实践的行动。与此同时，民族地区亟待以人才保障振兴，以人力资源支撑产业优化升级以及区域人才储备“造血”能力，因而鼓励内地生源、非少数民族毕业生前往人力资源需求渐趋旺盛、建设任务日益繁重同时能提供的岗位也越来越多元化且具有发展空间的民族地区就业，是与引导民族地区少数民族毕业生到其他地区就业同等重要的现实任务。高校为民族地区培养一批又一批“下得去、用得上、留得住”的各民族优秀人才，对于推动中国式现代化建设和中华民族伟大复兴都具有全局性意义。同时从微观角度看，以大学生就业为组织形式的“职业共同体”，能够串联起边疆民族地区无数作为社会“细胞”的家庭，从而与传统的地缘、亲缘共同体一样发挥出凝聚力。

就业工作一头牵着国民经济大局，另一头系着民生千家万户。民族院校促就业、稳预期、强信心，属于大思政教育的关键一环。以铸牢中华民族共同体意识为主线，扎实推进边疆少数民族毕业生到外地就业工作。在学生就业工作中认真落实习近平总书记关于民族工作、教育工作等一系列重要讲话精神，以铸牢中华民族共同体意识为主线，将推进边疆少数民族毕业生到外地就业作为加强各民族交往交流交融的重要工作载体。通过拓宽就业领域更新就业观念，以往届典型就业学生为榜样，扩大实习实践覆盖，多维度创新工作方法，进而丰富就业扶贫、就业育人的内涵。“稳就业”之“稳”，并不意味着“非铁饭碗不可”的封闭与静止，而是要在合理流动、有序竞争中，引导劳动者向着与市场经济体系相适应的方向发展，进而推动建立“各民族相互嵌入的社会结构和社区环境”。因此，要在民族地区顺利推动市场化就业改革，亟待从源头扭转大学毕业生的就业观念，并需上溯至其早期受教育阶段，加强素养赋能和心理疏导。当率先尝试多渠道灵活就业、市场化社会化就业的一批少数民族大学生，在全国一体化劳动市场中形成竞争力，掌握了更多通用型、应用型知识技能后，将会对其远在边疆民族地区的家族子弟乃至远亲近邻都产生良好的示范效应，促成民族互嵌社会中以就业“三交”纽带维系起弥散式的获得感、幸福感、安全感。至此，民族高校完成了

“为少数民族和民族地区服务、为国家发展战略服务”的宗旨使命，在各民族劳动者共同建设全体人民共同富裕的中国式现代化的进程中，构建起了教育、就业与收入良性互动的可持续发展居民生计系统。

总之，民族高校毕业生就业工作是一项系统工程，需要政府、高校、企业和社会各界的共同努力。通过优化培养体系、强化就业指导、拓宽就业渠道和加强政策落实，可以有效提升民族高校毕业生的就业质量，为民族地区的经济社会发展提供有力的人才支撑。对民族高校而言，大学生的就业也是各民族之间从交往、互动到建立有机联系，乃至形成共生结构的一个关键性社会衔接节点。民族高校以实现高质量充分就业为目标，就应当致力于将毕业生培养成民族经济互联互惠的践行者、民族社会互嵌互通的推动者、民族文化交流辉映的传播者。当熟练掌握国家通用语言文字和现代化知识技能的少数民族大学生，在中华民族共同体意识的驱动下多渠道求职，将以更开放的心态和更积极的尝试，实现更高质量和更充分就业；与此同时，当越来越多各民族大学生以跨区域、多渠道、互嵌式的市场化社会化就业，在全国形成更多基于彼此需要、结构互嵌、利益相关、情感相通的有机联系时，中华民族共同体意识也将得以广泛地、实效地、动态地、有机地铸牢。

本书中对民族高校毕业生就业的研究还存在诸多不足。首先是研究视野方面的不足，定量分析部分选取的12所高校尽管考虑到了地域的覆盖性，办学层次和特色也各有不同，但对于民族地区的民办院校、师范类院校、高职院校等暂未涉及；其次是对正反面经验涵盖不足，第三章中所举的10个典型就业个案均出自笔者所在的中央民族大学，“985”高校毕业生在当前就业市场总体压力下显然仍具有一定优势，这就意味着在反映民族高校毕业生就业难问题方面的代表性稍弱；再者是理论深度不足、研究创新性有限，尤其对民族高校就业工作是铸牢中华民族共同体意识教育的重要一环这一立论还缺乏足够的论述。上述种种缺憾之处导致本书的参考价值有所不足，下一阶段拟通过扩充样本高校和就业典型个案获得更加全面、科学、有代表性的数据，深化对民族高校毕业生充分就业和高质量发展的研究，以期更好地为民族地区如何使高质量发展过程成为就业提质扩容过程、各民族大学生如何以中华民族大团结促进中国式现代化等议题献计献策。

附录1：书中举例的12所高校简况

（按正文中出现的顺序排列）

序号	类别	学校名称	创办年	办学层次	院校代码	学校特色	主校址	院系设置	师生规模
1	公办民族类	中央民族大学	1941	本科/硕士/博士	10052	国家民委直属、985/211、双一流A类	北京海淀	民族学与社会学学院、历史文化学院、管理学院等25个学院	全日制在校生2.5万人，专任教师1100余人
2		西北民族大学	1950	本科/硕士/博士	10742	国家民委直属、“一带一路”智库成员	甘肃兰州	文学院、医学院、电气工程学院等22个教学单位	全日制在校生2.7万余人，专任教师1400余人
3		西南民族大学	1950	本科/硕士/博士	10656	国家民委直属、双一流建设高校	四川成都	中国语言文学学院、畜牧兽医学院、经济学院等25个学院	全日制在校生3.1万人，专任教师1700余人
4		贵州民族大学	1951	本科/硕士/博士	10672	国家民委与贵州共建、民族学B-	贵州贵阳	法学院、社会学院、传媒学院等23个学院	全日制在校生2.3万人，专任教师1300余人

续表

序号	类别	学校名称	创办年	办学层次	院校代码	学校特色	主校址	院系设置	师生规模
5	公办民族类	广西民族大学	1952	本科/硕士/博士	10608	国家民委与广西共建、工程学ESI前1%	广西南宁	东盟学院、海洋与生物技术学院等22个学院	全日制在校生4.3万人，专任教师1546人
6		中南民族大学	1951	本科/硕士/博士	10524	国家民委直属、民族学A-	湖北武汉	文学与新闻传播学院、电子信息工程学院等22个学院	全日制在校生2.7万余人，专任教师1300余人
7		湖北民族大学	1938	本科/硕士	10517	湖北省重点建设高校、民族医学特色	湖北恩施	外国语学院、医学部、林学园艺学院等19个学院	全日制在校生2万余人，专任教师1200余人
8		青海民族大学	1949	本科/硕士/博士	10749	青海与国家民委共建	青海西宁	藏学院、旅游学院、法学院等23个学院	全日制在校生1.8万人，专任教师800余人
9		大连民族大学	1984	本科/硕士/博士	12026	国家民委直属、设计学科国际奖项突出	辽宁大连	机电工程学院、设计学院、经济管理学院等21个学院	全日制在校生2万余人，专任教师1300余人
10		四川民族学院	1985	本科/硕士	11661	康巴地区唯一公办本科高校	四川康定	文学院、美术学院、继续教育学院等15个学院	全日制在校生1.5万人，专任教师520余人
11	公办综合类	内蒙古大学	1957	本科/硕士/博士	10126	211、内蒙古双一流、民族学B+	内蒙古呼和浩特	计算机学院、物理科学与技术学院、经济管理学院等23个学院	全日制在校生2.7万人，专任教师1600余人

续表

序号	类别	学校名称	创办年	办学层次	院校代码	学校特色	主校址	院系设置	师生规模
12	公办综合类	延边大学	1949	本科/硕士/博士	10184	211、吉林双一流、朝鲜语学科全国领先	吉林延吉	文学院、外国语学院、工学院、人文社会科学学院等 17 个学院	全日制在校生2.9 万人，教师 2200 余人

附录2：近年从中央到民族地区的就业相关文件摘录

<table>
<tr><th>年度</th><th>法规/文件</th><th>相关要求</th></tr>
<tr><td>2008</td><td>《国务院关于做好促进就业工作的通知》国发〔2008〕5号</td><td>“多渠道增加就业岗位”
“积极做好高校毕业生就业工作”</td></tr>
<tr><td>2009</td><td>《广西壮族自治区就业促进办法》</td><td rowspan="5">各省配套的这些文件中，应届高校毕业生都与城镇登记失业人员、农村转移就业劳动者以及退役军人等被共同列为“就业重点群体”
各省配套条例普遍提出了“坚持劳动者自主择业、市场调节就业、政府促进就业的方针，多渠道扩大就业”等要求</td></tr>
<tr><td>2009</td><td>《宁夏回族自治区创业与就业促进条例》</td></tr>
<tr><td>2010</td><td>《西藏自治区实施〈中华人民共和国就业促进法〉办法》</td></tr>
<tr><td>2011</td><td>《内蒙古自治区就业促进条例》</td></tr>
<tr><td rowspan="2">2012</td><td>《新疆维吾尔自治区实施〈中华人民共和国就业促进法〉办法》</td></tr>
<tr><td>国务院关于批转七部委《促进就业规划（2011—2015年）》的通知（国发〔2012〕6号）</td><td>“重视解决少数民族地区和贫困地区的就业问题，给予政策倾斜，支持其发展经济扩大就业”
“鼓励引导高校毕业生面向城乡基层、中西部地区，以及民族地区、贫困地区和艰苦边远地区就业”</td></tr>
<tr><td>2013</td><td>《国务院办公厅关于做好2013年全国普通高等学校毕业生就业工作的通知》（国办发〔2013〕35号）</td><td>“承担对口支援西藏、青海、新疆任务的地区要组织本地用人单位积极面向受援地高校毕业生开展各类招聘活动，并将到本地求职的受援地高校毕业生纳入就业扶持政策范围”</td></tr>
</table>

续表

年度	法规/文件	相关要求
2014	《国务院办公厅关于做好2014年全国普通高等学校毕业生就业创业工作的通知》（国办发〔2014〕22号）	“鼓励高校毕业生到城乡基层就业” “鼓励小型微型企业吸纳高校毕业生就业” “在全国范围内实施大学生创业引领计划” “深入实施离校未就业高校毕业生就业促进计划” “用人单位招聘不得设置民族、种族、性别、宗教信仰等歧视性条件”
2015	第十二届全国人民代表大会常务委员会第十四次会议修订《中华人民共和国就业促进法》	“国家支持民族地区发展经济，扩大就业” “各民族劳动者享有平等的劳动权利。用人单位招用人员，应当依法对少数民族劳动者给予适当照顾”
	《国务院关于进一步做好新形势下就业创业工作的意见》（国发〔2015〕23号）	“鼓励高校毕业生多渠道就业” “确保零就业家庭、最低生活保障家庭等困难家庭至少有一人就业”
	《国务院关于大力推进大众创业万众创新若干政策措施的意见》（国发〔2015〕32号）	“实现人才等创业创新要素跨地区、跨行业自由流动” “破除人才自由流动制度障碍，实现党政机关、企事业单位、社会各方面人才顺畅流动” “支持返乡创业人员因地制宜围绕休闲农业、农产品深加工、乡村旅游、农村服务业等开展创业”
2016	《中共中央关于深化人才发展体制机制改革的意见》（中发〔2016〕9号）	“边远贫困和民族地区县以下单位招录人才，可适当放宽条件、降低门槛。鼓励西部地区、东北地区、边远地区、民族地区、革命老区设立人才开发基金。完善东、中部地区对口支持西部地区人才开发机制”
2017	《国务院关于印发“十三五”促进就业规划的通知》（国发〔2017〕10号）	“以县为主体因地制宜开展培育产业集群、发展农村电商、促进转型脱困、带动扶贫增收、加快民族地区发展等返乡创业试点工作” “高度重视青年群体就业工作，采取有针对性的措施帮助其就业创业。统筹做好残疾人、少数民族劳动者、退役运动员、戒毒康复人员、刑满释放人员等群体就业工作”
	财政部 人力资源社会保障部关于印发《就业补助资金管理办法》的通知（财社〔2017〕164号）	“享受就业见习补贴的人员范围为离校2年内未就业高校毕业生，艰苦边远地区、老工业基地、国家级贫困县可扩大至离校2年内未就业中职毕业生”

续表

年度	法规/文件	相关要求
2018	国务院关于做好当前和今后一个时期促进就业工作的若干意见（国发〔2018〕39号）	“从2019年1月1日起，实施三年百万青年见习计划” “将就业见习补贴范围由离校未就业高校毕业生扩展至16—24岁失业青年”
2019	《国务院关于进一步做好稳就业工作的意见》（国发〔2019〕28号）	“鼓励支持返乡创业” “加强返乡创业重点人群、贫困村创业致富带头人、农村电商人才等培训培育” “支持劳动者通过临时性、非全日制、季节性、弹性工作等灵活多样形式实现就业” “稳定高校毕业生等青年就业”
2020	《国务院办公厅关于支持多渠道灵活就业的意见》（国办发〔2020〕27号）	“对下岗失业人员、高校毕业生、农民工、就业困难人员等重点群体从事个体经营的，按规定给予创业担保贷款、税收优惠、创业补贴等政策支持”
	《国务院办公厅关于提升大众创业万众创新示范基地带动作用进一步促改革稳就业强动能的实施意见》（国办发〔2020〕26号）	“支持高校毕业生、返乡农民工等重点群体创业就业” “支持区域示范基地与高校、企业共建面向特色产业的实训场景，加快培养满足社会需求的实用型技能人才” “支持大企业与地方政府、高校共建创业孵化园区”
2021	《国务院关于印发“十四五”就业促进规划的通知》（国发〔2021〕14号）	“支持革命老区、边境地区等发展本地特色产业，推进资源型地区加快培育发展接续替代产业，完善就地就近就业配套设施，做好边民、少数民族劳动者和失地农民、下岗矿工、停产企业员工等困难群体就业帮扶” “逐步消除民族、种族、性别、户籍、身份、残疾、宗教信仰等各类影响平等就业的不合理限制或就业歧视，增强劳动力市场包容性”
	《宁夏回族自治区就业促进“十四五”规划》	“深入实施高校毕业生就业创业促进计划和基层成长计划，引导更多高校毕业生到基层一线、城乡社区和中小微企业就业” “深化闽宁等东西部劳务协作，促进农村劳动力转移就业”

续表

年度	法规/文件	相关要求
2021	《贵州省“十四五”促进城乡就业创业规划》	“引导高校毕业生返黔入黔留黔创业就业，开发更多适合高校毕业生的知识型、技术型、创新型岗位” “全省每年扶持高校毕业生自主创业4000人” “‘十四五’期间，‘特岗计划’招募3.6万人，‘三支一扶’计划招募4000人，‘大学生志愿服务西部计划’招募1.2万人”
	《内蒙古自治区“十四五”就业促进规划》	“加大鼓励引导高校毕业生到基层就业创业支持力度，落实政府购买公共管理和社会服务岗位政策，“十四五”期间在全区开发1万个基层岗位用于吸纳高校毕业生” “推动平台经济、共享经济、网络经济、绿色经济、创意经济等新业态发展，创造就业新领域，开发更多新就业模式”
2022	《国务院办公厅关于进一步做好高校毕业生等青年就业创业工作的通知》（国办发〔2022〕13号）	“取消高校毕业生离校前公共就业人才服务机构在就业协议书上签章环节，取消高校毕业生离校后到公共就业人才服务机构办理报到手续” “建立高校毕业生就业岗位归集机制，广泛收集机关事业单位、各类企业、重大项目等高校毕业生就业岗位需求计划，集中向社会发布并动态更新” “支持高校毕业生自主创业，按规定给予一次性创业补贴、创业担保贷款及贴息、税费减免等政策，政府投资开发的创业载体要安排30%左右的场地免费向高校毕业生创业者提供”
	人力资源社会保障部、发展改革委、教育部等八部门印发《关于实施重点群体创业推进行动的通知》	“促进高校毕业生等青年创意设计成果落地转化” “允许灵活方式就业的劳动者在常住地公共就业服务机构办理就业登记。推动公共就业服务机构设立零工服务专区”
	《西藏自治区“十四五”就业促进规划》	“推进高校毕业生市场化、社会化就业，鼓励引导高校毕业生多渠道就业” “推动‘组团式’区外市场就业” “依托西藏技师学院、职业院校、技工学校和各类技能培训机构，对有需求的高校毕业生开展针对性职业技能培训，提升技能水平和就业竞争力”

续表

年度	法规/文件	相关要求
2022	《青海省“十四五”就业促进规划》	“做好机关、事业单位考录招聘，积极开发科研助理岗位，最大限度吸纳高校毕业生就业” “持续推动‘青海拉面’‘海西枸杞采摘’‘同仁热贡艺术’‘湟中八瓣莲花民族工艺品’等劳务品牌提档升级”
2023	《国务院办公厅关于优化调整稳就业政策措施全力促发展惠民生的通知》（国办发〔2023〕11号）	“挖掘党政机关、事业单位编制存量，统筹自然减员，加大补员力度，稳定招录、招聘高校毕业生规模” “广泛动员各类企事业单位、社会组织等，募集不少于100万个青年见习岗位”
	广西壮族自治区《关于印发实施重点群体创业推进行动工作方案的通知》（桂人社发〔2023〕5号）	“引导具有发展潜力高校毕业生创业项目入驻创业孵化基地，提供项目指导、项目推介、孵化服务等支持” “对依托平台灵活就业的困难人员、离校两年内未就业高校毕业生，按规定给予社会保险补贴”
	云南省《关于进一步推动高校毕业生等青年就业创业17条措施》	“深入挖掘基层就业社保、医疗卫生、养老服务、社会工作等适合高校毕业生的就业岗位，吸纳更多高校毕业生到基层就业” “实施‘云岭大学生就业护航行动’‘云南省高校毕业生就业创业促进十大行动’‘高校书记访企拓岗促就业专项行动’以及‘万企进校园’计划”
2024	《中共中央 国务院关于实施就业优先战略 促进高质量充分就业的意见》（国务院公报2024年第29号）	“以推动高质量发展为基础，以实施就业优先战略为引领，以强化就业优先政策为抓手，以破解结构性就业矛盾为着力点，以深化就业体制机制改革为动力，以不发生规模性失业风险为底线” “拓展高校毕业生等青年就业成才渠道”
	《新疆维吾尔自治区实施〈中华人民共和国就业促进法〉办法》修订版	“县级以上人民政府应当完善和实施高校毕业生就业政策，鼓励、支持和引导高校毕业生面向城乡基层、企业就业，自主创业，自谋职业和灵活就业”

参考文献

著作类

1. 亚当 · 斯密.国民财富的性质和原因的研究[M].郭大力，王业南，译.北京：商务印书馆，1979.
2. 林耀华，金翼.中国家族制度的社会学研究[M]. 庄孔韶，林余成，译.北京：生活 · 读书 · 新知三联书店，1989.
3. 伊恩 · 罗伯逊.社会学[M].黄育馥，译.北京：商务印书馆，1994.
4. 皮埃尔 · 布迪厄.文化资本与社会炼金术：布尔迪厄访谈录[M].包亚明，译.上海：上海人民出版社，1997.
5. 安东尼 · 吉登斯.现代性与自我认同：现代晚期的自我与社会[M].赵旭东，方文，译.北京：生活 · 读书 · 新知三联书店，1998.
6. 项飚.跨越边界的社区：北京"浙江村"的生活史[M].北京：生活 · 读书 · 新知三联书店，2000.
7. 曾湘泉.变革中的就业环境与中国大学生就业[M].北京：中国人民大学出版社，2004.
8. 国家民委教育科技司，教育部民族教育司.蓬勃发展中的中国民族院校[M].北京：中央民族大学出版社，2006.
9. 亚伯拉罕 · 马斯洛.动机与人格[M].北京：中国人民大学出版社，2007.

10. 武毅英.转型期的大学生就业问题与对策[M].广州：广东高等教育出版社，2009.
11. 兰德尔·柯林斯.教育成层的功能理论和冲突理论[M]//张人杰.国外教育社会学基本文选.上海：华东师范大学出版社，2009.
12. 濱口桂一郎.日本の若者と雇用——OECD若年者雇用レビュー：日本[M].あかしし：明石書店, 2010.
13. 费孝通.江村经济（Peasant Life in China）[M].戴可景，译.北京：北京大学出版社，2012.
14. 曲木铁西，夏仕武.少数民族高等教育导论[M].北京：教育科学出版社，2013.
15. 改革开放以来历届三中全会文件汇编[G].北京：人民出版社，2013.
16. 马克思，恩格斯.共产党宣言[M].北京：人民出版社，2014.
17. 康廷虎.大学生就业能力论[M].北京：科学出版社，2014.
18. 中国个体私营经济与就业关系研究课题组.中国个体私营经济与就业关系研究报告[M].北京：中国工商出版社, 2016.
19. 卡尔·波兰尼.巨变：当代政治与经济的起源[M].黄树民，译.北京：社会科学文献出版社，2017.
20. 习近平.习近平谈治国理政：第二卷[M].北京：外文出版社，2017.
21. 杨定玉.中国民族教育政策法规汇编[M].北京：知识产权出版社，2017.
22. 费孝通.中华民族多元一体格局[M].北京：中央民族大学出版社，2018.
23. 兰德尔·柯林斯.文凭社会：教育与分层的历史社会学[M].刘冉，译.北京：北京大学出版社，2018.
24. 张应强.高等教育[M].北京：科学出版社, 2018.
25. “十四五”规划编制和发展改革工作系列丛书编写组.实施就业优先战略[M].北京：中国市场出版社，中国计划出版社，2020.
26. Émile Durkheim. The Division of Labor in Society，trans. by G. Simpson[M]. New York：Free Press of Glencoe，1964.

27. Mark Granovetter. Getting a Job：A Study of Contacts and Career，Cambridge[M]. MA：Harvard University，1974.

28. Anthony Giddens. Modernity and Self–Identity：Self and Society in the Late Modern Age[M]. New York：Stanford University Press，1991.

29. Michael Young.The Rise of the Meritocracy[M].New Jersey：Transaction Publishers，1994.

30. Zygmunt Bauman. The Making and Unmaking of Strangers'，Debating Cultura l Hybridity[M]. London：ZedBooks，1997.

31. O'Neil，H F，Allred，K.，Baker，E. L. Review of Workforce Readiness The oretical Frameworks [A].In O' Neil H F ，Mahwah，N J，eds. Workforce Readiness：Competenciesand Assessment [C]. Lawrence Erlbaum Associates，1997.

32. Karl Polanyi. The Great Transformation：The Political and Economic Origins of Our Time[M]. Boston：Beacon Press，2001.

期刊类

1. 杨宁.创业教育：高校培养创新人才的有效途径[J].高教探索，1999（04）：7–10.

2. 谢定国.少数民族大学生如何适应“双向选择”的就业制度[J].贵州民族学院学报（哲学社会科学版），2001,（02）：114–117.

3. 赖德胜.劳动力市场分割与大学毕业生失业[J].北京师范大学学报，2001（04）：69–76.

4. 周竞红.少数民族流动人口与城市民族工作[J].民族研究，2001（04）：8–14+106.

5. 韦焕贤.关于民族高校“弱势群体”的几点思考[J].高教论坛，2002（06）：5–7+11.

6. 杨宜勇.把促进就业作为经济社会发展的优先目标[J].宏观经济管理，2002（11）：17–19.
7. 景天魁.中国社会保障的理念基础[J].吉林大学社会科学学报，2003（03）：60–64.
8. 蔡昉.论就业在社会经济发展政策中的优先地位[J].中国人口科学，2003（03）：5–10.
9. 丁元竹.正确认识当前“大学生就业难”问题[J].宏观经济研究，2003（03）：3–6+28.
10. 曾湘泉.变革中的就业环境与中国大学生就业[J].经济研究，2004（06）：87–95.
11. 李鸿.民族高等院校学科专业结构的调整及其社会适应性研究[J].民族教育研究，2004,（06）：22–26.
12. 李强.“丁字型”社会结构与“结构紧张”[J].社会学研究，2005（02）：55–73+243–244.
13. 李光明.少数民族大学生就业难的成因及对策[J].云南民族大学学报（哲学社会科学版），2005（06）：118–120.
14. 陈春意.创业教育是高校培养创新人才的有效途径[J].科技创业月刊，2005（06）：94–95.
15. 谢新国.试论民族高校大学生创业意识的培养[J].中国科技信息，2005（16）：199.
16. 何亦名，张炳申.高等教育大众化之后毕业生就业问题分析[J].高教探索，2006（01）：86–89.
17. 汤夺先.西北大城市少数民族流动人口若干特点论析——以甘肃省兰州市为例[J].民族研究，2006（01）：31–40+107.
18. 张继焦.关系网络：少数民族迁移者城市就职中的社会资本[J].云南社会科学，2006（01）：74–80.
19. 李强.职业共同体：今日中国社会整合之基础——论“杜尔克姆主义”的相

关理论[J].学术界，2006（03）：36–53.
20. 董玉梅.转型期大学生的选择性失业与就业分析[J].西安邮电学院学报，2006（04）：112–115.
21. 王英姿.新疆少数民族大学生就业问题调查与分析[J].中国大学生就业，2006（16）：35–38.
22. 阎大伟.试论大学生就业能力的构成和要素[J].青海社会科学，2007（06）：28–31.
23. 涂晓明.大学毕业生就业满意度影响因素的实证研究[J].高教探索，2007（02）：117–119.
24. 谢作诗，杨克瑞.大学生就业难问题探析[J].教育研究，2007（04）：45–48.
25. 丁建军.就业优先与和谐社会构建新思路[J].当代财经，2007（06）：14–18.
26. 唐万宏.高等教育适度超前发展的经济价值[J].江苏社会科学，2007（06）：69–72.
27. 邹兴平，艾楚君.艺术类毕业生就业特点与问题探析[J].中国大学生就业，2007（16）：140–141.
28. 王生彦.就业制度改革后西藏自治区大学生就业现状分析及对策研究[J].西藏大学学报（社会科学版），2008（1）：116–121.
29. 陈云.少数民族流动人口城市融入中的排斥与内卷[J].中南民族大学学报（人文社会科学版），2008（04）：42–45.
30. 马钟范，郑喜淑.民族院校少数民族大学生就业状况调查研究[J].民族教育研究，2008（04）：36–41.
31. 杨菊华.从隔离、选择融入到融合：流动人口社会融入问题的理论思考[J].人口研究，2009，33（01）：17–29.
32. 王霆，曾湘泉.高校毕业生结构性失业原因及对策研究[J].教育与经济，2009（01）：1–4.
33. 汤夺先.城市少数民族流动人口问题论析[J].中南民族大学学报（人文社会科学版），2009，29（02）：31–36.

34. 王鉴.试论我国少数民族教育政策重心的转移问题[J].民族教育研究，2009（03）：18–25.
35. 郑长德.新经济地理学与中国少数民族地区的经济发展[J].黑龙江民族丛刊，2009（03）：57–65.
36. 赵晓芳.少数民族大学生就业问题的特殊性及对策建议[J].西北民族研究，2009（03）：216–219.
37. 王春光.对中国农村流动人口“半城市化”的实证分析[J].学习与探索，2009（05）：94–103.
38. 郝时远.中华民族伟大复兴的必由之路——各民族共同团结奋斗、共同繁荣发展[J].民族研究，2009（06）：1–3.
39. 马戎.中国人口跨地域流动及其对族际交往的影响[J].中国人口科学，2009（06）：2–13+111.
40. 陈达云.大力发展民族高等教育提高少数民族就业能力[J].西南民族大学学报（人文社科版），2009，30（12）：61–64.
41. 马戎.关于中国少数民族教育的几点思考[J].新疆师范大学学报（哲学社会科学版），2010，31（01）：6–18.
42. 李伟梁.论少数民族流动人口的城市融入[J].黑龙江民族丛刊，2010（02）：35–40.
43. 李春玲.高等教育扩张与教育机会不平等——高校扩招的平等化效应考查[J].社会学研究，2010，25（03）：82–113+244.
44. 马戎.中国社会的另一类“二元结构”[J].北京大学学报（哲学社会科学版），2010，47（03）：93–103.
45. 向冠春，刘娜.我国高等教育与社会流动关系嬗变[J].现代教育管理，2011（01）：4–7.
46. 王隆文.社会排斥视角下少数民族大学毕业生公平就业的调查研究[J].湖北民族学院学报（哲学社会科学版），2011，29（03）：70–74.
47. 黄亚平，陈瞻，谢来荣.新型城镇化背景下异地城镇化的特征及趋势[J].城市发展研究，2011，18（08）：11–16.

48. 苏丽锋，孟大虎.扩招以来我国大学毕业生的供给与配置状况报告——基于统计年鉴数据的分析[J].中国高教研究，2011（09）：69–74.

49. 张鹏，侯岱伶，周慧梅，等.少数民族大学生就业观的影响因素分析——基于高校少数民族学生就业观调查研究[J].出国与就业（就业版），2011（23）：26–27.

50. 闵维方，蒋承.产业与人力资源结构双调整背景下的大学生就业——一个历史和比较的视角[J].北京大学教育评论，2012，10（01）：2–12+187.

51. 高耀，刘志民，方鹏.人力资本对高校学生初次就业质量的影响——基于2010年网络调查数据的实证研究[J].教育科学，2012，28（02）：77–85.

52. 景天魁.创新福利模式优化社会管理[J].社会学研究，2012（4）：1–9.

53. 孙嫱，王向然，朱娜等.新疆少数民族大学生就业问题的调查与分析[J].西北民族研究，2012（04）：5–18.

54. 李培林，田丰.中国农民工社会融入的代际比较[J].社会，2012，32（05）：1–24.

55. 赵延东，洪岩璧.社会资本与教育获得——网络资源与社会闭合的视角[J].社会学研究，2012，27（05）：47–69+243–244.

56. 谭同学.亲缘、地缘与市场的互嵌——社会经济视角下的新化数码快印业研究[J].开放时代，2012（06）：69–81.

57. 王友航，文东茅.高校毕业生基层就业的特征与影响因素[J].教育发展研究，2012，32（21）：37–44.

58. 张久献.民族院校大学生创业教育模式研究[J].中国大学生就业，2012（22）：7–11.

59. 黄华，于戎泽.新形势下民族高校大学生择业观教育研究[J].中国大学生就业，2012（24）：61–64.

60. 廖娟.西部少数民族地区贫困大学生就业状况研究[J].贵州民族研究，2013，34（01）：185–188.

61. 姚先国，方昕，张海峰.高校扩招后教育回报率和就业率的变动研究[J].中国经济问题，2013（02）：3–11.
62. 郭卫平，贾仲益.西藏自治区少数民族高校毕业生就业现状探析[J].民族教育研究，2013，24（04）：22–29.
63. 赖德胜，石丹淅.我国就业质量状况研究：基于问卷数据的分析[J].中国经济问题，2013（05）：39–48.
64. 郑信哲.论少数民族流动人口的城市适应与融入[J].中南民族大学学报（人文社会科学版），2014，34（01）：20–25.
65. 高向东，朱蓓倩.城市清真拉面馆从业少数民族流动人口分析——以上海市为例[J].中南民族大学学报（人文社会科学版），2014，34（01）：26–32.
66. 张为波.高校少数民族毕业生就业问题及对策研究——以西南民族大学为例[J].民族学刊，2014，5（01）：82–87+124–126.
67. 戚务念.把国家带回分析的中心：当前大学生就业研究的新视角[J].现代大学教育，2014（03）：63–69+76.
68. 周大鸣，杨小柳.从农民工到城市新移民：一个概念、一种思路[J].中山大学学报（社会科学版），2014，54（05）：144–154.
69. 余秀兰.教育还能促进底层的升迁性社会流动吗[J].高等教育研究，2014，35（07）：9–15.
70. 刘雪梅.少数民族与汉族大学生就业价值取向比较研究[J].贵州民族研究，2014，35（07）：213–216.
71. 信长星.实施就业优先战略和更加积极的就业政策[J].行政管理改革，2014（11）：31–36.
72. 王延中，元林君.民族地区大学生就业难问题及对策[J].劳动经济研究，2015，3（01）：36–66.
73. 沈桂萍.构建城市民族工作的“嵌入式治理”模式[J].湖南省社会主义学院学报，2015，16（01）：58–60.
74. 马莉萍，刘彦林.高校毕业生基层就业：从中央政策到地方政策[J].北京大学教育评论，2015，13（02）：31–46+188.
75. 何仲禹，翟国方.我国大学生就业城市选择意愿及其影响因素分析[J].人文地理，2015，30（02）：37–42+102.
76. 萧鸣政，卢亮，王延涛.选调生政策及其实施效果[J].北京大学教育评论，2015，13（02）：18–30+187–188.
77. 郝亚明.民族互嵌式社会结构：现实背景、理论内涵及实践路径分析[J].西南民族大学学报（人文社会科学版），2015，36（03）：22–28.
78. 苏丽锋.少数民族人口流动特征与就业质量研究[J].民族研究，2015（05）：16–29+123–124.
79. 韦颖.改革开放以来我国大学生就业政策的变迁——基于支持联盟框架的分析[J].高等教育研究，2015，36（05）：48–54.
80. 王平，严学勤.论民族互嵌与和谐民族关系的构建——以新疆塔城市的实证研究为例[J].新疆师范大学学报（哲学社会科学版），2015，36（05）：57–63.
81. 马骍.民族地区城镇少数民族人口的就业分布与特征——基于CHES2011数据的分析[J].民族研究，2015（06）：26–36+123.
82. 黄兆信，张中秋，谈丹.创业教育：大学生岗位胜任力培养的有效路径[J].高等工程教育研究，2016（01）：24–28+50.
83. 万明钢，蒋玲.论我国少数民族教育中的“理工科问题”[J].教育研究，2016，37（02）：96–101.
84. 袁年兴，许宪隆.长三角地区穆斯林流动人口社会融入研究——基于结构方程模型的分析[J].中国人口科学，2016（02）：72–83+127.
85. 王希恩.民族的融合、交融及互嵌[J].学术界，2016（04）：33–44+324.
86. 李玉华.我国高等教育供给侧改革研究[J].教育探索，2016（05）：71–76.
87. 李长安.经济新常态下我国的就业形势与政策选择[J].北京工商大学学报（社会科学版），2016，31（06）：1–9.
88. 王嘉毅，封清云，张金.教育与精准扶贫精准脱贫[J].教育研究，2016，37

（07）：12–21.
89. 白亮，万明钢.西部地区少数民族大学生就业问题研究——基于教育供给侧的分析[J].高等教育研究，2016，37（07）：21–26.
90. 李路路，朱斌，王煜.市场转型、劳动力市场分割与工作组织流动[J].中国社会科学，2016（9）：126–145.
91. 来仪，马晓玲.我国城市民族互嵌式社区建设研究——以成都市为例[J].西南民族大学学报（人文社科版），2016，37（11）：63–68.
92. 青觉.城市少数民族流动人口市民化研究[J].中南民族大学学报（人文社会科学版），2017，37（01）：25–30.
93. 何海燕.西部少数民族大学生创业行为影响因素及对策分析[J].贵州民族研究，2017，38（01）：73–77.
94. 杨鹍飞.边疆民族互嵌型社区建设的困境及对策研究——基于新疆乌鲁木齐、和田和喀什等地的调查分析[J].中南民族大学学报（人文社会科学版），2017，37（02）：34–39.
95. 马伟华.就业与融入：少数民族流动人口就业资源整合与城市融入问题探析——基于京津冀协同发展的视角[J].中南民族大学学报（人文社会科学版），2017，37（03）：33–38.
96. 高岳涵.西北少数民族大学生就业问题探讨[J].中南民族大学学报（人文社会科学版），2017，37（03）：63–66.
97. 张宝贵.大学生就业问题形成的根本原因探讨——人力资本与技术进步匹配的计量经济学模型解析[J].复旦教育论坛，2017，15（05）：64–70.
98. 宋敏，张焰，京生，等.立足“两个服务”，实施“三维联动”，构建四类少数民族人才培养新模式——中央民族大学多样化人才培养模式的探索与实践[J].民族教育研究，2017，28（06）：59–64.
99. 赖德胜.高质量就业的逻辑[J].劳动经济研究，2017，5（06）：6–9.
100. 麻国庆.民族研究的新时代与铸牢中华民族共同体意识[J].中央民族大学学报（哲学社会科学版），2017，44（06）：21–27.

101. 郝时远.新时代中国民族工作的创新推进[J].中国民族，2017（Z1）：60–61.
102. 王延中.铸牢中华民族共同体意识建设中华民族共同体[J].民族研究，2018（01）：1–8+123.
103. 蒋利平，刘韧，聂建晖.思想政治教育视角下的大学生就业竞争力提升策略[J].沈阳大学学报（社会科学版），2018，20（01）：82–85.
104. 余秀兰，韩燕.寒门如何出“贵子”——基于文化资本视角的阶层突破[J].高等教育研究，2018，39（02）：8–16.
105. 严庆.嵌合型：广义民族工作视域下的民族工作模式思考[J].西北民族研究，2018（03）：26–32.
106. 史秋衡，王芳.我国大学生就业能力的结构问题及要素调适[J].教育研究，2018，39（04）：51–61.
107. 陈纪，朱珊.互动、支持、认同：城市各民族交往交流交融的实践路径构建[J].统一战线学研究，2018，2（05）：72–77.
108. 赵锋，樊正德.就业促进、制度保障与少数民族流动人口居留意愿——基于西北5省区的实证分析[J].兰州财经大学学报，2018，34（06）：65–74+98.
109. 朱蓓，盛知恒.“一带一路”倡议下上海高校少数民族大学生生涯教育路径研究[J].思想教育研究，2018（12）：129–133.
110. 苏荟，孙毅，张继伟.市场与政府：大学生就业地区选择机制的实证研究——以新疆南疆少数民族地区为例[J].黑龙江高教研究，2018，36（12）：71–76.
111. 杨晓慧.高等教育“三全育人”：理论意蕴、现实难题与实践路径[J].中国高等教育，2018（18）：4–8.
112. 涂永前.传统劳动就业观念及相关制度对我国稳促就业的影响——兼议“国发〔2018〕39号”文[J].社会科学家，2019（02）：18–25.
113. 郑东，潘聪聪.大学生提速“慢就业”的服务策略[J].江苏高教，2019（2）：81–84.

114. 陈永伟，曾昭睿."第二次机器革命"的经济后果：增长、就业和分配[J].学习与探索，2019（02）：101–113.

115. 成媛，赵静.西北少数民族青年就业压力与社会适应能力相关性研究[J].北方民族大学学报（哲学社会科学版），2019（03）：139–143.

116. 方远平，彭婷，陆莲芯，等.粤港澳大湾区城市职能演变特征与影响因素[J].热带地理，2019，39（05）：647–660.

117. 吴泽荣.新时代背景下城市少数民族流动人口的社会融入与共建共享——以广州回族为例[J].黑龙江民族丛刊，2019（06）：32–36.

118. 黄兆信，黄扬杰.创新创业教育质量评价探新——来自全国1231所高等学校的实证研究[J].教育研究，2019，40（07）：91–101.

119. 朱杰.新媒体环境下铸牢内地高校新疆少数民族学生中华民族共同体意识研究[J].文化创新比较研究，2019，3（18）：37–39+41.

120. 石琳.新时代内地城市民族互嵌式社区的语言公共服务应用研究——以成都市浆洗街洗面桥社区为例[J].民族学刊，2020，11（01）：112–118+146–148.

121. 刘爱玉，刘继伟.市场化过程中就业脆弱性之演变（2000—2010）[J].河北学刊，2020，40（01）：190–202.

122. 魏鑫旻.四川民族地区少数民族大学生就业心理特征分析[J].四川民族学院学报，2020，29（02）：60–63.

123. 许丽英，郑燕婷.新中国70年民族高等教育发展：成就、问题与展望[J].民族教育研究，2020，31（02）：119–128.

124. 吕培亮，范重庆，张莹.中国青年群体性隐蔽的审视与思考——基于现象学角度分析[J].当代青年研究，2020,（05）：107–113.

125. 杨小柳.在穗经营型少数民族移民聚集区的形成及其社会融入[J].湖北民族大学学报（哲学社会科学版），2020，38（06）：61–67.

126. 樊嘉宁，吴严，石千程，等."三全育人"视角下高校就业指导工作体系建设研究[J].教育现代化，2020，7（08）：78–79.

127. 国务院办公厅关于支持多渠道灵活就业的意见[J].中国人力资源社会保障，2020（09）：4–5.

128. 孟泉，雷晓天.“十四五”时期我国劳动关系治理的发展方向与策略选择[J].中国人力资源开发，2020，37（12）：34–44.

129. 李秀玫，向橄叶子，桂勇.在物质主义和后物质主义之间——后疫情时代大学生就业态度的变化[J].文化纵横，2021（01）：120–129+159.

130. 常安.论国家通用语言文字在民族地区的推广和普及——从权利保障到国家建设[J].西南民族大学学报（人文社会科学版），2021，42（01）：1–10.

131. 莫荣，陈云.当前就业形势与未来展望[J].中国劳动，2021,（01）：5–15.

132. 黄浩.数字经济带来的就业挑战与应对措施[J].人民论坛，2021,（01）：16–18.

133. 邓峰，岳昌君.大学生就业市场景气指数的建构与分析[J].教育研究，2021，42（02）：112–122.

134. 张金刚.新疆、西藏籍少数民族大学生内地就业创业问题研究——以天津市高校新疆、西藏籍少数民族大学生为例[J].天津市社会主义学院学报，2021（02）：56–61.

135. 陈纪，蒋子越.各民族互嵌式社区建设：铸牢中华民族共同体意识的社会条件探析[J].贵州民族研究，2021，42（04）：18–24.

136. 崔晓娟，蔡文伯.教育对少数民族地区流动人口就业质量的影响——基于2018年中国流动人口动态监测调查数据的分析[J].西南民族大学学报（人文社会科学版），2021，42（06）：41–52.

137. 赵磊，赵裕民，张一迪.离校未就业少数民族毕业生就业促进策略研究——以西部5所非民族高校为例[J].中国大学生就业，2021（06）：59–64.

138. 郑长德.西部大开发以来民族地区的经济发展：基于“铸牢中华民族共同体意识”的分析[J].民族学刊，2021，12（07）：9–22+103.

139. 曾天山.“岗课赛证融通”培养高技能人才的实践探索[J].中国职业技术教育，2021（08）：5–10.

140. 史淑桃，李宁.大学生高质量充分就业政策体系研究[J].河南社会科学，2021，29（06）：119–124.
141. 罗小芳，王素素.数字经济、就业与劳动收入增长——基于中国家庭追踪调查（CFPS）数据的实证分析[J].江汉论坛，2021（11）：5–14.
142. 岳昌君，冯沁雪，邱文琪."待就业"毕业生如何走出"等待区"[J].中国大学生就业，2022（1）：3–8.
143. 邓志光，王亚.后疫情时代少数民族地区高校青年学生就业期望及其影响因素实证分析[J].中国大学生就业，2022（01）：41–52.
144. 李曦辉，黄基鑫.教育援藏援疆与铸牢中华民族共同体意识[J].民族教育研究，2022，33（01）：45–53.
145. 郝彧.民族地区共同富裕与铸牢中华民族共同体意识的实践逻辑——基于渝东南X县的实证分析[J].西南民族大学学报（人文社会科学版），2022，43（07）：35–43.
146. 黎娟娟，黎文华.Z世代大学生多重矛盾性社会心态解析[J].中国青年研究，2022（07）：104–110+30.
147. 邱文琪，岳昌君."读书无用"还是"越努力越幸运"——能力增值对本科毕业生劳动力市场表现的影响[J].高等教育研究，2022，43（10）：56–69.
148. 杨晓慧.就业育人：时代价值、内涵意蕴与实践进路[J].中国大学生就业，2022,（17）：5–9.
149. 杨宝仁，王晶，王和.基于就业优先战略的南疆高校少数民族大学生创业意识现状调查分析[J].产业与科技论坛，2022，21（23）：76–78.
150. 严棉，刘峰成，余栋.高校大学生就业工作的问题及对策[J].人才资源开发，2022,（23）：61–63.
151. 石井知章（Tomoaki Ishii）.少子化时代日本青年就业的现状和问题[J].中国劳动关系学院学报，2023，37（01）：1–11+32.
152. 许世彬.高校毕业生就业创业工作问题及对策分析[J].中国大学生就业，2023,（02）：31–36.

153. 郝亚明，秦玉莹.中国式现代化与中华民族共同体建设的协同推进逻辑[J].中南民族大学学报（人文社会科学版），2023，43（02）：37–44+182–183.
154. 杨伟国.实施就业优先战略促进高质量充分就业[J].教学与研究，2023（02）：28–36.
155. 李云.我国实施就业优先战略的实践考量及其内在逻辑[J].公共治理研究，2023，35（02）：86–96.
156. 王兆萍.数智时代我国面临的主要就业风险及治理路径[J].北京社会科学，2023（03）：88–98.
157. 李春玲.大学生就业选择的趋同与分化——理性选择与社会分化[J].北京大学教育评论，2023，21（03）：51–68+188–189.
158. 王顶娟.高校“慢就业”群体成因及对策研究[J].就业与保障，2023（04）：112–114.
159. 王轶，刘蕾，魏巍.数字经济时代我国面临的就业风险及治理机制研究[J].济南大学学报（社会科学版），2023，33（04）：98–107.
160. 马鉴，郝艺璇，郑妲媛.韩国的均衡发展策略与青年流动[J].当代韩国，2023（04）：47–59.
161. 高阔.充分激发各民族企业家铸牢中华民族共同体意识的作用[J].中南民族大学学报（人文社会科学版），2023，43（05）：47–52+182–183.
162. 杨菊华.少数民族流动人口就业状况研究[J].中央民族大学学报（哲学社会科学版），2023，50（06）：51–66.
163. 徐姗姗.中国式现代化新道路上各民族的互嵌式发展[J].中南民族大学学报（人文社会科学版），2023，43（10）：28–35+181–182.
164. 岳昌君.高质量充分就业的内涵与实现路径[J].人民论坛，2023（14）：63–66.
165. 劳动经济学会就业促进专业委员会课题组，欧阳俊，秦芳.青年就业难的影响、成因及应对[J].中国经济报告，2024（01）：95–106.
166. 冯建勇，居乐炎.统一大市场促进各民族交往交流交融——理论阐释与中国实践[J].西北民族研究，2024（02）：132–142.
167. 管雨婷，蔡瑀澜，郑伊欣，等.学校“层次”对高校毕业生就业质量的影响研究——基于2019年全国高校毕业生就业状况调查的实证分析[J].教育经济评论，2024，9（02）：39–61.
168. 王阳.高校毕业生对人力资本配置的影响及建议[J].中国劳动关系学院学报，2024，38（02）：60–76.
169. 徐明，陈斯洁，聂云蕊.我国青年就业研究的核心议题、演变与展望[J].人口与经济，2024（05）：92–107.
170. 段成荣，周思瑶.我国各民族就业人口产业结构共同现代化历程研究[J].云南民族大学学报（哲学社会科学版），2024，41（06）：130–138.
171. 高岳涵，苍星辰.铸牢中华民族共同体意识教育背景下高校大学生灵活就业对策[J].中南民族大学学报（人文社会科学版），2024，44（11）：178–186+204.
172. 崔万安，卢欣欣.民族地区高校毕业生“慢就业”现象成因与对策——以广西壮族自治区为例[J].科技和产业，2024，24（14）：160–166.
173. 习近平.促进高质量充分就业[J].求是，2024（21）：4–8.
174. Bogue D J.Streams of Migration Between Subregions：A Pilot Study of Migration Flows between Environments[J].Population，1958，13（2）：328–345.
175. Parsons Talcott. The School Class as a Social System：Some of Its Functions in American Society[J]. Harvard Educational Review，1959，29（4）：297–318.
176. Lee E S. A Theory of Migration[J]. Demography，1966（1）：10–14.
177. COLEMAN J S.Social capital in the creation of human capital[J]. American journal of sociology，1988（94）：S95–S120.
178. Berdrow Iris. The Bases of Competence. Skills for Lifelong Learning and Employability [J]. agricultural education，1998（27）：320.

报纸类

1. 习近平在第二次中央新疆工作座谈会上强调 坚持依法治疆团结稳疆长期建疆团结各族人民建设社会主义新疆[N].人民日报，2014–05–30（001）.
2. 习近平在会见基层民族团结优秀代表时强调 中华民族一家亲同心共筑中国梦[N].人民日报，2015–10–01（001）.
3. 习近平.在民营企业座谈会上的讲话[N].人民日报，2018–11–02（002）.
4. 习近平.在纪念五四运动100周年大会上的讲话[N].人民日报，2019–04–30（002）.
5. 中共中央关于制定国民经济和社会发展第十四个五年规划和二〇三五年远景目标的建议[N].人民日报，2020–11–04（001）.
6. 习近平在参加内蒙古代表团审议时强调 完整准确全面贯彻新发展理念 铸牢中华民族共同体意识[N].人民日报，2021–03–06（001）.
7. 汪晓东，李翔，王洲.共享民族复兴的伟大荣光——习近平总书记关于民族团结进步重要论述综述[N].人民日报，2021–08–25（001）.
8. 习近平在中央民族工作会议上强调_以铸牢中华民族共同体意识为主线 推动新时代党的民族工作高质量发展[N].人民日报，2021–08–29（001）.
9. 中共中央 国务院关于加快建设全国统一大市场的意见[N].人民日报，2022–04–11（001）.
10. 习近平.高举中国特色社会主义伟大旗帜 为全面建设社会主义现代化国家而团结奋斗：在中国共产党第二十次全国代表大会上的报告（2022年10月16日）[N].人民日报，2022–10–26（001）.
11. 习近平在中共中央政治局第九次集体学习时强调 铸牢中华民族共同体意识 推进新时代党的民族工作高质量发展[N].人民日报，2023–10–29（001）.
12. 习近平在内蒙古考察时强调 把握战略定位坚持绿色发展奋力书写中国式现代化内蒙古新篇章[N].人民日报，2023–06–09（001）.
13. 习近平.在全国民族团结进步表彰大会上的讲话[N].人民日报，2024–09–28

（002）.
14. 习近平在中共中央政治局第十八次集体学习时强调 深入做好边疆治理各项工作推动边疆地区高质量发展[N].人民日报，2024–12–11（001）.
15. 邹伟，韩洁."确保我国经济航船乘风破浪、行稳致远"—— 二〇二四年中央经济工作会议侧记[N].人民日报，2024–12–15（001）.
16. 习近平在民营企业座谈会上强调 民营经济发展前景广阔大有可为民营企业和民营企业家大显身手正当其时[N].人民日报，2025–02–18（001）.